介護施設・事業所の人材確保

定着 獲得 育成 具体策

刊行にあたり

　今，日本は少子高齢化に喘いでいます。増えていく高齢者，それを支える労働者の減少…いよいよ社会保障の維持が困難なまでになってきました。

　介護業界は，もともとスタッフが集まりにくい業界でしたが，前述の状況により以前にも増して人材確保が難しくなっています。どんどん増加する高齢者と事業所，そして減少していく労働力。この２つにより，今後はスタッフを確保できず，サービスが継続できない事業所が出てくることが予想されます。介護職の人材確保対策は，待ったなしの日本全体の大問題です。

　本書では，「人材定着」「人材獲得」「人材育成」の３つのノウハウを，具体的な実例と共に紹介します。皆様の事業所において，スタッフの安定した人材確保にぜひともつなげていただきたいと思います。

本書の特徴

- 人材確保対策を「人材定着」「人材獲得」「人材育成」の３つに分け，それぞれのノウハウを説明しています。
- 具体的な資料，実例を基に構成しています。
- 当施設で使用している各種書式，新人指導に使っている「新人学習帳」，「プリセプターシップ」に関する各資料を付属のCD-Rに収録しています。自由に改編して活用してください。
- 当施設で行った人材確保対策をふんだんに盛り込んでいます。
- 経営者や管理者，役職者など，人事・人材確保対策担当者向けの内容にしています。
- 人材確保対策，人材育成についてどこから手をつけてよいか分からないという方にもお勧めです。
- 私が実際に体験したことや，実際に他事業所から受けた相談内容などを掲載しています。
- 入所系をはじめ，通所系や訪問系も含め，多くの介護事業所において活用できるノウハウを紹介しています。

2016年5月

社会福祉法人あいの土山福祉会　特別養護老人ホームエーデル土山
副施設長・事務局長　廣岡隆之

contents

序章 人材確保の基本的な考え方

- 8 なぜ私が人材確保対策に力を入れているか
- 9 人材確保対策室の取り組み
- 11 人材確保に関する考え方
- 12 介護職が集まらない現実
- 13 スタッフは「労働資源」である
- 13 自施設の人材不足度をチェックしてみよう
- 17 人材確保対策を強力に推進していくために必要なこと
- 19 組織問題別対応方法
- 25 当施設の執行室制度
- 25 執行室制度の役割

第1章 介護人材が「定着」するノウハウ

- 28 働きやすい職場をつくろう！「トリプルゼロ」の強力推進
- 28 トリプルゼロの達成に向けて その1：残業撤廃編
- 37 トリプルゼロの達成に向けて その2：腰痛（労働災害）ゼロ対策編
- 45 トリプルゼロの達成に向けて その3：メンタル不調ゼロ編
- 53 その他の人材定着策
- 64 職員のやる気を高める工夫

69	人間関係を良好にしよう！〜規律を保とう
78	人間関係を良好にしよう！ 〜介護事業所における看護スタッフの立ち位置
82	人間関係を良好にしよう！〜チームワーク強化委員会の取り組み
83	待遇，所得を改善せよ！
92	自事業所の「強み」や「現実」をスタッフに伝える重要性

第2章 介護人材を「獲得」するノウハウ

96	募集から採用までの流れ
96	人材獲得に対する考え
96	他法人との差別化とは？
97	イメージ戦略を練ろう
102	求職者向けパンフレットの作成
106	効果的な募集方法
108	施設見学対応〜見学者はここを見ている！
108	ホームページの重要性〜リクルートの命綱と心得よ
112	実習生対応の工夫
113	他法人との差別化の徹底
113	待遇の見せ方
114	求人は「新卒・経験者・有資格者」という競争率の高い人材だけに絞らない
115	効果的な面接方法
117	新卒内定者への定期的アプローチ

第3章 介護人材を「育成」するノウハウ

- 120　研修に対する考え方
- 120　育成のノウハウ　その1：新人研修編
- 152　育成ノウハウ　その2：リーダー編

追補　人材定着・獲得・育成に関するQ&A

- 198　仕事案内1　介護リフト導入に反発するスタッフ
- 199　仕事案内2　何度もミスを繰り返すスタッフ
- 200　仕事案内3　完璧主義のスタッフが現場を萎縮させる
- 201　仕事案内4　新卒で理想の高いスタッフ
- 202　仕事案内5　退職の際に不満を言いふらすスタッフ
- 203　仕事案内6　人材確保に理解のないトップ
- 204　仕事案内7　記録が時間内に終わらない
- 205　仕事案内8　介護職と看護職の対立
- 206　仕事案内9　残業することはいけないこと？
- 207　仕事案内10　介護のやりがいや楽しさをもっとPRすべきでは？
- 209　仕事案内11　優秀な経営者がいなければ実施できない？

コラム　廣岡はこう考える！

- 17　私が介護職を選んだ理由
- 36　時間は「ない」ものではなく「つくる」という感性が必要だ
- 43　介護をもっと楽に楽しみませんか？
- 72　離職を恐れるな！
- 105　求職者向けパンフレット作成の副産物
- 151　人材育成にバランス感覚が必要なわけ
- 170　ノウハウを提供する理由
- 182　現場から発信していく意味

序章

人材確保の基本的な考え方

まず最初に，
人材確保とは何かという全体像について
考えていきましょう。

具体的な実践方法の前に，
人材確保の基本的な考え方を押さえておかないと，
効果は明確には現れません。

過去に我々が歩んできた
人材確保の経緯を踏まえながら
説明していきます。

なぜ私が人材確保対策に力を入れているか

　私が人材確保に対するさまざまな手を打ってきたことは，当施設（**図1**）の置かれた環境を抜きには語れません。

　当施設は，滋賀県甲賀市土山町という山間部に位置します。この地域はもともと人口が少ない上に，甲賀市は工場が非常に多く，ただでさえ少ない労働力がさらに他業界に流れるという地域特性があります。また，近隣に大型施設や病院が多数あるために，介護職や看護職といった専門職を獲得しにくいのも特徴です。

　このような状況は，約10年前から顕著になりはじめました。つまり当施設は，現在叫ばれている介護職の人材不足の深刻化を，10年前からまともに受けていたと言えます。「全国の施設に先駆けて人材確保対策を実行しなければ，事業を継続できない」という危機感が10年前からあり，人材確保対策に力を入れ実践してきたというわけです。

　私はもともと，他施設で介護職（当時は寮父，介助員と呼ばれていた）をしていましたが，15年ほど前に当施設ができた際に移籍しました。私は新人の際に，ろくすっぽ研修を受けることもなくいきなり現場に放り込まれ，先輩スタッフの仕事を見よう見真似で独り立ちしなければなりませんでした。また，業務を一通り覚えた後も，ひ

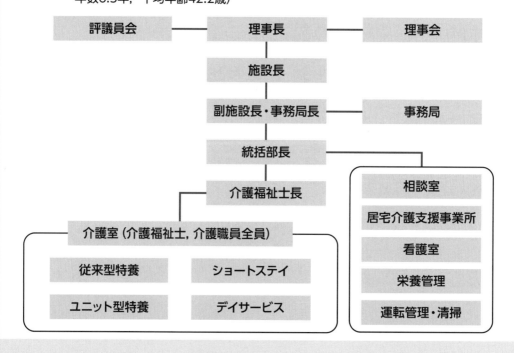

図1　社会福祉法人あいの土山福祉会エーデル土山の概要と組織図

- **法人情報**　特別養護老人ホーム65人［従来型特養／ユニット型特養］（平均介護度3.6，1998年法人開設）
ショートステイ5人，デイサービス32人，生活支援ハウス5人，居宅介護支援事業所
- **職員情報**　職員数80人：男性29人，女性51人／正規職員47人，非常勤・パート33人（平均在職年数6.5年，平均年齢42.2歳）

たすら日常の業務を繰り返すだけで，研修や成長の機会もなく，ただ時間だけが経過していきました。サービス残業は当たり前，賃金の問題，人間関係の不仲，セクション間の対立，たび重なる腰痛…心身ともに過酷な日常業務を繰り返し，介護現場の現実をまざまざと体験しました。

そんな嵐のような日々に私が感じていたのは，「自分はこの業界に身を置き続けていて大丈夫なんだろうか」という漠然とした不安です。しかし一方で，「いつか自分が管理的な立場になった時は，少しでもスタッフが働きやすい職場にしたい」という強い思いも同時に抱きはじめました。せっかく志を持って介護業界に飛び込んでくる同僚たちが，相次いで離職していくことに強い憤りを覚えていたのです。また，理想を追い求め離職した同僚たちの転職先の施設もまた，ほとんど変わらない過重な業務実態であることが見えてきました。このままでは自分の施設だけではなく，介護業界全体が沈没してしまうのではないかという思いも持ちました。やがて生活相談員となり，さらに事業所の管理的立場になりますが，最初に実践したこと，そして一番難しかったのが「人材確保対策」です。

約10年前はユニット型施設ができはじめたころで，当施設もユニット型特養を増設しました。まだ当時は，求人募集をすれば人材を難なく獲得できた時代です。「人材は募集すれば集まる」「面接ブースは今日もいっぱいだ」などと経営陣は安心していたのだと思います。そうした状況に慢心し，人材確保対策を怠ったことで大量離職になり，現場の雰囲気はギスギスしだします。

現場のスタッフは，「上層部は全然人を補充してくれないじゃないか」と紛糾し，経営陣は「何人雇えばスタッフは足りるんだ」と怒ります。当時，生活相談員だった私は，現場と上司の狭間で無力さを痛感しました。離職率はゆうに40％を超え，地域に悪い風評が流れ，その悪評はインターネット上でも拡散していきました。募集をかけても人がほとんど集まりません。そのような状況下で管理職を任されることになり，当初は配置基準ギリギリの運営を余儀なくされました。そこで，絶望的な状況から何とか好転できないかと考えて立ち上げたのが，「人材確保対策室」という人材確保専門のプロジェクトチームだったのです。

人材確保対策室の取り組み

人材確保対策室は，私（事務局長）を室長とし，統括部長，介護福祉士長，事務局（労務担当）の4人という極めて少人数で立ち上げました。定例会議は毎月1回開催し，1回の開催時間は1時間でした。あまり長くは協議しませんが，「人材確保」というテーマについて自施設を見直す作業を定期的に行った意義は大きく，人材確保対策室のメンバー自身も働き方や労働慣行を改めて見つめ直す良い機会となりました。

その中では，以下のような内容を主に協議していきました。

①人材定着：今いるスタッフに辞められずに，いかに定着させていくか。
②人材獲得：新規採用・入職など，新しい人材を獲得する方法。
③人材育成：自己成長を実感してもらう。

　人材確保対策室の強みは，検討するだけではなく必ず施策を「実行」していくところにあります。人材確保についてアイデアを持ち寄り，良いと思うことは勇気を持って実践していきました。すると効果はすぐに現れ，当時約40％だった離職率が現在では2％にまで引き下げられました（**図2**）。

　離職率が高かったころは，次のような大変厳しい離職理由も中にはありました。

- 労働時間が長くて，仕事以外の時間が確保できない。家事や育児が疎かになり夫に責められる。
- 人間関係が悪くて，毎日職場に来ることがつらい。
- 将来性がある仕事ではない。もっとほかに自分の力を生かせる職場があるのではないか。
- 上司のことを好きになれない。あなたにはついていけない。

　退職間際に，直接スタッフから罵声を浴びせられたこともあります。その直後はこちらも立腹したり落ち込んだりしますが，時間が経過し冷静に事案を見つめ直すと，退職するまで不満を吐き出すことができない環境下であったこと，せっかく希望を持って当施設を選んで来てくれたのに，期待を裏切り不満を持ったまま退職させてしまったことに対し，自分の力のなさと責任を何度も痛感しました。退職者を責めるのではなく，なぜ当施設を去ることになったのかを「分析」し，問題を一つずつ解決していくことが，人材確保につながるということを今では感じます。退職理由を聞くことは，決して気持ちの良いものではなく経営陣としてはつらいことですが，現実を知り対策を講じることが人材確保には欠かせません。その他，「結婚後，遠方に嫁ぐため」という退職理由も多かったです。このあたりは立地条件上，仕方のない部分だととらえています。

図2　当施設の退職者人数・離職率の推移

また，人材確保対策はきれいごとだけではなく，スタッフの手当など「経費」がかかる部分もあります。人材確保には経営的な視点は切っても切れないことから，人材確保対策室のほかに「経営運営戦略室」という経営改善のプロジェクトチームも同時に立ち上げ，「人材確保＝経営」という視点で考えることも効果的だったと考えています。

人材確保に関する考え方

　本書では，人材確保対策を①人材定着，②人材獲得，③人材育成の3つのカテゴリーに分けて説明していきます。

　この3つで最も力を入れなければならないのは，「①人材定着策」であると私は考えています。皆さん，想像してください。一つの浴槽があります。その浴槽には湯が溜まっていますが，栓が抜けておりどんどん湯量が少なくなってきています。湯量が減っていくので，蛇口から大量のお湯を入れていますが，湯は思いどおりに溜まりません。「湯量＝スタッフ数」として考えると，湯を溜めるためにはまず何を優先すべきでしょうか？

　そうです！　まず浴槽の栓をしっかりとすることです。すなわち，浴槽の栓をする＝現在在籍しているスタッフを離職させないこと，つまり「人材定着策」が何より重要だということです。どの事業所も人材確保と言えば，求人などで学卒者を新規採用することに注力しがちですが，その発想は視点がずれていると私は考えます。新しく人を雇用するというのは，多大なる時間と経費を要します。今いるスタッフの離職率が高く退職者が相次いでいる状況では，いくら人材を獲得してもきりがありません。ましてや労働力不足により，今後はさらに新規採用が困難になることは明白です。したがって，今いるスタッフの働きやすさや待遇を見直し，より長く定着してもらうということにまず主眼を置くことが，人材確保のポイントとなります。

　次に，浴槽の栓をして湯の流出が防げれば，蛇口から「湯を注ぐこと＝人材獲得」により，人材確保が次第にうまく機能していきます。さらに，この浴槽の湯を適正な温度に保つために，「保温する＝人材育成する」ということが大切になります。

　今の介護業界全般に共通して言えることは，このたとえ話の「栓」がしっかりとできていないこと，つまり「定着策が機能していないこと」が，よりいっそう深刻な人材不足を招いているように思えてなりません。一番に優先すべき対策は「人材定着策」です。次に人材獲得策，人材育成策だと言えるのです。

> まず今いるスタッフを「定着」させ，その上で「人材獲得」を進め，「育成」していくこと。

| 表1 | 介護職の離職要因 |

社会的な環境による離職要因
- 少子化による労働人口減少により，働き手自体が減少している。
- 介護福祉士養成校などの生徒が激減している。
- 景気向上に伴い，介護職以外の建設業や飲食業も働き手が不足傾向である。
- 介護業界のネガティブなイメージが先行している（3Ｋ〈きつい・汚い・給料安い〉職場）。
- 仕事の割に給与が安い（介護報酬がそもそも低い）。

事業所単位の離職要因
- 理念や運営方針があやふや。
- 職場の人間関係の悪さ。
- 労務管理が不適切な事業所がある。
- 業務改善が行われず心身共に疲労が激しい。
- 上司の力量が不足しており，パワーハラスメントなどのモラルハラスメントがある。

介護職が集まらない現実

　介護職の離職要因を**表1**に示しました。社会的な環境要因については，我々現場の事業所経営者にはなかなか対策の手立てが見つかりませんが，「事業所単位の離職要因」には十分に対処できます。言い方を変えると，**事業所の努力次第では介護職の離職を一部減らせる**ということでもあり，事業所は人材確保対策について全力で努力しなければなりません。

　少子高齢化による労働力不足や，介護報酬が低いということを嘆いているだけでは，何の解決にもなりません。我々，現場に携わる人間は，「目の前の人手不足」にまず全力を尽くす必要があります。また，人材確保対策はすべてを一挙にすることは難しいですが，労務管理やルール整備など，できることから一歩ずつ行うことで確実に効果が生まれます。労働人口も介護報酬も減少していますが，決してあきらめてはいけません。

- 人材確保は，自事業所の努力次第で改善できることもたくさんある。
- 他者や社会のせいにしない。人材不足を国や制度のせいだと嘆いていても事態は好転しない。
- 小さなことでもできることからやっていく。
- 決してあきらめないこと。

図3　スタッフを「資源」ととらえる

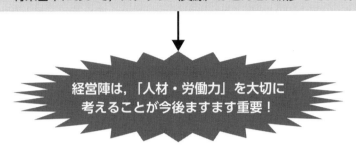

スタッフは「労働資源」である（図3）

　働くスタッフのことを「資源」と言うのは不謹慎な気もしますが，誤解しないでください。スタッフはもちろん人間ですが，スタッフと資源との共通点は，「**無理に使えば枯渇してしまう**」ということです。この価値観，視点がなければ，スタッフを大切にしようと考えることはできません。経営陣や管理職には，資源と一緒で，介護スタッフにも限りがあるということ，大切にしなければなくなってしまうという視点を持つことが極めて重要です。

　先述したように，社会的な要因（少子高齢化による労働力不足など）を嘆いていても，状況は改善しないのです。あくまで現状に対していかに対処していくのかという部分が大きな人材定着・確保のポイントとなります。

人材は労働資源。無駄に使えばたちまち「枯渇」してしまう。

自施設の人材不足度をチェックしてみよう

　今，人員が充足している施設でも，一寸先は闇です。現在の国の状況を鑑みると，今後どの施設も一挙に人員不足が深刻化する可能性があります。**表2**に人材不足危険度チェック表を，**表3**にその解説を示しますので，自施設はどの程度，人材不足の危険性があるのかを一度チェックしてみましょう。自施設の状況を客観的に見つめることで，人材不足がいかに進行しているかを把握することが，人材確保対策においては非常に重要です。

　どの領域において点数が高くなっているか確認しましょう。点数が高い領域は，スタッフの定着率に今後，影響を及ぼす可能性があります。改善できるところは見直しましょう。

表2　人材不足危険度チェック表

©Copyright Takayuki Hirooka All rights reserved.

領域	No.	項目	
スタッフの領域	1	ここ1年以内に1割以上の人員の入れ替わりがあった。	
	2	退職する際に施設や一定の人間関係の不満を口にしている。	
	3	一般スタッフが管理職に挨拶をしない，もしくは挨拶をしても目を合わさない。	
	4	転職してきたスタッフが「ここの事業所は…」「ここのスタッフは…」とまるで他人事のように言っている。	
	5	スタッフの会合（食事会など）の参加率が低下している。	
	6	人望の厚いスタッフ，慕われているスタッフが役職者に反発している。	
	7	法人の理念を「知らない・言えない」スタッフが多数存在する。	
	8	会議や委員会ははっきり言って無駄で意味がないと思っているスタッフが存在する。	
	9	スタッフ退職時に有休取得についてのトラブルがある。	
	10	スタッフ間で世代間のギャップによる不仲がある。	
経営の領域	1	新規事業所の開設予定がある。	
	2	新卒採用のエントリー数が減少傾向にある。	
	3	インターネットの掲示板に事業所を誹謗した書き込みがある。	
	4	毎年の昇給がない，もしくは1,000円程度しか昇給しない。	
	5	会議や研修は休日参加させている。	
	6	役職者に過度な負担が掛かっているが，退職しないので黙認している。	
	7	有休取得率は低いが公休はとれている。	
	8	就業規則をここ何年間も見直していない。	
	9	非常勤，パート，正規職員の業務内容に格差がなく，異なるのは労働時間ぐらいである。	
	10	賞与が前期より下がった。	
中間管理職の領域	1	利用者の生活が何より大切だと思う。	
	2	人に嫌われたくないという思いが強く，部下に指導，注意しにくい。	
	3	トップが自分の言うことに全く聞く耳を持たず，意向が強すぎる。	
	4	最近，優秀なスタッフが全く入ってこない。	
	5	人集めは経営層や事務方の仕事だと思う。	
	6	現場のレベルが下がってきたと思う。	
	7	中間管理職として，すべての介護業務を理解，知っておく必要がある。	
	8	経営陣から無理な命令があった場合，現場スタッフと相談した上で現場の意見を上げて交渉している。	
	9	ケア向上のことは協議しても，業務改善に関する協議はあまりしない。	
	10	部下の不満や意見を上司としてよく聞き，受容していくことが大切だと思う。	
トップ（経営層）の領域	1	介護や福祉たるもの職員の犠牲を払ってでも，弱者を助けなければならない。	
	2	「今の若い者は…」「ゆとり世代は…」などの言葉をよく使う。	
	3	残業をしても，時間外手当を支払っているのだから問題ないと思う。	
	4	今までも乗り切ってこられたのだから，これからも何となく大丈夫だろうと楽観視している。	
	5	事業所のトップとして，もっと現場の介護に携わるべきだと思う。	
	6	人材確保で一番大切なポイントは，中間管理職や主任級の力量だと思う。	
	7	あまり新聞やニュースは見ず，社会情勢について疎い方だ。	
	8	一般スタッフはともかく，管理職や経営層は労働時間が長くても仕方がない。	
	9	理事長や施設長が絶対的権力を持っており，全く現場の意向は反映されない。	
	10	毎日，朝礼では必ず「トップの言葉」を熱くスタッフに聞かせている。	

| スタッフの領域 | ／10 | 経営の領域 | ／10 | 中間管理職の領域 | ／10 | トップ（経営層）の領域 | ／10 |

- 0～3点：大きな問題はない　・4～7点：今後離職者が増える可能性あり
- 8～10点：離職が増え，さらに新人が入職しても1～2年のうちに半数以上が退職する恐れあり

CD収録

表3　人材不足危険度チェック表の解説

©Copyright Takayuki Hirooka All rights reserved.

CD収録

領域	No.	項目・解説
スタッフの領域	1	ここ1年以内に1割以上の人員の入れ替わりがあった。 離職率10％を一つの目安とする。人の入れ替わりが1割以上になると，新人教育などに力をとられ現場が混乱する。
	2	退職する際に施設や一定の人間関係の不満を口にしている。 退職時は施設への帰属心がなくなり，本性が出やすい。特に不満を周囲に言って退職していく場合は，周囲への悪影響も考えられる。日頃から施設内の風紀が乱れており，蓄積された不満が退職時に噴出している可能性がある。
	3	一般スタッフが管理職に挨拶をしない，もしくは挨拶をしても目を合わさない。 スタッフの上司への挨拶は，職場の雰囲気を表すバロメーター。挨拶をろくにしないというのは，上司に対しての反発，事業所への不満，疲労の蓄積などが考えられ，いずれにせよ職場環境としては望ましくない。
	4	転職してきたスタッフが「ここの事業所は…」「ここのスタッフは…」とまるで他人事のように言っている。 古くから働いているスタッフとの確執に注意。また，転職してきたスタッフに対し，以前の職場ではなく現在在籍している職場が自分の職場であるということを指導する。
	5	スタッフの会合（食事会など）の参加率が低下している。 スタッフのイベント参加率も，職場の満足度を表す指標となる。参加率が低いからと言って強引に誘うのではなく，なぜ参加率が低下しているのかという根本理由を探る必要がある。
	6	人望の厚いスタッフ，慕われているスタッフが役職者に反発している。 現場で大きな影響力を持つスタッフが事業所の方向性に対して反発している場合は，スタッフ全体が方向性に対して反発する危険性を秘めており，最悪の場合，集団退職の恐れもある。
	7	法人の理念を「知らない・言えない」スタッフが多数存在する。 理念は，自分たちが何のために仕事をしているのかという，言わば「根幹」をなすもの。この部分を知らない・言えないというのは，スタッフにとっても法人にとってもマイナス。迷った時に「自分は何のために働いているのか」という根幹がなく退職につながる。
	8	会議や委員会ははっきり言って無駄で意味がないと思っているスタッフが存在する。 この場合は，スタッフが一律に悪いのではなく，貴重な時間を使って意味のない会議や委員会を開催している事業所に問題がある場合が多い。集まるだけで内容がない会議を繰り返す事業所は，職員のモチベーションを下げる。
	9	スタッフ退職時に有休取得についてのトラブルがある。 スタッフの退職時は，特にトラブルにつながりやすい。一番のトラブル要因は有休取得の取り扱い。退職の話があった時点でしっかりと有休処理について合意形成をとっておくこと。退職者は捨て身になる可能性があることを頭に置いておく。
	10	スタッフ間で世代間のギャップによる不仲がある。 若いスタッフと年配スタッフとの世代間ギャップが著しく，対個人の確執ではなく対複数になると働きづらい職場環境となり，いずれかの世代が集団退職する可能性がある。
経営の領域	1	新規事業所の開設予定がある。 自法人が新規事業所を開設する場合は，今いる労働力を分散させ，新しいスタッフを多く雇用することでトラブルにつながりやすい。特に主力スタッフが新規開設スタッフに回ると従来施設の戦力ダウンとなる。
	2	新卒採用のエントリー数が減少傾向にある。 求職者のエントリーが減れば人材確保に大きな影響が出るのは必然。
	3	インターネットの掲示板に事業所を誹謗した書き込みがある。 インターネットの影響力を侮ってはいけない。特に若年層へのイメージダウンは必至。求職者のみならず，現在働いているスタッフも影響される可能性がある。
	4	毎年の昇給がない，もしくは1,000円程度しか昇給しない。 財源は限られており，年々厳しさを増している中で，どの部分に人件費を手厚くするのかを検討せねば離職率は上がる。どの部分に人件費をかけるのかがポイントになっていく。
	5	会議や研修は休日参加させている。 手当を支給することはもちろんだが，手当を支給していてもスタッフが休日に出てくるというのは精神的負担につながる。自己学習という名の研修会への強制参加も負担増につながる。
	6	役職者に過度な負担が掛かっているが，退職しないので黙認している。 一般スタッフの負担は軽減しているが，「役職者なんだから負担があるのは当然だ」と黙認していると，役職者がつぶれてしまう。役職者は主力であり，退職されると運営に大きなダメージを残す。役職者に仕事を任せていれば任せているほど退職や休職された時の影響は大きい。
	7	有休取得率は低いが公休はとれている。 有休がとれるか否かは，スタッフにとっては良い職場環境かの指標となる。友人，知人と有休や給与のことは情報交換しているため比較対象となる。
	8	就業規則をここ何年間も見直していない。 法律や制度が変わったことによる規則の見直しは必須だが，それ以外に給与や休みなどの労務に関する改善策をとっていないのは，働きやすい職場環境を考慮していないに等しく，スタッフの定着率が上がらない可能性がある。
	9	非常勤，パート，正規職員の業務内容に格差がなく，異なるのは労働時間ぐらいである。 非常勤，パートスタッフは貴重な戦力であり，正規職員よりも待遇が劣るため雇用が難しい。業務内容が変わらず待遇のみ差があることは法的に禁じられているだけではなく，非常勤，パートスタッフの不満の大きな要因になり離職が進む。

表3の続き

領域	No.	項目 / 解説
経営の領域	10	**賞与が前期より下がった。** 介護報酬が減額されている中で，賞与を上げることは難しいが，経営努力により何とか下げることは避けたい。スタッフから見れば賞与が下がることはかなり大きなマイナス要因。他事業所への移籍を後押しすることになる。
中間管理職の領域	1	**利用者の生活が何より大切だと思う。** 利用者の生活はもちろん大切だが，スタッフの残業やボランティア精神で成り立っているような職場環境は見直さねばならない。管理者は「サービスの質」と「スタッフの負担」という2つのバランスを見極めなければならない。
	2	**人に嫌われたくないという思いが強く，部下に指導，注意しにくい。** 嫌われたくないという思いは誰しもあるが，それが原因で指導しないことでより現場が乱れれば責任を果たしていないことになり，余計に自分の評価が下がる。適切な指導は組織風土を保つために極めて重要。
	3	**トップが自分の言うことに全く聞く耳を持たず，意向が強すぎる。** トップは権限だけではなく「責任」がある。自分の助言について聞く耳を全く持たないことで，経営，人材確保などに影響が出ればトップの責任にもつながる。何とか耳を傾けてもらえるよう努めるしかない。
	4	**最近，優秀なスタッフが全く入ってこない。** 優秀なスタッフを獲得することは簡単なことではなく，ほとんど獲得できないと考えておいた方が無難。優秀なスタッフになるよう育成していくことに注力していくことの方が重要。
	5	**人集めは経営層や事務方の仕事だと思う。** 経営層や事務方より現場に近く，現場の気持ちや事業が分かるのが中間管理職。中間管理職がスタッフや現場の労働環境改善に向けて代弁していくことで，労働環境の改善や，職場の変化につながっていく。
	6	**現場のレベルが下がってきたと思う。** 現場のレベルが下がってきたのはスタッフだけの責任ではない。中間管理職として何が悪いのか，どこに改善点があるのかを考える。
	7	**中間管理職として，すべての介護業務を理解，知っておく必要がある。** すべての業務内容を事細かく覚えておくのは困難。一般スタッフが知っておくべき情報と中間管理職が知っておくべき情報は異なる。現場のケアばかりに注力するのではなく，俯瞰的にスタッフの動きや業務改善などを見ることが職場環境改善につながる。
	8	**経営陣から無理な命令があった場合，現場スタッフと相談した上で現場の意見を上げて交渉している。** 経営陣の命令に無理がある場合，その命令を直接現場スタッフに周知すると反発を招く可能性がある。自分の中でいったん経営陣の方向性と現場の現状を踏まえ検証し対応を決める。伝え方によってはスタッフの動揺につながるため要注意。
	9	**ケア向上のことは協議しても，業務改善に関する協議はあまりしない。** 介護現場はケア向上にのみ目が行きがちだが，業務を改善・削減するという部分に意識があまり及ばないことがある。業務は放っておくと蓄積されていき，スタッフの負担につながるため，定期的に見直す機会を設けたい。
	10	**部下の不満や意見を上司としてよく聞き，受容していくことが大切だと思う。** 部下の相談をしっかり聞く能力も必要だが，すべての意見を受容し実行改善できなければ失望に変わり，退職につながることがある。できること・できないことや法人の方向性を伝えることが，離職防止において重要なポイントになる。
トップ（経営層）の領域	1	**介護や福祉たるもの職員の犠牲を払ってでも，弱者を助けなければならない。** 崇高な理念は重要だが，それだけでは労働力不足の中を乗り切っていけない。理念や思い＋スタッフの労働環境を整備するという考えが，今後はより重要になっていく。スタッフがいなければ事業自体継続不可能。
	2	**「今の若い者は…」「ゆとり世代は…」などの言葉をよく使う。** 若いスタッフを見下すのはNG。年配者でも若年者でも自己中心的な者はいるし，のんびりした者もいる。年配も若年層もそれぞれが働きやすい職場環境を整備することが重要。
	3	**残業をしても，時間外手当を支払っているのだから問題ないと思う。** 長時間労働は疲労度を高めていく。介護は対人援助サービスであり，労働時間を適正にしなければ人材定着は困難。スタッフを労働資源としてとらえ，大切にしていくことが重要。
	4	**今までも乗り切ってこられたのだから，これからも何となく大丈夫だろうと楽観視している。** 時代は厳しさを増している。労働力不足の深刻化，介護報酬の減収など，今まで何とかなっていた事業所も閉鎖に追い込まれる可能性がある。今までは大丈夫だったという考えは何のなぐさめにもならないことを自覚する。
	5	**事業所のトップとして，もっと現場の介護に携わるべきだと思う。** トップが現場の事細かな業務に指示を出すのではなく，労働環境改善や処遇改善に全力を注ぐこと。これは，経営者にはできても一般スタッフではできない。自分にしかできないことを自覚し全力を尽くす。
	6	**人材確保で一番大切なポイントは，中間管理職や主任級の力量だと思う。** 確かに中間管理職や役職者は大きなウエイトを占めるが，人材確保対策の方向性においてはトップの考え方によるところが大いにある。スタッフを大切に考えるか否かを働くスタッフは注視している。
	7	**あまり新聞やニュースは見ず，社会情勢について疎い方だ。** 激変している社会情勢，時代の流れをつかんでいなければ，効果的な施策を打てない。
	8	**一般スタッフはともかく，管理職や経営層は労働時間が長くても仕方がない。** 上司が長時間労働をすることで，一般スタッフは帰りにくくなる。上司自ら業務改善を行い働き方を変えることで，一般スタッフへの残業ゼロに説得力を持つことになる。
	9	**理事長や施設長が絶対的権力を持っており，全く現場の意向は反映されない。** スタッフのことをどうとらえるかという項目。権限をスタッフの人材確保に傾けることで効果が生まれる。
	10	**毎日，朝礼では必ず「トップの言葉」を熱くスタッフに聞かせている。** トップが思っているほど，一般スタッフは重要に思っていないかもしれない。朝礼で皆が集合する時間×人数分の労働力が割かれていると考えた時，費用対効果があるのかどうかを冷静に検証する。

> **廣岡は こう考える！** 👉 **私が介護職を選んだ理由**
>
> 　私はもともと介護職とは無縁の全く違う職種に就いており，若いころは介護の道を選ぼうとも全く思っていませんでした。私の考えが変わったのは20代前半で大病を患い，長期療養に入った時です。この時，真剣に「死」を覚悟しました。病床の中で私が考えたことは，「今まで何も考えずに生きてきたけれど，どうせ人間いつかは死ぬのなら，何か人の役に立つ仕事をしたい」ということでした。
>
> 　当時はまだ介護保険制度も始まる前で，男性が介護をすることに対して社会の理解も進んでいない時代です。親をはじめ，前職の同僚や友人からの反応は「介護？」というものでした。明確に反対されたというより，皆なぜわざわざつらい仕事に就くのか理解できなかったようでした。
>
> 　私の決意は固く，ある特養の門を早速たたきました。資格も経験も全くなかったので，「施設の草刈りや環境整備など何でもやるので働かせてください」と，面接試験で懇願したことを思い出します。そこからさまざまな体験をして今日に至りますが，今でも仕事でうまくいかなかったり悩んだりした時は，介護職を選んだ時の「原点」に返ります。あの時になぜ介護の仕事を選んだのかということを。

人材確保対策を強力に推進していくために必要なこと

　私の話を聞いた同業界の方から，「エーデルさんだから実行できるんだよ」「うちには優れたスタッフがいないから…」といった，あきらめにも似た声を聞くことが少なくありません。本書では，実際に当施設で行った具体的実践方法を示していますが，実際の施策を知っても「実践」できなければ，絵に描いた餅になってしまいます。そこで，具体的な人材確保対策を示す前に，どうすれば本書をご覧いただいている方々の事業所において，人材確保対策がスムーズに導入できるかをまず説明します。

ポイント1　トップダウン

　トップとは，理事長や施設長だけではなく，管理職を含めた経営陣のことで，「権限」を持っている者とここでは定義します。一般スタッフがいくら職場を変えたいと願っても，権限のある経営陣が理解を示さなかった場合，環境改善は困難になります。逆に，いくら現場が反発しても，トップの強い権限で「人材確保対策」を実現するという方向性を示せば，労働環境は改善される可能性があります。

> **トップ（権限を持つ経営陣）**
> 人材確保対策について覚悟を持って進める。特に処遇改善や設備の導入，諸規定の変更などは，トップの決断と裁量によるところが大きい。

このように，トップの考えが法人の方向性を大きく左右します。権限を持つこと＝責任が発生します。組織のトップは，強い権限を持っていることへの責任を感じつつ，トップダウンで人材確保対策を進める義務があります。

ポイント2　組織を固める

組織を固める＝役職者が同じ方向性を向くということが挙げられます。トップが人材確保対策について方向性を示し，役職者が結束することが必要です。人材確保対策は，経営陣と働くスタッフの双方にとって重要な問題であることは言うまでもありません。スタッフを多く確保することのデメリットとして人件費が高騰することが挙げられますが，昨今の人材不足の深刻化を見ていると，減算の危機があるぐらいなら，人件費が多少かかっても人材確保を進めたいという事業所が多いと思われます。給与やスタッフの削減といったネガティブな事案ではなく，スタッフを増やすということはメリットが見いだしやすく，法人や事業所が「人材確保は大切だ」という方向性を共有することは決して難しいことではありません。「人材確保は労使双方にとって最重要案件」だという方向性で，トップと役職者が一丸になる時が，まさに今です。

> **組織を固める**
> 役職者が同じ方向性を向き，一丸となることが重要。会議などで決定した事項については，反発せずに「実行」することに協力を惜しまない。異論があれば，会議などの公の場で議論する。

ポイント3　リーダー・ベテランスタッフを固める

一般スタッフに影響力のあるユニットリーダーやベテランスタッフなどについては，全体に具体的な方法を示す前に，個人面談などであらかじめ説明しておき，理解を求めておくことが非常に重要です。理屈ではなく，とりあえずやっていく，挑戦してみて駄目だったら引き返せばよいぐらいの気概を持ってやっていくことを伝えてください。この層が理解を示せば，ほぼ事業所がまとまったと考えてよいでしょう。

> **リーダー・ベテラン**
> （ユニットリーダーや，ベテランスタッフなど，一般スタッフに影響力のある者）
> この階層が反発していたり理解を示さなかったりすると，施策を実行していくのは難しい。個人面談で必ず同じ方向性を向かせること。

ポイント4　その他の一般スタッフ

リーダークラスのスタッフが事業所の方向性を理解していれば，大きな抵抗感なく実践方法を受け入れてもらえるはずです。さすがに全スタッフに個人面談することが難しいという事業所につい

> **その他の一般スタッフ**
> リーダーやベテランスタッフが方向性を理解すれば自ずとついてくる。

ては，配布文書でもよいので，分かりやすい形（イラストをつける，難しい言葉を使わない，など）で周知していくことが必要です。

組織問題別対応方法

　組織をまとめていく上で，さまざまな障壁が立ちはだかります。ここでは，組織がうまく機能しないが故の問題点を整理し，どのように対応していけば改善できるかを考えていきます。本書で紹介するような手法をうまく現場に浸透させていくには，組織構築が重要であることは前述しましたが，いくら手法を知っていても組織が機能していなければ，さまざまな施策は実行できません。組織が機能しない要因を大きく3つに分類して，対応を説明していきます。

トップが無責任で放置し，中間層が孤立している場合（責任を避ける場合）

　通常，事業所の方向性を示したりまとめたりしていくには，施設長などのトップによるリーダーシップが必要ですが，そのトップが責任を放棄したり，発生したトラブルに対し見て見ぬふりをしたりすることがあれば，確実に組織としてうまく機能しません。最悪の場合，中間層（役職者）だけが孤立し，現場からは嫌われて上司に相談することもできず，潰れてしまうことにもつながりかねません。

●**改善方法のポイント：中間層が自立する**

- もしあなたが中間層（役職者）であれば，トップを変えていくのは難しいため，自分が中心になって体制を整備していくことも視野に入れます。そのためには，人材確保関連の資料作成やプロジェクトチームは，あなたが中心になって牽引していくことが求められます。
- 上記の場合，あくまで「法人にとって有益な方向性に進む」ことが前提です。必要以上にトップと対立したりスタッフの不満をあおったりすることは背信行為に当たるため，決して望ましい形ではありません。
- トップが放置しているということは，逆に言うと中間層に「自由度」があるということでもあります。自分たちの事業所は我々（中間層）が守るという覚悟を持ってチームをつくっていきましょう。ただし，チームで決めた内容の報告はトップにしておく必要があります。

トップにやる気があるが役職者がついてこない場合（図4）

　トップが人材確保対策を進めたいとプランを立てても，トップ以下の役職者が方向性を理解せずついてこなければ，対策は実行できません。この場合，トップとしては「部下がついてこない」「責任を取らなければならない」という二重の苦しみを背負う

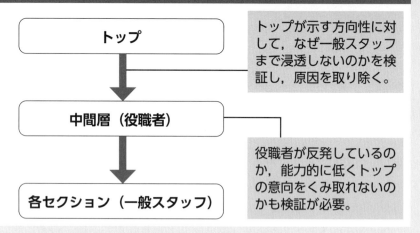

ことになります。自分（トップ）の意見を現場に浸透させるためには，どの部分が障壁になっているのかを知り，対策を講じていかなければなりません。

◉改善方法のポイント：トップと役職者が同じベクトルで考える

▶中間層が反発したり，理解していない場合

- トップの意見のどの部分に反発しているのか，理解できないのかを冷静に分析しましょう。水の流れと同じで，トップの意見がうまく一般スタッフまで流れていかない原因が必ずあるはずです。
- トップの言っていることがよほど理不尽な場合を除き，トップが示す方向性にやみくもに反発することは組織として許されないこと，一丸となって人材確保対策に臨んでいくことが必要であることを説明します。
- 部下からの有効な意見には耳を傾ける姿勢もトップには必要です。

▶中間層の能力が低く実践できない場合

- トップが意向を示しただけで役職者が動かない場合は，委員会やプロジェクトチームをつくり，そこにトップが入ることで，中間層と一緒に施策を浸透・実行できるように考えていきましょう。トップと役職者が同じベクトルで考えていくことが重要です。
- 委員会やプロジェクトチームは定期的に開催し，必ず前回議論した内容についての進捗状況を確認し，できていないことを放置しないことが重要です。
- 具体的な実践方法を中間層が理解しない場合は，本書を活用し具体的なアイデアを見てもらってください。
- 役職者が施策を実行できない理由が，業務の多忙さや能力の低さによる場合は，副主任いう形でサポートスタッフをつけるか，役職者を外すということも視野に入れる必要があります。

現場に発言力の強い年上部下がおり，周囲のスタッフが同調している場合

特に現場で問題になりやすいのが，役職者が年下で一般スタッフが年上のパターン

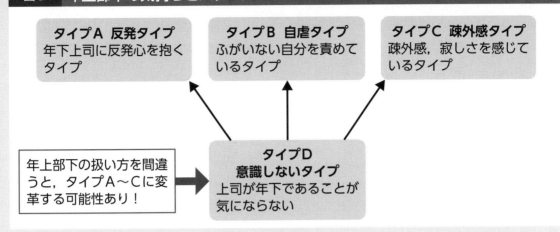

図5　年上部下の気持ちとパターン

です。この場合，役職者が年上の部下に気を使ってしまい，なかなか施策を実行できません。次に，年上の部下のタイプを挙げると共に，年上の部下に対してどのように接していけば周知や指導がスムーズにいくかを具体的に紹介します（**図5，表4**）。

タイプA　反発タイプ：組織として自分が部下であるという立場は理解しているが，一方では，自分が年上であるというプライドがあり，素直に年下上司の言うことを聞くことができない。また，命令や指導も「年下に言われている」という思いが頭のどこかにあり，反発してしまう。

タイプB　自虐タイプ：「自分が年上であるのに，もっとしっかりとしなければいけない」と申し訳なく思う。

タイプC　疎外感タイプ：「組織にとって本当に自分は必要な人間なのか」と感じてしまう。

タイプD　意識しないタイプ：上司が年下であることに抵抗がなく，気にもしていない。

●改善方法のポイント1：年上部下の面子を考える

年上部下は，部下といえども人生においては先輩なので，面子を考える必要があります。一定のプライドに配慮することで人間関係が良好になり，**無用なトラブルは格段に減少します**。

①人前での指導は行わない

人前での指導は年齢うんぬんではなく，「人前で恥をかかされた」という意識につながるので，一定の配慮が必要です。特に年上や先輩は「自分の方が目上である」という意識があるので注意が必要です。プライドを傷つけないよう配慮しましょう。

②仕事外で気を抜いて無礼な振る舞いはしない

軽い気持ちで発した言動も，実は年上部下のプライドを深く傷つけている可能性があります。特に仕事外では，年下上司もリラックスしているため，気を抜いてしまい，無意識のうちに横柄な態度になっていることがあるかもしれません。仕事外での振る舞いが業務に悪影響を及ぼすことは多々あります。リラックスしている仕事外だからこそ，よりいっそうの注意が必要なのです。

表4　年上部下のタイプ別特徴と対処法のポイント

	特徴	対処法のポイント
タイプA 反発タイプ	・年上であるというプライドが強い。 ・経験年数が長く先輩意識が強い。 ・年下上司の言うことすべてに反発する。 ・指導の際にあからさまに嫌そうな顔をする。	プライドが高く，上司の言うことに反発する部下の扱い方は非常に難しい。年下上司である自分の言うことに従わせようとすると，余計に反発する。北風と太陽という話があるが，年下上司は北風になってはいけない。 ①相手を無理やり変えようとしない。 ②「自分が上司である」と肩肘を張らず，年上部下に相談するなどして積極的に頼ってみる。 ③細かい指示をせず，大まかな業務を実行してもらう。 ④業務などを依頼した場合，必ず仕事の成果を見て，不足を感じる部分はしっかりと伝える。 ⑤下手に媚びないこと。
タイプB 自虐タイプ	・「年上なのに，しっかりしていない，自分はだめだ」という意識が強いタイプ。 ・自分の仕事に自信を持てない。 ・年下上司の指示には従うが，言われたことしかやらない。	自分を責めており，自信を失っているのがこのタイプ。必要以上の仕事をせず，能力が完全に発揮できないので，モチベーションを上げる必要がある。 ①仕事を任せる。特に得意分野のことを任せてみる。 ②出来上がった仕事に対して，積極的に評価する（感謝と喜びを素直に伝えることが重要）。 ③個別面談を行い，「○○さんがうちの組織，チームには必要なんです」といった率直なメッセージを伝える。
タイプC 疎外感タイプ	・年上なのに，自分が役職や権限を与えてもらっていないことで，「自分は組織に必要ないのではないか」と思っている。 ・仕事に熱意がなく，言われたことも十分に果たせない。 ・同僚に愚痴をよくこぼしている。	本来は自分が上司になると思っていたが，年下のスタッフが上司に抜擢されるなどし，上司になれなかったケース。割り切って仕事をすることができず，やけくそになってしまう。一番扱いが難しいのが実はこのタイプ。 ①個別面談で思っていることを吐き出してもらう。 ②思いを聞いて，組織としてできること・できないことをしっかりと伝える。 ③割り切って仕事ができず，何度指導しても組織に悪影響を及ぼす場合は，新たな道を探してもらうことも選択肢の一つ。

●改善方法のポイント2：信頼感や頼りにしている気持ちを言葉や態度で伝える

▶年上部下が得意な役割を与える

　手先が器用な年上部下に，メンテナンス担当として修理などを任せたり，話をすることや人を喜ばせるのが上手な年上部下に，夏祭りなどのイベントでショーを依頼するなど，得意ジャンルの役割を与えることで，より業務に意欲的に取り組む可能性があります。

▶具体的な指示を出し，期限どおりに実施させる

　指示を出す時は必ず具体的な期限と内容を設けることがポイントです。期限や内容を設けずに，指示をあやふやにすることで，評価も比例してあやふやになるからです。具体的な指示を出し，実施させることが原則です。ただし，具体的な指示をいったん出したら，期限内に何度も細かい指示を出すことはやめましょう。年下に細かい指示

を逐一言われることで，モチベーションが大きく下がる可能性があるからです。期限を設けたら，思い切って年上部下の発想ややり方を見守り，任せてみましょう。

▶実施したことについて，感謝の言葉＋信頼感を伝える

　依頼した仕事を年上部下が実施したら，「ありがとうございます。やっぱり○○さんに頼むと安心だ」といったように，信頼しているというサインを伝えます。多少お世辞のように聞こえるかもしれませんが，年上部下にとっては，**頼られている**という感覚は非常に大切で，とてもうれしいものです。少々オーバーでもよいので，感謝と信頼感を言葉や表情で伝えましょう。

▶ほかの部下に，年上部下の良い点を見習うよう伝える

　結構効果的なのがこの方法です。人伝いに，自分が評価してもらっていることを聞くと，直接褒められるよりも喜びが増すことがあります。実際に，年上部下は経験を多く積んでいる分，若手が見習うべき点は多くあります。年上部下の良いところを，ほかの部下（若手）にもどんどんアピールしましょう。年上部下の長所を見つけるという視点と意識が，年下上司には必要です。

▶仕事の対応方法などを積極的に相談してみる（一緒に考える）

　「○○さんだったら，このようなケースはどうしますか？　参考にしたいんです」というように，年上部下に対し一方的に「私の言うことに従え」というスタンスではなく，「一緒に考えていこう」という姿勢を示すことで，上下関係とは異なる「仲間意識」が芽生えます。また，頼られているという気持ちにつながるので，年上部下の意欲向上になるでしょう。

◉改善のポイント３：年上であること（年齢）を意識しすぎない

▶年上だからといって，必要以上に媚びる必要はない

　部下とコミュニケーションをとることは大切ですが，必要以上にご機嫌とりをすると，余計に上司と部下のパワーバランスが崩れかねません。相手が年上だからといって，必要以上に媚びる必要はありません。

▶自分が上司であるということに肩肘を張らない

　自分は年下であるが，上司であるため，「年上部下を絶対に従わせるんだ！」という気持ちになると，**自分を追い込む**ことになります。年上部下をどう従わせるのかが大事なのではありません。的確な指示や方向性を示すことで，**年上部下をいかに「戦力」として活用していくか**が，一番重要なことなのです。

※理由もなく反発を繰り返す年上部下は，自分一人で対応しようとせず，上司にも相談するなどし，組織として対応を検討すべきです。一人で悩みを抱え込まないようにし，ストレスに潰されないよう防衛することも重要です。

◉改善のポイント４：年上部下を特別扱いしない

▶ほかのスタッフの目を意識する

　上司が思っている以上に，部下は上司の顔色や振る舞いをうかがっています。年上

図6　当施設の体制（執行室・委員会）

執行室（プロジェクトチーム）
- 委員会よりも権限が強い。権限を持つ経営陣が入る。
- 経営全般に関する内容を決めていく。
- 一般職でも得意分野があれば入ってもらう。
- 一般職の場合，執行室手当を支給。

委員会
- 委員会は，直接サービス提供に関する事案を検討する。
- 副主任以上級は必ずいずれかの委員長になる。
- 正規職員は必ずいずれかの委員会に属する。

経営運営戦略室
- 経営に関するチーム
- 中・長期計画，予算立案，各種契約，支出削減策を検討

人材確保対策室
- 人材獲得・定着を検討
- 給与・手当・諸規定の見直し
- 雇用関連，社会保険労務士との連携

人材育成強化室
- 人材育成に関する内容を検討
- 各種研修の立案，開催

イメージアップ戦略室
- 館内の整備，各種資料・広報誌・パンフレット類のデザイン
- ホームページのコンテンツ，デザイン検討

設備管理室
- 大型設備管理・導入およびエネルギーコスト削減，BCP計画立案，防災備蓄整備など

業務改善遂行室
- 業務見直し，削減，代替法，効率化

CSR推進室
- 社会貢献，地域との交流，法人の社会的責任を検討

＋

- スキンケア委員会
- 感染対策委員会
- 安全衛生委員会
- 接遇向上委員会
- 給食委員会
- 情報管理・ケアプラン委員会
- リスクマネジメント委員会
- メンテナンス委員会
- チームワーク強化委員会
- 人権尊重委員会

部下にのみ気を使いすぎていたり，言うべきことが言えていないのであれば，ほかの部下から不平不満が噴出します。年上部下に指導する時は，前述したとおり，人前で指導するとプライドを大きく傷つけることがあるので，個別指導が有効的です。指導により改善が見られれば，より組織としての規律は高まるでしょう。部下は常に上司の対応を見ているものと心得てください。

▶ここぞという場面では，年齢に関係なく，毅然と指導する

明らかなルール違反や重大な過失は，年上だからといって遠慮せず，**厳しく本気で**

指導することがポイントです。言うまでもなく，介護のプロとして言わなければならないことは，年齢に関係なく毅然と対応する厳しさが必要であり，ここぞという時に指導できない上司は，はっきり言って失格です。重大な事案については，しっかりと迅速に対処しましょう。

当施設の執行室制度（プロジェクトチーム，図6）

前述したように，当施設では経営に必要な「ヒト・モノ・カネ」に関する執行室制度（プロジェクトチーム）があります。なぜこのようなチームを複数立ち上げたかというと，私自身が現在の役職を引き継いで経営をしていかねばならなくなった時に，一体どこから手をつけてよいか分からなかったことが大きな要因です。「あれも，これも実行しなければ…」という混乱状態に陥ったため，経営の三資源である「ヒト・モノ・カネ」に関するプロジェクトチームを立ち上げ，各項目ごとの経営課題について毎月メンバーと検討・共有する時間を持ち，各施策を実施していきました。

プロジェクトチームの効果は絶大で，自分の頭の中を「ヒト・モノ・カネ」の各分野に整理することができました。そこで気づいたことは，例えば経営をしていくためには優秀な人材が必要であり，優秀な人材を雇用し育成するためには，高い給与を支払う必要がある，というように，すべてのものはつながっているということです。これら経営を一括で考えるのではなく，項目（ヒト・モノ・カネ）ごとに考えることには，非常に意義があると考えられます。当初，3チームだけで開始したプロジェクトチームも，今では7つのチームが同時に稼働し，各項目ごとにベストな方策を探り，挑戦を続けており，今なおどんどん改善していると感じています。

執行室制度の役割

執行室は単にアイデアを協議するだけの場ではなく，必ず「計画を遂行」していきます。経営陣が執行室に入ることにより，強力なトップダウンで各種の経営課題について乗り切っていきます。執行室は極力少人数にしており，同じ価値観，方向性を持ったスタッフを選任するようにしています。あまりに人数が多いと，議論するだけで決断することができなくなります。少数精鋭でスピーディに施策を練ってどんどん実行させていくことで，大幅に経営状況が好転し，人材確保が進みました。執行室制度は，いわゆる「アイデアを実践していく仕組み」であると言えます。

各事業所においても，このように組織を固め，実践していく仕組み・体制をつくることは，多くの課題を乗り越えるための「基礎」と言えます。しっかりと整備することで，さまざまな施策を実践していきましょう。

第1章

介護人材が「定着」するノウハウ

人材確保対策において,
現在在籍しているスタッフを退職させない
「定着」が最も重要だと前述しましたが,
本章では,
どうすれば離職率を減らせるかについて,
具体的な実践方法を説明していきます。

働きやすい職場をつくろう！「トリプルゼロ」の強力推進

「トリプルゼロ」とは，介護職が特に心身の負担を感じやすい3つのトラブルを「ゼロ」にするという目標です。3つのトラブルとは①残業，②腰痛，③メンタル不調を指します（**図1**）。当施設ではこの3つのトラブルをなくす施策を「トリプルゼロ」と銘打ち，是正に向けて動きました。

トリプルゼロの達成に向けて その1：残業撤廃編

介護現場だけではなく，日本の労働環境では長時間労働が問題となっています。介護業界においても残業が当たり前で，定時に帰ることなどあり得ない事業所も多々あると思います。

当施設でも，過去においては当たり前のように残業をしていました。しかし，介護という業務は心身ともにストレスが強く，長時間労働を重ねていけば疲労が蓄積していきます。心身ともに疲れ切ったスタッフが利用者に対して良い介護ができるかは，甚だ疑問です。

残業を当たり前としていた当施設が残業を完全撤廃するには，さまざまな障壁がありました。どのように残業ゼロを実現したのか，以下にそのポイントを紹介します。

「残業＝美学」であるという風土の徹底打破！

残業を当たり前としている組織風土を変えていくことは並大抵ではありません。残業は決して美学ではないということを，現場に徹底理解させる必要があります。

これを実行するには，まず「トップ」がこの方向性を理解した上で，強い決意で残業撤廃を実行することが重要です。経営陣や役職者が強い決意を持って「残業撤廃を

図1　トリプルゼロの撤廃

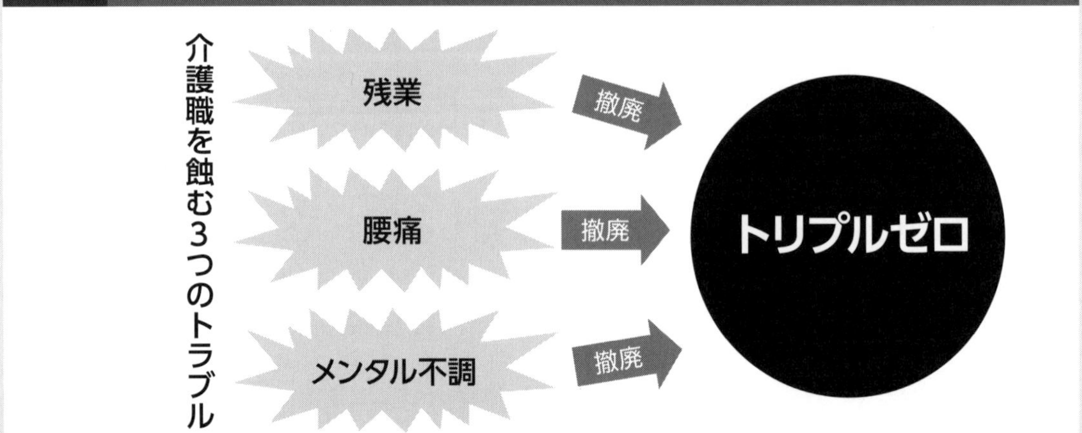

介護職を蝕む3つのトラブル：残業／腰痛／メンタル不調　→　撤廃　→　トリプルゼロ

絶対に実現するんだ」と覚悟しなければ，永遠に残業などなくなりません。当たり前の話ですが，サービス残業をさせているような事業所があれば，それは法律違反です。時間外手当を支払うのは当たり前のことですが，それよりもまず「スタッフは労働資源」という観点からも，残業の撤廃に強い決意を持って取り組まねばなりません。スタッフの過労を防止するためにも，残業は美学ではないという価値観が必要です。残業を放置・黙認しているのは，トップ・管理職の怠慢であると私は断言します。

●役職者から率先してカエル運動（資料1）

「残業をやめましょう」と上司がいくら熱心に言っても，肝心の上司が残業していては，一般スタッフはなかなか帰りづらいものです。そこで当施設では，「役職者が率先してカエル運動」を行いました。役職者が一般スタッフより先に帰るというより，「役職者と一般スタッフが同時に帰る」という運動です。この運動だけで，残業撤廃への本気度が一般スタッフに一気に伝わりました。

一般スタッフが残業している中で，上司だけが帰宅すると当然批判を浴びますので，必ず業務改善を進め，一般スタッフが定時に帰宅できる環境を構築した上で，上司も時間内に帰宅しましょう。

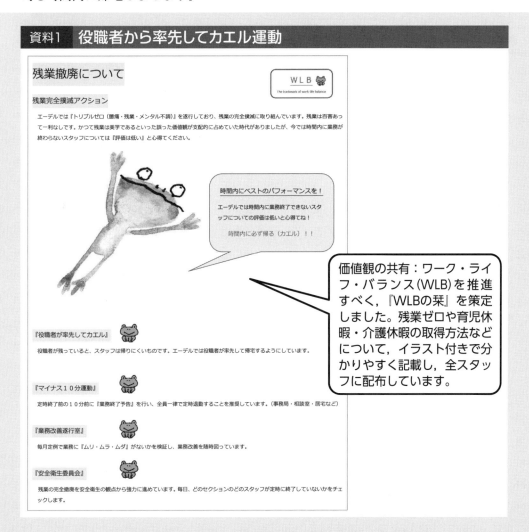

資料1　役職者から率先してカエル運動

資料2　退勤時間チェックシート

> やむを得ず定時で退勤できない場合は，役職者に退勤30分前に連絡させます。

> 日勤リーダーが，ほかの一般スタッフが早く帰れるように指導します。この箇所も，定時に退勤できなかったスタッフが記入します。

©Copyright Takayuki Hirooka All rights reserved.

業務見直し用紙（退勤時間チェックシート）

日時	月　　　　日　　　曜日	名前	
本日出勤リーダー	リーダー（　　　　）　□退勤声かけ指導有　　□退勤の声かけ指導無し			
報告役職者	役職者（　　　　）　□不在の為，後日報告			
連絡対応者	役職者（　　　　）　宿直（　　　　）　その他（　　　　）			
本日の勤務	勤務時間　　時　分～　時　分			
勤務終了時間から	□30分　　□35分　　□40分　　□45分　　□　　分			
理由	□日誌の入力		□利用者の急変（氏名：　　　　）
	□申し送り簿の記入		□利用者の体調不良（氏名：　　　　）
	□ケアプラン関係（内容：　　　　）		□ショートステイ関係（理由：　　　　）
	□メンテ報告書記入		□業務が時間内に終わらない（理由：　　　　）
	□リスク報告書記入（ヒヤリハット・アクシデント・事故報告書）		□委員会関係（委員名：　　　　）
	□その他（　　　　）			

CD収録

> どの業務によって定時退勤できなかったのか，理由を明確にします。

どの業務が残業につながっているのかを把握する

　残業はなくしたいが，どう撤廃してよいか分からないといった事業所もあるかと思います。そこでまず，今どの業務が残業につながっているのかを把握することから始めましょう。

　具体的には，退勤時間チェックシート（**資料2**）のような簡易的なシートでよいので，実際に残業したスタッフにどの業務によって定時退勤できなかったのか記載させ，時間を圧迫している業務を洗い出します。また，特定のスタッフが残業を繰り返しているといった情報も把握することができます。月ごとに集計しデータを集めることで，時間を圧迫している業務を徹底的に改善します（**資料3**）。エクセルで計算式をあらかじめ設定しておけば，時間を掛けることなく集計できるのでお勧めです。

当たり前にやっている業務を思い切って見直すこと

　当施設もそうだったのですが，「今まで良かれと思っていた業務」「何となく行政から指摘されるからやっていた業務」など，必要性や効果を考えずやっている業務があるものです。**表1**に当施設で思い切って見直した業務を挙げます。もし，あなたの事業所内で効果を考えずに何となくやっている業務があれば，思い切ってやめてしまうのも，残業撤廃・人材定着には有効だと思います。

資料3　退勤時間チェックシートの集計

	ユニットB																			総計
	スタッフ1	スタッフ2	スタッフ3	スタッフ4	スタッフ5	スタッフ6	スタッフ7	スタッフ8	スタッフ9	スタッフ10	スタッフ11	スタッフ12	スタッフ13	スタッフ14	スタッフ15	スタッフ16	スタッフ17	スタッフ18	スタッフ19	
日誌入力			1	3		2		1		2								1		10
ショートステイ関係																				0
業務延長																				0
急変対応																				0
体調不良対応																				0
申し送り簿記入		2						1		2										5
能力不足								3												3
ケアプラン関係																				0
メンテ関係																				0
リスク関係																				0
その他									1					1						2
総計	0	2	1	4	0	2	0	4	1	4	0	0	1	0	0	0	0	1	0	20

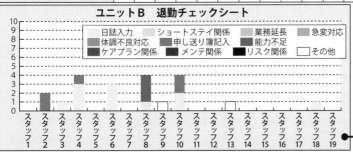

・どのスタッフがどの業務で定時退勤できないのかも把握することが可能です。
・ほかのスタッフが退勤できるのに，特定のスタッフが退勤できない理由を明確化した上で，個人指導を行い，それでも是正できない場合は，部署変更やその業務に就かせないことで対応していきます。

表1　当事業所で見直した業務

当たり前にやっていた業務と見直し結果	見直しの視点
全セクション集まっての「朝礼」 ↓ 朝礼は廃止。	・送迎や申し送りなどと重なり，人手が少ない時間帯。 ・理事長，施設長，役職者のあいさつは自己満足になっており，スタッフに有益になっていないのではないか。 ・セクションごとの利用人数などの確認は，内線で事足りる。 ・重要事項の連絡周知は，社内メールなどを活用できる。
介護日誌 ・異常のないことや二重になっている物は削除。 （外出に参加☞チェック表で事足りる） （看護師と介護職双方が入力するバイタル記録） あまり大きな変化がない利用者の日常の生活記録は毎日記録せず，月末に担当が「トータルライフ」として集約して記録することとした。 「トータルライフの一例」 ほとんど体調面に変化は見られない。食欲は良好で，他者とのコミュニケーションも良好である。入浴も気分よく入っており，施設生活を楽しんでいる。	・時間が無限にあるのなら詳細な記録は活用できるが，労働時間には限りがある。 ・どれだけ詳細に記入した記録も，見直すには膨大な時間を要し，ケアに活用できていない。
リスクマネジメント ・ヒヤリハット，アクシデント報告書など様式を簡易化（**資料4**）。 ・状況図はスタッフが事故状況を再現して写真撮影し，報告書に添付（**資料5**）。 ・集計表などもエクセルで自動計算させた。	・ヒヤリハット，アクシデント報告書などは，文章ばかりを入力しなければならず，時間を要した。 ・状況図や見取り図をイラストで記載しなければならず，時間を要した。しかも分かりにくい。
申し送り・ミーティング ・時間を徹底的に意識した伝達を実施。 ・ルールの策定（**資料6**）。 ・異常のないことは報告しない。同じことを数日間続けて言わない。	・時間を意識せずダラダラと申し送りとミーティングをすると，決めることも決められない。 ・仲の良い職員間だと，談笑したり馴れ合いになっていたりする。 ・1回10分間の削減でも，4人集まっていれば「10分×4人分」＝40分の時間削減につながる。
会議・研修等の休日出勤 ・休日は出勤禁止（出勤してはいけない）。 ・定例の会議は廃止。 ・日々のミーティングにて十分に対応が可能。	・事前に議題を知らされておらず，また会議に出席しても意見を言わない者が多数いた。 ・会議や研修が休日にあっても来なければならず，精神的負担につながり休日にならない。 ・利用者の看取り時にも，担当職員は出勤し見送っていた。出てきたい職員はよいが，問題は休みたい職員までも出勤しなければならない状況になること。「一律出勤禁止」とした。
介護職の業務を軽減 ・清拭巻（畳む，巻く，絞る）を業者に代替。 ・機械に変更（食洗機，乾燥機，パソコン，リフト）。	・介護スタッフでなくてもできる仕事（清拭巻や清掃）は，業者やパートの清掃員など専属スタッフに任せる。 ・機械で対応できるところは機械に任せる。多少費用がかかっても，人件費と比較して安価なら迷わず導入。

資料4　様式を簡易化したアクシデント報告書

アクシデント報告書

利用者名		発見者		記録者	□発見者同上
日時	平成　　年　　月　　日（　）　時　　分			レベル	□2　□3　□4
発生（発見）場所	□共有スペース　□居室　□浴室　□脱衣室　□食堂　□在宅　□その他：				
発生分類	□尻もち　□ずり落ち　□ふらつき　□転落・転倒（ベッド・車いす・いす）　□誤嚥　□異食 □人間関係　□環境　□その他				
報告	□主任（不在時士長）：＿＿＿＿　□看護師：＿＿＿＿　□相談員：＿＿＿＿				
発生内容	□：対応（介助）職員＿＿＿＿				
原因 原因不明の場合は予測記入					
外傷	【外傷部位】　有　無 ※下記の図に○印をつける。 【程度】剥離・裂傷 　　　cm×　　cm・ 　　　皮下出血・腫脹・ 　　　その他（　　　）	顔面／前胸部／上腹部／臍部／下腹部／鼠径部／陰部／足関節部　頭部／頸部／上腕部／腋窩部／前腕部／手掌／大腿部／膝蓋部／下腿部　後頸部／肩甲骨部／背部／腰部／手指／臀部／膝窩部／腓腹部			
予防策 具体的な予防策であることが重要！	対応期間　月　日〜　月　日 いつ／誰が／どこで／何を／どうする				
	記入リーダー：　　評価予定日：　月　日　□ショートステイ次回利用時に評価 ※期間は概ね1週間先を記入 ※予定日までに予防策を更新した場合，評価チェックし新たに報告書を記入				
確認者	相談員・リスクマネジャー：　　　□家族報告　□保険者報告				
評価	月　日　評価リーダー：　　□問題なし　□問題あり※新たに報告書を記入				

> 可能な限りチェックシート方式にしておけば，記載する時間を削減できます。

> イラストに○をつけるようにすると，一目瞭然で見る方も分かりやすくお勧めです。

CD収録

資料5　再現写真の添付

事故等現場状況図

スタッフが事故状況を再現して写真撮影し，ファイルを添付すれば分かりやすくかつ，イラストを描く手間も省けます。

資料6　ルールの策定

ミーティング手順書（朝バージョン）

> 朝夕の申し送りも時間を意識して必要事項を申し送るよう，手順書を策定しました。

時間	項目	ポイント
	①集合	・5分前に全員がしっかりと集合！　時間厳守！
	②あいさつ	日勤リーダー 「おはようございます。○月○日の申し送り／ミーティングを始めます」 ※大きな声で！
3分	③あいさつ／声出しトレーニング	・接遇向上委員会にて決定した事項を実施。
10分以内	④申し送り	・ショートステイ利用者の人数（既存のみ）　・下剤服用者 ・夜勤帯の申し送り（重度，注意者から順次報告）
15分以内	⑤ミーティング	①早期に解決が必要な案件を協議 ②リスクマネジメントに関する協議 　・ヒヤリハット，アクシデントが出た直近のミーティングですぐに検討すること。 ③ケアプランに関することを協議 　・実施率の低いサービス内容啓発や，本日中心に行うケア内容を言う。 ④ケア内容や業務に対して気づいたこと，改善案を協議 　・日勤リーダーは，必ず1回のミーティングに対し1つのテーマを準備しておくこと。 　・具体的で前向きな内容を協議すること。

※ミーティングで決まった事項については主任決裁後，「リーダー」が責任を持って「そよかぜ備考欄入力」「申し送る」こと。
※ミーティング内容は①～④すべてを15分で検討しなくてもよい。ただし，優先順位としては①→④の順で協議することが望ましい。

> 必ずやらなければならない検討事項をタイムスケジュール化していきます。

図2　業務開始・終了時刻の前後5分間での出退勤

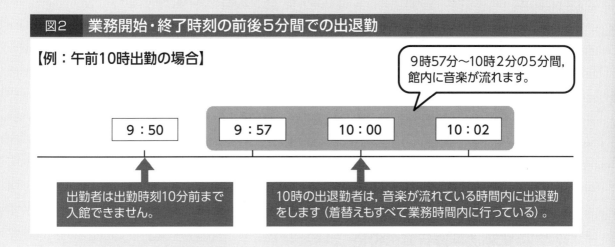

【例：午前10時出勤の場合】

- 9：50　出勤者は出勤時刻10分前まで入館できません。
- 9：57～10：02　9時57分～10時2分の5分間，館内に音楽が流れます。
- 10時の出退勤者は，音楽が流れている時間内に出退勤をします（着替えもすべて業務時間内に行っている）。

一斉出勤，一斉退勤

　トップが残業ゼロを決意し，業務削減を進められたら，さらに完全なる労務管理を目指しましょう。介護スタッフは得てして，自分の身を犠牲にして業務に尽くしてしまう傾向にあります。残業というと退勤時ばかりが注目されますが，明確には「出勤前の着替えや情報収集」なども労働としてみなされます。そこで当施設では，「出勤10分前の施設への入館は禁止」「館内に音楽が流れてからタイムカードを押す」というルールを徹底しています。

　館内に流れる音楽は，業務開始・終了時刻の前後5分間しかないので，その5分間内に出退勤することで，完全な残業ゼロを達成しています（**図2**）。

＊ ＊ ＊

　具体的にどうやって人材定着を進めたらよいのか分からないという事業所もたくさんあろうかと思いますが，一番，効果が出やすく分かりやすいのが残業の撤廃です。労働時間が適正になることで，スタッフの心身の疲労軽減につながり，ストレスも減少します。労働時間が短くなれば，それに比例してプライベートの時間も増えます。プライベートの時間が増え充実することで，仕事への活力も生まれやすくなるという好循環につながります。

　残業撤廃は，日々当たり前にやっている業務を見直すという作業でもあります。どの事業所でも，何となくやっている無意味な業務がたくさんあるはずです。ぜひ，これを機会に，業務の削減や残業時間の撤廃に取り組んでいただきたいと思います。

業務改善遂行室の取り組み

　基本的に業務というものは，放置しておくとどんどん埃のように溜まっていくという特性があります。業務削減や改善を意識しアンテナを張っていなければ，蓄積されていきます。例えば，スタッフが1回チェックミスをした場合，そのミスを防ぐためにチェックしたものを再度チェックするというようなパターンで，現場の業務はどんどん多忙になっていく傾向があります。記録でもそうですが，より利用者のことを細かく記そうと思うと，内容がどんどん細かくなっていき，膨大な記録量になります。1日の介護日誌を書くのに数時間かかってしまうというのはよくある話です。介護現場では，業務量が多くなることにあまり関心が行かず，「丁寧に細かく」という部分にのみ着目しがちです。結果として業務が大量になり，時間内に終了しないという事態に陥るのです。

　そこで当施設では，「丁寧に細かく」という部分に着目するだけではなく，「無駄な業務をなくす」というアンテナを張る取り組みとして，「業務改善遂行室」というプロジェクトチームを立ち上げています。

◉業務改善遂行室の役割
・業務の見直しと削減
・業務の効率化
・業務の代替化
・経費の削減検討

◉プロジェクトチームのメンバー構成
室長：私（廣岡）と各セクションの役職者，管理栄養士，生活相談員
開催頻度：毎月1回1時間

◉注意点
　業務改善されるセクション，スタッフは，どうしても自分たちのやり方を否定されているという気持ちになり，業務改善案に対して抵抗感が出てきます。業務改善は，

資料7　業務改善一覧表

提案者	問題・課題	改善案	期限	実施担当	進捗状況
A	健康診断時の胃検査は時間を要し，レントゲンのみの職員の待ち時間が長い。	胃検査のある職員のレントゲンを男女別に分け，時間別での順番とする。	○月	A	済
B	夜勤時，職員によって廊下の電気を消す時間が決まっておらず，電気代が無駄。	消灯時間と消灯場所を一致させる。	○月	主任	廃案
C	掃除ボランティアの道具がそろっておらず，都度準備している。	ボランティア専用掃除セットを準備しておく。	○月	C	提案

②廃案になった案件は色で塗りつぶすなどしておくと，ポイント集計の際に便利です。

①10個の提案をできない場合は，翌月以降に持ち越されます。
例：提案が7個の場合，翌月のノルマは13個となります。

③進捗状況の確認：採択されたにもかかわらず「済」になっていない案件については，執行室内で原因を確認し，確実に実行するように促していきます。

やり方を「否定」するものではなく，法人にとってもチームにとっても必要でメリットのあることだと説明し，進めていく必要があります。ただし，理解を完全に得ることは難しいので，ある程度の方向性が決まればリーダーシップをとって実施していきます。

◯基本ルール

- メンバーは月あたり10個の業務改善案を提案しなければならない。
- 提案が採択されれば「1ポイント」付与し，採択されなければ「0ポイント」となる。
- かなり良いアイデアについては，「ポジティブポイント」として2ポイントが付与され，翌月の提案ノルマは1個減る（削減時間やコストを勘案し，室長が判断する）。
- ノルマを減らすことが目的の無意味な提案については「ネガティブポイント」となり，ポイントが付与されないだけではなく翌月のノルマが1個増える。
- 年間で総合的に判断し，優れた提案をしたメンバーを表彰する。

◯執行室の手順

▶ステップ1　会議開催1カ月前～1週間前

メンバーは業務改善一覧表に業務改善案を各々で書き込んでいきます（共有ファイルにしておき，どのパソコンからも入力できるようにしておくと便利でしょう）。各メンバーのノルマは月10個の提案です。現在問題になっている業務や無駄な業務を記載し，改善案と誰がいつまでにやるのかという部分まで含め提案します（**資料7-①**）。

▶ステップ2　執行室内で内容を精査していく

各メンバーが提案した内容を執行室で確認していきます。実質的に実現可能なのか，ほかの手法がないのかなどをメンバーと検討します。この際に，かなりの業務削減やコストカットにつながる提案についてはポジティブポイント，無意味な提案についてはネガティブポイントとして，それぞれ判断します。提案1つにつき採択されれば1ポイントとなります。廃案になればポイントが付与されずノルマは減少しません（**資料7-②**）。ポイントは翌月以降に持ち越しとなります。

▶ステップ3　進捗状況を確認する

　執行室で採択された提案の進捗状況を確認します。提案したメンバーは提案期限までに進捗状況を確認し，対応した場合に「済」を入力します（**資料7－③**）。会議で採択された提案が期限を過ぎても実施できていない場合は，その原因を提案者に確認し実行できるよう促していきます。

●業務改善遂行室の実践効果

　メンバーに「業務改善・削減」といった視点・着眼点が確実に芽生えます。また，コスト削減の意識も生まれます。これらの意識は，いくらトップが「コストを意識しろ」と役職者に伝えても，簡単には根づきません。執行室やプロジェクトチームといった仕組みや体制を構築し，意識していかなければ，業務改善のアンテナを張ることはなかなか容易ではありません。

　また，業務の問題点に気づいても，「いつかやろう」という程度の意識では，業務改善を実行することはできません。必ず進捗状況を確認し，提案したからには最後まで実践させるという取り組みが重要になってきます。回数を重ねていくと，メンバーからは「もう提案のネタがない」というような声が聞かれますが，介護事業所には絶えず新しい問題が噴出してきますので，決して提案のアイデアが欠乏するということはありません。アイデアがないのは，メンバーの着眼力が低いのだということを，私はよくメンバーに説明しています。

廣岡はこう考える！ ☞ **時間は「ない」ものではなく「つくる」という感性が必要だ**

　残業をゼロにすると宣言した時，介護スタッフからだけではなく，ほとんどすべてのセクションから「とてもじゃないが無理だ」という反発がありました。よくよく事情を確認してみると，反発の主たる理由は「時間がない」というものでした。

　人は誰しも1日24時間という決められた時間の中で活動しています。時間を意識せずにただ単に今の業務をしていたのでは，当然時間がないというスタッフの言い分どおりでしょう。しかし，通常8時間かかっている業務内容を1時間削減したらどうでしょうか？　残業なしで帰れます。つまり，残業をなくそうとする時，「時間がない」というところで初めから諦めて思考停止に陥るのではなく，無駄な業務を削減することで「時間をつくる」という感性が必要なのです。

　時間をつくるということは，業務を見直すことにほかなりません。業務を見直すこともせずに「早く帰れ」と残業ゼロを推し進めると，現場から強い反感を持たれますが，業務削減を進めつつ残業ゼロをアナウンスしたところ，スタッフはやがて時間を意識して仕事をするようになりました。今ではこの快適な職場環境が定着率の大幅アップにつながっています。業務を見直すことは「手を抜く」ことではなく，無駄で意味のないことをやめるということなのです。

図3　安全衛生委員会と人材確保対策室の活動

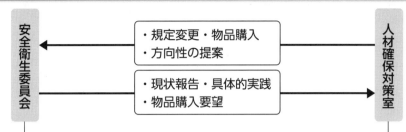

トリプルゼロの達成に向けて
その2：腰痛（労働災害）ゼロ対策編

安全衛生委員会

　労働安全衛生法では，次の基準に該当する事業所においては，衛生委員会，安全委員会（または両委員会を統合した安全衛生委員会）を設置しなければなりません。

常時使用する労働者数が50人以上の事業所…「衛生委員会」を設置しなければなりません。

常時使用する労働者数が100人以上の事業所…「安全委員会」を設置しなければなりません。

※労働者数が50人未満の事業者も，安全または衛生に関する事項について，関係労働者の意見を聴くための機会を設けることとされています。

　労働災害をなくす，または減少させるために，事業所は委員会を設置するなどして対応しなければなりません。介護職を選んだ貴重な人材が，腰痛や転倒による事故などで介護職を離れてしまうことは，避けなければなりません。せっかく得た知識や資格も，転職すると台なしになってしまうのは，事業所のみならず業界にとっても大きな損失です。

　当施設の場合，労働災害撲滅に対して「安全衛生委員会」と「人材確保対策室」というダブルエンジンのプロジェクトチームで取り組んでいます（**図3**）。分かりやすく言うと，人材確保対策室でトリプルゼロなどの方向性を示し，安全衛生委員会で具体的な実践方法を実行していきます。現場の意見を委員会で拾い上げ，リフト導入や休憩室の充実など，スタッフの安全にかかわる事項を人材確保対策室に要望し，導入を図っていきます。安全衛生委員会には，現場の具体的な安全対策を実践していく働きを求めています。

資料8　衛生・リスクアセスメント表

〈レベルの定義〉
衛生レベルやリスクレベルの基準を設けておくことで，改善の実施期間などを明確にします。現場スタッフも基準があることで，緊急度が把握できるというメリットがあります。

チェック実施者			記載日	平成　　年　　月　　日
場所		新館：ワーカー室		
衛生レベル	衛生レベル		基準	実施期間
	Ⅳ		すぐに中止または改善・清掃	当日中
	Ⅲ		優先的に改善・清掃	2週間以内
	Ⅱ		計画的に業務改善・清掃	1カ月以内
	Ⅰ		今後注意が必要	状態に応じて
リスクレベル	リスクレベル		基準	実施期間
	Ⅳ		すぐに中止または改善・修理	当日中
	Ⅲ		優先的に改善・修理	2週間以内
	Ⅱ		計画的に改善・修理	1カ月以内
	Ⅰ		必要に応じてリスク低減措置	状態に応じて

対策前
状態：備品が散らかっているため，整理整頓が必要

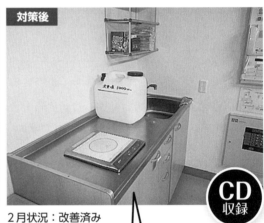

対策後
2月状況：改善済み

対策後の写真も添付して保存，周知することで，スタッフにも結果が一目で分かり，安全に対する意識啓発にもつながります。

安全パトロール

　安全衛生委員会のメンバーで毎月1回，全館の安全パトロールを実施しています。職場環境に潜む危険個所をチェックすることで，労働災害を未然に防ぎます。以下の衛生・リスクアセスメント表を活用しながら，パトロールを進めていきます。

●衛生・リスクアセスメント表

　スタッフの身体的負担は，利用者への介助だけに限定されません。事業主は，ありとあらゆる作業に危険性が潜んでいると考えるべきです。安全衛生面で不備があった場合は写真に収め，翌月に改善されているかどうかも確認します（**資料8**）。毎日，毎月の積み重ねが安全な職場環境につながります。

写真1　整理整頓された倉庫

倉庫の整理は「見やすく・取りやすく」が基本。物品の単価も掲示することで，スタッフのコスト意識啓発にもつなげています。

清潔における取り組み（5S活動）の重要性

　職場を清潔にするという活動に，「5S（整理，整頓，清掃，清潔，躾）」というものがあります。自分たちの職場を清潔にすることが人材確保とどうつながっているの？　と思われるかもしれませんが，整理整頓が進んだ職場では，さまざまなメリットがあります（**写真1**）。

●物を探すのに時間がかからず，業務が円滑に進む

　物を探す時間というのは，意外にもかかるものです。例えば，1日に1人「3分」という探す手間があった場合，1年で積算すると「18時間」もの時間が無駄になってしまうという計算になります。また，書類や物品を探すという時間は全く無駄な時間であり，何も生み出さず，ストレスにつながります。

●清潔な職場空間だと事故が少ない

　しまうべき所に収納されていない物品（段ボールや掃除用具など）があると，転倒やそれに伴うけがなど，思わぬ労働災害につながる可能性があります。施設が老朽化していても，しっかりと整理整頓されている職場は働きやすいと言えます。

●スタッフの危険意識向上につながる

　清潔な職場環境を構築するためには，常に物が散乱していないか，元の場所に物品を戻したかなどを意識しなければなりません。整理整頓により職場をチェックすることになり，職場を点検する力がつき，危険予測につながるという利点があります。

資料9　労働安全チェック表

©Copyright Takayuki Hirooka All rights reserved.

チェック月	平成　年　月　日	チェック者名	

	利用者名	腰痛危険リスク	発生要因・介助タイプ
利用者別	Aさん	**低**・中・高	**移乗**・入浴・寝返り・排泄・その他（　　　）
	Bさん	低・中・**高**	移乗・入浴・**寝返り**・排泄・その他（　　　）
	Cさん	**低**・中・高	**移乗**・入浴・寝返り・排泄・その他（　　　）
	Dさん	低・**中**・高	移乗・入浴・寝返り・**排泄**・その他（　　　）
	Eさん	低・**中**・高	移乗・**入浴**・寝返り・排泄・その他（　　　）
ケア内容別	ケア内容	腰痛危険リスク	具体的要因
	入浴時（シャワー）	**低**・中・高	シャワーをする際，前傾になる
	脱衣場床拭き	低・**中**・高	しゃがんで拭いている
		低・中・高	
環境別	内容	危険度・導入必要度	具体的要因
	食器洗い場	低・中・**高**	洗い場が低く前傾になり腰に負担
		低・中・高	
		低・中・高	

CD収録

危険レベル定義		ケース	対応方法
	低	腰痛につながる可能性のあるケース	委員会で報告。統一規格記載については検討
	中	腰痛につながっているケース	利用者別，業務別統一規格を策定
	高	早急に対応すべきケース	委員会にて対応を決定。即，対応をとる

- 委員により集計し，月1回の委員会にて状況報告し，対応を検討していきます。
- チェック表は，○をつけるなどの選択制にしておくと，作業を簡易的に進めることができ，スタッフの負担になりません。

介護スタッフの身体的負担軽減

◎労働安全チェック

スタッフの身体的負担となっている介助方法を，まず抽出しましょう。どの利用者の，どのような介助にリスクがあるのかを分析します。その際，腰痛危険レベルを定め，評価しやすいようにしておくと便利です。また，項目は「利用者別」「ケア内容別」「環境別」という3つの項目に区分けし，情報を整理しやすいようにします（**資料9**）。

◎利用者別統一規格

労働安全チェックで腰痛の危険性が高い介助については，早急に介助方法を見直すことが必要です。介助方法に統一規格を設け，安全な介助方法を標準介助として決めます。

移乗介助方法が統一されておらず，介護スタッフが独自のやり方で行うことにより腰痛につながるケースがあります。腰痛を引き起こさないために「組織単位」での統一規格を設定することで，適切な介護方法につなげます。統一規格は写真を多用し，経験の浅いスタッフや高齢のスタッフにも理解しやすいよう配慮します（**資料10**）。

◎介護リフトの積極的導入

介護業務の中で最も身体的に負担のかかる作業，それが持ち上げる介助です。持ち上げる動作は，移乗時，立ち上がりの補助，入浴における介助の際など，介護におけ

資料10　利用者別統一規格

利用者名	Aさん	セクション／	⦿特養・SS・GH・DS
危険リスク	中・⦿高	記載日	平成　年　月　日

利用者の状態（該当する部分に○をつける）

腰痛要因介助	⦿移乗　・　排泄　・　寝返り介助　・　入浴　・　その他（　　　）
現状の介助方法	複数回答可

⦿全介助　・　一部介助　・　リフト使用　・　1人介助　・　2人介助　・　平行移動
1人が腰を支え1人が抱える　・　タオル移乗

統一規格　・　対応方法

①車いすをベッド横に，写真のとおり設置する。
②フットレストは開いておく。
③ベッドの高さを車いすの座面より10cm程度下げる。
④スライディングボードを設置する。
　（左側に重心を傾けて，右側から差し込む）
⑤スライディングボードを滑らせるようにベッドに移動する。
⑥絶対に持ち上げないこと。

> 統一規格を写真で示すことで，スタッフの理解が進みます。
> 「絶対に持ち上げないこと」など，注意事項を加筆しておくのもおすすめです。

CD収録

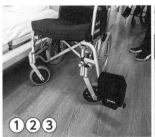
①②③

④

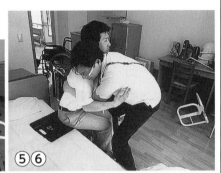
⑤⑥

るさまざまな場面で発生します。これらの作業負担を緩和するには，「リフト機器」の導入が欠かせません。現在はリフトも随分安価になってきており，特別養護老人ホームや介護老人保健施設など重度の利用者が多い施設ほど積極的に導入すれば，スタッフの身体的負担は大幅に軽減します。ちなみにリフト導入前に，これら介護機器の使用に対して心理的な抵抗感を持つスタッフがいることを懸念しましたが（利用者の介護を機械に頼るなんて…というもの），リフト導入後は「リフトなしでの介助は考えられない」という声が圧倒的に多数を占めるなど，今では欠かせないアイテムとなっています（**写真2**）。

▶リフト導入成功の秘訣

　リフトを導入することに対して，少なからず反対するスタッフがどの事業所にもいると思いますが，スタッフの負担軽減にはリフトは欠かせないものです。リフトに関する理解がなく，ただ単に反発されたり導入が頓挫したりすることは，事業所とスタッフ双方にとって損害となります。導入を円滑に進める上で，次の点に留意していきましょう。

・法人，事業所の方向性として，スタッフの負担軽減が良質なサービスにつながるというメッセージをトップダウンで送る。
・リフト導入は「自分たち（スタッフ）の身体を守るアイテム」であるということを

写真2　リフト導入

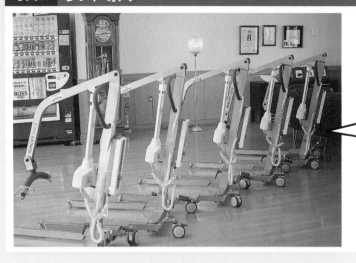

当事業所では，利用者とリフトの数は6：1の割合で導入しています。
1台の単価は約20万～25万円程度で購入可能です（機種によって値段は異なる）。

説明する。
- リフトは必ずデモ機を設置し，一人1回以上はデモ機による移乗（介助する側，される側）を体験する。
- 最終的には説得するより効果を実感してもらう。

（P.198，仕事案内1「介護リフト導入に反発するスタッフ」参照）

▶リフトなどに関する助成金の活用：職場定着支援助成金（介護福祉機器等助成）〔厚生労働省雇用関係の助成金〈2015年度現在〉〕

　介護労働者の労働環境改善のための措置を，受給要件の（1）または（2）によって実施した場合は，介護福祉機器等助成を受けることができます。助成金をうまく活用してリフト導入を進めれば，費用負担が軽減できます。興味のある方は，最寄りの労働局またはハローワークにお問い合わせください。

■受給要件

（1）導入・運用計画の認定

　介護労働者の労働環境改善に資する次の①～⑦のいずれかの介護福祉機器の導入を内容とする導入・運用計画を作成し，管轄の労働局に提出して認定を受けること。

①移動・昇降用リフト（立位補助機を含む，人の移動に使用するものに限る，同時に購入したスリングシートを含む）

②自動車用車いすリフト

③エアーマット

④特殊浴槽

⑤ストレッチャー

⑥自動排泄処理機

⑦車いす体重計

（2）介護福祉機器の導入など

　（1）の導入・運用計画に基づき，当該導入・運用計画の実施期間内に，介護福祉

機器を導入すると共に，導入機器の適切な運用を行うため，以下の①～④の措置を実施すること。
①導入機器の使用を徹底させるための研修
②導入機器の保守契約の締結またはメンテナンス
③介護技術に関する身体的負担軽減を図るための研修
④導入効果の把握

■支給額
介護福祉機器の導入に要した費用の1/2（上限300万円まで）。

> **廣岡はこう考える！** 👉 **介護をもっと楽に楽しみませんか？**
>
> 「介護＝きつくて当たり前」のようにとらえられていますが，当施設ではより楽に介護業務ができることを推進しています。楽に介護するというと手抜きととらえられてしまうのですが，決して手を抜くということではなく，リフトや介護機器を適切に使うことで，介護スタッフの負担を劇的に減少させることができ，離職を防止できます。経験，技術，知識を持ったスタッフが働くということは，ケアの維持・向上につながります。
>
> 現在，当施設では移乗用リフトを利用者比率６：１で導入しており，２人介助も含めスタッフが利用者を抱えることはほとんどありません。特養も重度者しか入所できない方向性になっており，ますます介護スタッフの負担が増していく中で，「もっと楽に介護しよう」という概念は極めて重要です。当施設を結婚退職したスタッフが，嫁ぎ先でリフトの全くない施設に入職し，リフトの重要性をつくづく感じたと嘆いていました。リフトは今やスタッフの定着率向上に欠かすことのできないアイテムです。もっと楽に介護を楽しみませんか？

休憩時間を大切にしよう

労働基準法上の休憩時間とは，労働者が仕事から離れることが権利として保障されている時間のことを言います。事業所はスタッフに対して，労働時間が６時間を超える場合は少なくとも45分，８時間を超える場合は少なくとも１時間の休憩時間を与える義務を負っています（労基法第34条１項）。

「労働から離れている」とはどういうことかというと，「スタッフが休憩時間を自由に使えるかどうか」という観点から判断されます（昭和39年10月６日，基収6051号）。つまり，休憩時間内にナースコール対応をしなければならない場合や，利用者と一緒に食事を摂りながら見守りをするという場合は，休憩時間であっても完全な自由が保障されておらず，労働時間とみなされる可能性があります。休憩の目的は心身の疲労回復ですので，いかにして休憩時間に心身ともにリラックスできるか，リフ

写真3　休憩スペースの充実

休憩時間を充実させ，職員の心身のリフレッシュになれば，サービス向上につながります。労働から完全に切り離し，リラックスできる環境を整備することが事業所の努めです。

レッシュして後半の仕事に臨めるかがカギとなります。次に，介護事業所における休憩時間のポイントを挙げます。

●休憩時間は業務から一切離す

①詰所でナースコールの対応をしながら昼食を摂るのではなく，完全に労働から離れたランチタイムスペースで昼食を摂ってもらいます（労働から切り離すのは法的義務です）。

②自由な休憩時間が取れないのは違法です。スタッフ数が少ないから誰かが対応しなければならないという環境下でも，休憩時間をずらすなどして付与することが必須です（休憩時間は，基本的に一斉に与えなければなりませんが，事業所に過半数労働組合，労働者の過半数を代表する者との書面による協定がある時は，この限りではありません）。

●休憩スペースを充実させる（写真3）

①リラックスしやすいようなスペースを設けましょう。

②スタッフが昼寝をすることも可能なように，リクライニングシートがあるとより良いです。当施設では，和室で昼寝できるよう配慮しています。

③マンガや雑誌，テレビなどを用意し，くつろげるようにしておきます。マンガなどはスタッフからの善意で募ることで，コストがかからないようにすることも一考です。アロマをたいたり心地良い音楽を流したりすることも，リラックス効果を高めるのでお勧めです。

④喫煙スペースは別に設けます（健康増進法第25条，受動喫煙防止努力義務）。煙草を吸わないスタッフの健康増進を考慮すると，休憩中の喫煙は所定の場所でのみ（喫煙スペース）認めるなどの措置が必要だと思われます。

●休憩時間のコミュニケーション

休憩時間は，スタッフは仕事から完全に切り離されますが，スタッフによっては，対人関係に気を使ったり，休憩中のスタッフ間の会話が苦手だったりする者もいます。また，相性の悪いスタッフと同じ時間，同じ場所で休憩しなければならない場合，余計に心理的に疲れてしまうという可能性があります。そういうスタッフのためにも休憩場所は限定せず，外出が可能なことや基本的に自由に過ごすことができるということを周知しておき，必ずしも一緒の場所で休憩する必要がないことを共有しておく

表2　ストレスチェックにおいて事業所が行う10項目

50人以上の事業所にストレスチェック実施が義務化されました（2015年12月1日施行）。

①	事業者の方針表明	ストレスチェックへの取り組みを明文化
②	衛生委員会での調査審議	ストレスチェック導入・運用について，国が定める11の項目と照らし合わせて審議する
③	社内規定の整備	安全衛生委員会で審議した事項を社内規定に定める
④	従業員周知と情報提供	ストレスチェック制度への理解を促進し，事業所の方針を周知する
⑤	ストレスチェックの実施	ストレスチェック調査票は，①仕事のストレス要因，②心身のストレス反応，③周囲のサポートの3領域を含むものであること
⑥	医師の面接指導実施	面接指導対象者で希望した者に面接指導を実施すること。費用は事業所負担
⑦	医師からの意見聴取と就業措置	国が定める項目について医師から聴取し，必要に応じて就業措置を実施する
⑧	集団的分析と評価	データを分析・集計し，職場へフィードバックする（努力義務）
⑨	職場環境改善	メンタルヘルス不調者の出ない職場環境づくりはもとより，従業員の生産性や定着率，満足度を向上させる
⑩	労働基準監督署報告	国が指定する4項目については労働基準監督署への報告義務あり

職場分析と職場環境の改善：義務ではありませんが，ストレスチェック実施者にセクションごとのストレスチェック結果を集計・分析してもらい，結果を提供してもらうことで，どのセクションがどのようなストレス状況かを調べます。職場環境改善を図る上で実施していくことが望ましいでしょう。

と，人見知りのスタッフでもリラックスして休憩できるという利点があります。

●夜勤仮眠を充実させる

長時間勤務である夜勤の仮眠は，疲労回復において非常に大きなウエイトを占めます。先に挙げたポイントのほかにも，仮眠時に使用する布団を羽毛に変えたり，マットや枕を高品質のものに変更したりすることで，少しでも体力温存・回復につなげましょう。また，仮眠室には加湿器を設置し，少しでも快適な環境をつくります。

トリプルゼロの達成に向けて
その3：メンタル不調ゼロ編

ストレスチェックの実施（表2）

介護職は対人援助の仕事であり，大きなストレスがかかります。また，不規則な勤務でありメンタルを崩しやすい職場環境だと言われています。その他，チームで仕事をするので，職員同士のコミュニケーション不和や不満が蓄積しやすいのも特徴です。2015年12月から従業員50人以上の事業所にストレスチェックが義務付けられたのも，昨今メンタル不調者が非常に多いことに起因しています。

この制度の目的は，労働者自身のストレスへの気づきを促すことです。自分のストレス状態を知ることで，メンタル不調にならぬよう対処し，高ストレスと判定された場合は医師との面接を行い，助言してもらうことになります。

ストレスチェックの周知

ストレスチェックを実施する際にスタッフへの周知が必要ですが,スタッフに「事業所はうつ病のスタッフを見つけ出し,追い出すのではないか」という不安が生じないよう,**資料11**のような文書を配布し説明するなど,安心感を持ってもらうように努めましょう。

トーキングの実施

ストレスチェックとは別に,仕事の悩みや業務上の不安,同僚とのトラブルなど,スタッフのストレスは日々蓄積されていきます。悪い方向性にどんどん自分を追い込んでいき,離職するというケースも多々あったため,当施設では「トーキング」という面談を毎月全スタッフ(介護職に限らず全職種)に対して行っています。

●トーキングの概要
開催頻度:毎月1回
対象:全職員
1回あたりの平均時間:10分
形式:管理職による個人面談

●トーキング内容と流れ
・法人の理念を言ってもらい,理念に沿っているかを確認します(**資料12**)。
・事業所で決定した事項や方向性を説明します。
・他セクションから出た要望を伝えます。
・上記を伝えた後,体調面や悩み(人間関係,業務改善点,家庭環境に伴う仕事上の考慮)を確認します。

●その他・留意点
・結論を出さなければならない事項については,検討後,必ず本人に結果をフィードバックします(例:家族事情で水曜日に遅出勤務ができない➡シフト調整が可能か同僚による協力体制を整備した上で,結果を本人に伝える)。
・他スタッフの批判については,単なる批判ではなく,具体的にどうすれば改善するのかもあわせて報告させます。
・「遅刻/欠勤/早退」が月2回以上あった場合は,メンタル不調のサインの可能性があるため,次回のトーキングを待たずに速やかにトーキングを行っています。

事業所で決まった方向性やルールをしっかりと周知するためには,会議だけでは伝わりきらず,個人面談方式でしっかりと丁寧に説明することで理解が大きく進みます。また,悩みを聞くだけではなく,理念などを絶えず伝えることにより,余計な不安が軽減されます。

資料11　ストレスチェックの周知文書の様式例

労働安全衛生法が改正され，2015年12月より労働者が50人以上の事業所で毎年1回ストレスチェックを実施することが義務づけられました。今回，1月の定期健康診断にあわせて実施いたします。以下の説明文書および「ストレスチェック実施規定」を確認していただき，ご協力をよろしくお願いいたします。
実施期間：平成28年1月6日～1月20日
※定期健康診断当日に実施していただいても結構です。

ストレスチェックとは
ストレスに関する質問を用いて，自分のストレスが今どのような状態にあるのかを調べる簡単な検査です。

何のためにやるのか
労働者が自分のストレスの状態を知ることで，ストレスを溜めすぎないための対処の支援と，職場環境の改善を通して「うつ」などのメンタル不調を未然に防止する一次予防を目的とした取り組みです。うつ，うつ症状の職員を見つけ出すことを目的としていません。

対象者は
全職員対象となります。ただし，ストレスチェックを受けないことも選択できる任意制度です。エーデル土山では，ストレスチェック制度を効果的なものとするため，対象となる全職員がストレスチェックを受検することを推奨します。ストレスチェック未実施や結果を理由に，職員に不利益な取り扱いがなされることはありません。

実施方法は
各パソコン内のストレスチェック実施プログラムにて，57項目の質問に答えていただきます（10分程度かかります）。

ストレスチェックの結果は
チェックの結果は，○○医師から本人へ通知します。「高ストレス者」となった職員で○○医師が必要と判断した場合は，面接指導の対象となります。ただし，面接指導を行うのは対象者が希望する場合に限ります。面接指導を受けない選択も可能です。本人の同意なく法人に結果が提供されることはありません。

面接指導の申し出
面接指導を希望する場合は，1カ月以内に部署長に申し出てください。申し出があった時点で，結果の開示に対する同意があったとみなします。

面接指導の実施
ストレスチェックの結果を確認の上，法人から○○医師へ面接指導を要請します。基本的に面接指導は○○医師が行いますが，○○医師が必要と認めた場合は，法人が指定する医師による面接を実施することとします。

面接指導実施後の措置など
面接指導の結果，医師より必要があると判断した場合には，就業場所の変更，業務内容の転換，就業時間の短縮，深夜業の回数制限などを行います。

不利益取り扱いについて
法人としてストレスチェック実施に当たり，以下の①～④があっても不利益な取り扱いは禁止していますのでご安心ください。
①ストレスチェックを受けない場合
②ストレスチェックの結果を法人へ提出することに同意しない場合
③高ストレス者が面接指導を申し出る場合　　④高ストレス者が面接指導の申し出を行わない場合
〈不利益な取り扱い（例）〉
・ストレスチェックの結果情報のみで就業上の措置を講ずること
・医師の意見と著しく内容や程度が異なる就業上の措置を講ずること
・面接指導の結果を理由とする解雇，雇用契約の不更新，退職勧奨，不当な動機・目的による配置転換，職員（役職）の変更を行うこと

資料12 当施設の法人理念（THE EDEL WAY）

Edel Tutiyama
社会福祉法人あいの土山福祉会　エーデル土山

エーデル土山　理念

「至誠」　～小さな安心から大きな安心へ～

私達が提供するサービスは日本全体から見れば小さなことかもしれません。しかし、一人の利用者の安心は、その家族や親戚、家族の会社や友人など、大きな視点で見てみれば必ず幾つもの安心に繋がっています。私達が高いレベルの介護サービスを提供し利用者一人ひとりの安心をしっかりと繋ぐことが、やがては社会全体への大きな安心に繋がっていくものと確信しています。小さなサービスが社会全体を大きく成長していくことを我々は信じています。
この理念を実際に実現するために働くスタッフは勿論、利用者やご家族、地域などエーデルに関わる全ての「ステークホルダーの方々に対してどのような行動をとるのか」を宣言したものが『THE EDEL WAY（法人行動宣言）』です。

THE EDEL WAY（法人行動宣言）

①全ては利用者の為に。
私達が行う行動の全ては「利用者」のために繋がっていなければなりません。
・私達は常に利用者の視点に立ってサービスをします。
・私達は常に利用者との信頼関係を深められるよう努力します。
・私達は利用者に情報をわかりやすく開示します。また業務上、知り得た個人情報は第三者への漏洩や仕事の目的以外での使用は一切しません。交通機関、レストランなどの公の場での同僚や知人との会話から情報が漏洩しないように十分注意します。
・委員会活動や育成事業など、全てはサービス向上と利用者のために繋がっていることを忘れません。

②職業人として自覚ある行動を。
私達はエーデル土山で働くスタッフとして責任ある行動をとります。
・私達は自己研鑽に努め誠実に仕事に従事します。
・専門職としてのプライドと責任を忘れることなく仕事に従事します。
・公私のけじめを守り良識ある行動を心がけます。私生活でも会社の名誉や利益を損なう恐れがある行為は絶対にしません。
・職務や職位を利用して、私的な接待や物品、個人活動への協力を求めたり、第三者に便宜を図ったりしません。また利用者やその家族から個人的に報酬を受けることはしません。金品の貸し借りもしません。
・職場で働く全ての人の宗教的信仰を尊重するために職場内で特定の宗教を広めたり講話、中傷はしません。また全ての人の政治的信条を尊重するために職場内における政治活動はしません、政党や立候補者に対して通信または非倫理的な支援は一切しません。

③良いシゴト、楽しく生きいきと。
私達の最大の資産はスタッフ一人ひとりの能力です。この有能なスタッフが活躍できるフィールド作りを進めていきます。
・各スタッフの能力を考慮し、一セクションのみならず法人全体に、その能力が活かせるような人事体制にします。
・一人のスタッフに業務上の責任や精神的な負担が過度にかからないよう法人一丸となってトラブルに対応します。
・他のスタッフの人権や個性を尊重し、互いが互いを認めあうこと、安易に人の批判をしない風土を作ります。
・法人はスタッフの資格取得を推奨します。
・労働安全にも配慮し、有能なスタッフが長い間エーデルで働ける環境作りに努めます。

④社会とともに成長を。
私達は人権尊重を何よりも大切に考え全ての法令を遵守していきます。
・私達は自分自身の人権を主張するためにも、まず他人の人権を認め尊重します。
・人種、民族、国籍、宗教、性別、社会的身分、門地、障害、病気、性的指向、年齢、虐待などの差別は絶対にしない許しません。
・セクハラ、パワハラ、マタハラなどのモラルハラスメントは絶対にしない許しません。
・全ての法令を守り、監督官庁から許認可を受けたり、届け出をする必要がある場合には決められた行政手続きに基づいて確実に実施します。
・暴力団などの反社会的な個人、グループに対しては一切、利益を与えません。また反社会的な個人、グループからの金品や役務の求めには一切応じません。法人として毅然と対応します。
・積極的に地域交流活動に取り組みます。また高齢社会、地域社会への貢献活動や男女共同参画の実現に向けた取り組みを継続的に行います。
・社会との関わりを通して、自分自身を高めていく活動（ソーシャルスタディーズ）に努めます。法人はこれを積極的に支援します。

⑤介護業界を変えていこう。
私達はエーデルのことだけではなく介護業界全体、社会貢献へ繋がる方策を考えていきます。
・自分達が実践している内容を外部へと発信していき他施設への好影響へと繋げます。
・小中学校等、教育活動の場へ積極的に参画し、若年層への介護のPRに努めます。
・取材や雑誌への寄稿、施設見学会に積極的に受け入れることで日本の介護に問題や可能性を提起していきます。
・エーデルで実施した先進的事例を積極的に外部に公表していきます。
・各種団体で議論を受ける際には、自法人の都合や推測のみではなく、広い視野で社会貢献を第一に考えていくことを何よりも優先していきます。
・各種団体で行われる会議には強い「意思」を持って意見を積極的に発言していきます。

Copyright ©2015 Edel tutiyama.com All right reserved.

> 法人がどのような方向性で歩んでいくかを示したものがこの「THE EDEL WAY」です。目標ごとにキャッチフレーズを策定し、具体的な方向性を示しています。ただ単にスタッフに周知するだけではなく、ステークホルダーに積極的に開示し、行動を「宣言」しています。

ゆとりある勤務（休みやすい環境構築）
～勤務表作成のルール整備と有休取得率のアップ

　残業撤廃やワーク・ライフ・バランスの考え方が浸透してくると、スタッフの中には過剰に自己権利を主張してくる者もいます。しっかりとしたルールがなく、特定者の意見ばかりを聞いていたら、勤務表作成者の負担はどんどん増すばかりです。何事にも共通することですが、勤務表においても**「ルール」をしっかりと整備し、決められたルールを遵守させることがまずは必要です**。ただし、厳しい労働環境下でルール遵守だけを徹底させることは、大量離職につながりかねません。ルールを遵守させるということとあわせて、**不平不満が溜まらぬような取り組みも行うことがポイントです**。

●シフト希望制度の導入

・1人あたり「月2回」の希望休を取得できるようにします（入職3年以上で「月3日」の希望休が取れるシステム〈有休は除く〉）。

・希望休を取得しなかった場合、翌月以降に休みを「貯められる」ようにします。

・最大「10日間」希望休を貯めることができ、大型連休を取得し海外旅行などに行くことも可能です。

資料13　休暇に関する就業規則の一例

（年次有給休暇）

　第○条　下表の勤務年数に応じ，所定労働日数の8割以上出勤した職員に対して，同表に定める日数の年次有給休暇を与える。ただし，法人が認めた場合に限り，8割以上出勤しない場合でも年次有給休暇を付与することがある。

	勤続した年数に応ずる休暇日数							
勤続年数	0月（入職時）	6月	1年6月	2年6月	3年6月	4年6月	5年6月	6年6月以上
有給休暇日数	3日	7日	11日	12日	14日	16日	18日	20日

2　職員は，年次有給休暇を1日または半日単位で取得することができる。この場合，半日を単位としたものは2回をもって1日とする。なお，半日は始業時間，終業時間のいずれかを含む連続した時間で取得するものとする。

3　職員は，年次有給休暇を取得しようとする時は，あらかじめ期間を指定して請求するものとする。ただし本会は，事業の正常な運営に支障がある時は，職員の指定した期間を変更することがある。

4　職員が，年次有給休暇を取得しようとする時は，あらかじめ上司に申し出さなければならない。だたし，やむを得ない事情で事前の届け出ができなかった時で，事後速やかに届け出た場合には，年次有給休暇への振り替えを認めることがある。

5　第1項の出勤率の算定には，年次有給休暇，産前産後の休業，業務上の傷病による休業および育児・介護休業法に規定する育児休業・介護休業を取得した期間は，出勤したものとして取り扱う。

6　労働者職員代表との書面による協定により，各職員の有する年次有給休暇日数のうち5日を超える部分について，あらかじめ時季を指定して使用を認めることがある。

7　労働者職員代表との書面による協定により，各職員の有する年次有給休暇日数のうち2日を限度として，時間単位の年次有給休暇の使用を認めることがある。

8　年次有給休暇の請求権は2年とする。当該年度の年次有給休暇の全部または一部を取得しなかった場合には，その残日数は20日を限度とし翌年度に繰り越される。ただし，この場合において一年度に取得できる有給休暇日数は40日を超えることはない。

●有給休暇取得率のアップ（資料13）

・毎月，1人1回は有休を取得できる人員体制を構築します（詳細は，P.56「人員確保レベルの設定」を参照）。

・有休が取得できず2年後に失効する部分については，報奨という形で賞与に反映します（有休が取りやすいセクション，取りにくいセクションの不公平感が減少する）。

・1時間単位での有休取得を可能とします。

・有休取得計画的付与を実施しています。

・入職と同時に有休を3日付与します。

●フレックスタイム制の導入（ケアマネジャーのタイムスケジュール）

　ケアマネジャーの業務では，利用者家族の家庭の事情に合せて訪問することが多々あります。例えば家族の事情で19時でないと面接などの時間調整ができない時は，フレックスタイムを導入していない通常の勤務形態の場合（**図4-①**）は，残業を2時間しなければなりませんが，フレックスタイムをうまく活用することで，**図4-②**のように出勤時間を柔軟にずらして労働時間の適正化を図ることが可能です。

図4　通常の勤務形態とフレックスタイム導入後の比較

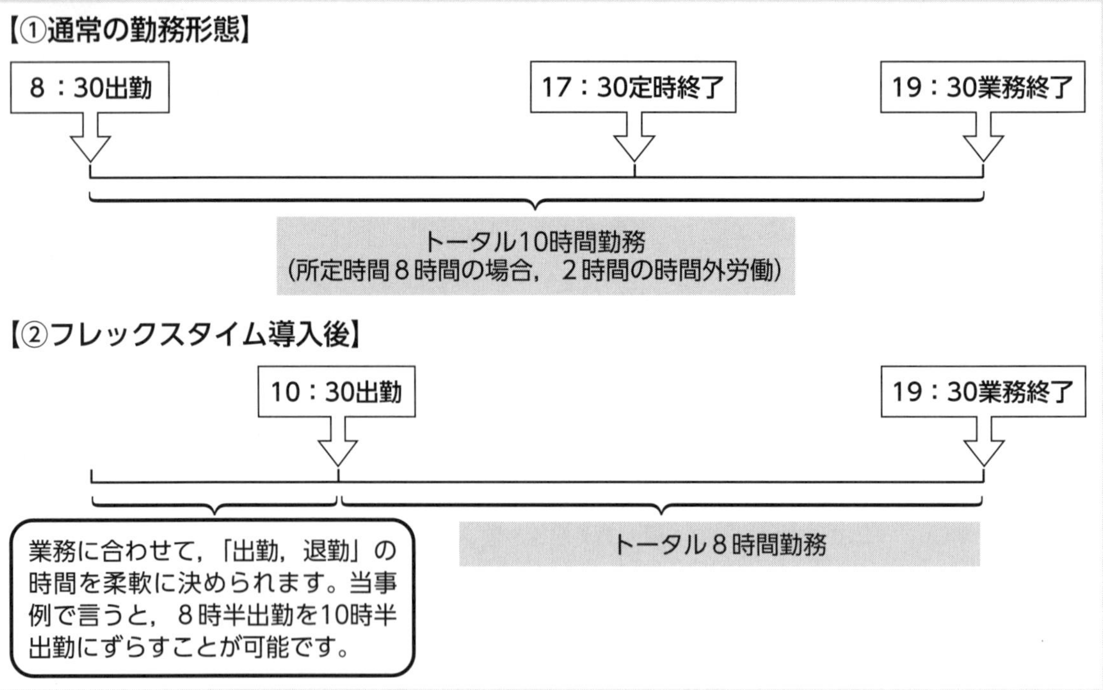

【①通常の勤務形態】

8：30出勤　　　　　　　　17：30定時終了　　　　　　　19：30業務終了

トータル10時間勤務
（所定時間8時間の場合，2時間の時間外労働）

【②フレックスタイム導入後】

10：30出勤　　　　　　　　　　　　　　　　　　　　　　19：30業務終了

業務に合わせて，「出勤，退勤」の時間を柔軟に決められます。当事例で言うと，8時半出勤を10時半出勤にずらすことが可能です。

トータル8時間勤務

モラルハラスメントの撲滅徹底

　職場でのモラルハラスメントは，職場内の人間関係を乱すだけではなく，被害に遭ったスタッフのメンタル不調を引き起こすことが社会的問題として大きく注目されています。介護現場は対人ストレスのかかりやすい職場ですが，職場内のモラルハラスメント撲滅に向けて組織的な対応をすることは，スタッフ間での無用なトラブルを回避したり，メンタル不調ゼロにつながったりするだけでなく，「健全な職場風土の構築」につながり，ケアに集中できる環境になるはずです。モラルハラスメントを撲滅するために，まずスタッフや管理職，経営陣が「何がモラルハラスメントに該当するか」を知っておかなければなりません（**資料14，15**）。

　職場におけるモラルハラスメントの代表的なものとして次の3つがあります。

①セクシャルハラスメント：法的規定あり（男女雇用機会均等法）

②パワーハラスメント：法的規定なし

③マタニティハラスメント：法的規定あり（男女雇用機会均等法，労働基準法，育児・介護休業法）

●「職場」の定義

　職場以外の場所であっても，スタッフが業務を遂行する場所も該当します（利用者の家，公用車内，出張先など）。

●「アフター5」の取り扱い

　「職場」かどうかの境界線があいまいなため，「職務との関連性，参加者，強制的か任意か」などを踏まえて判断します。職場の人間関係や上下関係がそのまま持続するよう

資料14　モラルハラスメント対応ブック

全スタッフ（介護職以外のパートなどを含む）に対して，モラルハラスメントの解説や，ハラスメントと感じた時の対応フローチャートなどを明記し，配布しています。

資料15　モラルハラスメント撲滅ポスター

パワハラ，セクハラ，マタハラ編と，各ハラスメントの特性や注意すべき点をポスターにして掲示しています。

※「モラルハラスメント対応ブック」（P.13）

な場所（歓迎会，職員旅行）でセクシャルハラスメントがあった場合は注意が必要です。

◉モラルハラスメントが発生した場合～上司が相談を受けた時の対応

▶プライバシーを守る

相談者が安心して話せるようにすることが求められます。絶対に守秘義務を守るということを約束しましょう。また，管理職に報告する場合も，相談者には承諾を得ましょう。

▶相談者の立場になって話を聞く

先入観を持たず，相談者の話を受け入れる姿勢を持つことが重要です。些細なことだと思う案件でも，決して「気のせい」とか「大したことではない」と断定せず，相当の勇気と覚悟を持って話しに来ていると理解しましょう。

▶相談者の状況を理解する

相談者は報告してきた際に不安定な心理状態に陥っていることが想定されますので，まずは落ち着いてもらうために，上司も冷静に聞き取ることが必要です。

▶二次被害の防止

相談者が相談したことで再び傷つく二次被害を防止しましょう。

■二次被害につながる行動例

- 相談者の落ち度や責任を指摘する：「あなたにも隙があった」「報告が遅い」「その気があったのではないか」「はっきり拒否しないから」など。
- 相談者の性格の問題にする：「あなたは神経質すぎる」「真面目すぎる」「考えすぎ」など。
- 相談者を不用意に慰める：「あなたが奇麗だから」「性格が良いから」「優しすぎるから」「あなたは悪くない（事実確認をせず）」など。
- 行為者を肯定する：「男とはそういう生き物」「上司と部下の関係性はそういうもの」「組織で生きている限り仕方ない」など。

▶相談者自身の判断を支える

相談者自身の主体的な意見を尊重しましょう。むやみに「こうした方が得策だ」などと相談者に指示をすることは禁物です。対応を決めるのは「相談者」です。たとえ混乱していても，時間が経過すれば適切な判断ができることを念頭に置き，相談者が決めたことを尊重しましょう。

- 記録を一緒に整理し，気持ちの整理ができるよう援助する。
- 解決方法を一緒に考える。

▶対応者が上司（役職者）である場合にさらに留意すること

- 発生した問題を「組織の問題」としてとらえること
- 常に相談者を含む当事者にとってベストな対応は何かという視点を持つこと
- 迅速に対応すること
- 差別的な発言が確認できた場合は，被害拡大を防止するため，加害者に当該言動の中止を求めること
- 相談者が安心できるよう配慮すること（秘密保持など）

資料16 希望休・夜勤が記載された勤務表

2014年6月 ケアワーカー勤務表

(勤務表の詳細は省略)

- 毎月10日前後を目途に管理職が作成。
- 希望休を反映させた，『休日，有休，夜勤』などのシフトの原型がこのシート。
- これを基に各フロアの主任が最終的な勤務表を作成する。
- この勤務表は35床特養（従来型）のもの。
  ① □枠の／は夜勤明け翌日休み
  ② ■枠の／は主任により調整可能な休み
  ③ ／希は2～3日希望休（繰越があるものはプラスアルファ）
  ④ ■枠は行事などで出勤しなければならない日

その他の人材定着策

勤務表作成のポイントと工夫

　勤務表というのは，スタッフによっては給与と同じぐらい重要に考えている者もいます。給与と異なり他者の休みが目に見えるので，自分と他者を比較してしまい不平不満がたまりやすいのです。勤務表を作成する職員にストレスがぶつけられることも時にはあります。それが嫌で，勤務表作成者が自己犠牲を払って出勤するということは，どこの事業所にもあるのではないでしょうか？　これらの問題が発生しないよう，当施設では勤務表作成において独自の工夫を施しています。

●不公平感が増さないような工夫

ステップ1：毎月7日までに各スタッフに休みの希望を聞く（前述したとおり，上限2～3日の希望休が可能）。

ステップ2：希望休の意向を反映させ，1カ月分の「希望休・夜勤」が記載された勤務表（**資料16**）を毎月10日前後に管理職が作成し，各セクションの現場主任に報告。

資料17　完成した勤務表

2014年6月 ケアワーカー勤務表

	1	2	3	4	5	6	7	8	9	10	11	12	13	14	15	16	17	18	19	20	21	22	23	24	25	26	27	28	29	30
	日	月	火	水	木	金	土	日	月	火	水	木	金	土	日	月	火	水	木	金	土	日	月	火	水	木	金	土	日	月
1	日勤	/	日勤	日勤	日勤	日勤	/	/	日勤	日勤	日勤	日勤	日勤	/	/	日勤	日勤	日勤	/	日勤	有給	有給	日勤	/	日勤	日勤	日勤	/	/	日勤
2	/	/	遅1	日勤	夜	─	/	早2	/	遅1	/	夜	─	/	/	遅1	夜	─	/	遅1	日勤	夜	─	/	/	/	有給	日勤	早2	夜
3	/	早2	/	早2	遅1	早1	/	早1	遅1	/	夜	─	/	早1	夜	─	有給	有給	遅1	役	─	/	早1	/	夜	/	早1	/	夜	─
4	夜	─	/	早2	遅1	早1	夜	─	早2	夜	/	/	早2	夜	/	遅1	遅	/	早1	早1	/	有給	役	─	/	/	早1	役	/	─
5	/	遅1	遅	/	遅1	早2	早1	夜	/	/	夜	/	夜	/	遅1	遅	/	早1	早1	遅	早1	/	/	/	/	早1	有給	/	遅1	夜
6	遅	/	夜	─	早2	遅1	夜	/	─	/	/	早2	/	早1	/	夜	─	有給	遅1	早1	夜	/	/	早1	役	/	/	/	遅1	早2
7	早2	夜	─	/	/	夜	/	/	遅1	遅1	夜	─	/	/	早2	夜	─	/	/	夜	─	/	/	遅1	早1	夜	─	早1	/	有給
8	/	早2	早2	夜	─	/	早1	/	夜	─	/	遅1	早1	夜	/	早2	早2	/	夜	─	/	早1	/	夜	/	/	早2	夜	/	有給
9	夜	─	/	早1	遅	夜	/	/	遅1	/	早2	/	遅	/	早1	/	夜	─	/	早2	/	夜	/	/	早2	夜	─	/	/	有給
10	/	早2	夜	─	/	有給	早2	/	/	早2	/	夜	─	/	早2	早2	遅1	夜	─	/	/	早2	夜	─	/	/	早2	/	夜	─
11	/	遅1	/	遅	早2	夜	/	/	早1	夜	─	/	早2	夜	/	/	夜	─	/	早1	/	早2	夜	/	/	早2	有給	早1	夜	/
12	─	/	早2	夜	/	/	/	遅1	早1	早2	夜	─	/	/	遅	遅	遅1	夜	/	/	早1	早2	/	/	/	有給	/	夜	─	/
13	早1	/	夜	─	─	有給	早1	日勤	/	/	夜	/	/	早2	遅1	夜	─	/	/	早2	夜	/	/	夜	─	/	遅1	夜	─	早1
14	遅1	早1	早1	/	早1	遅	夜	─	/	遅	夜	/	/	/	早1	/	夜	/	有給	遅	/	早1	夜	/	/	/	/	早1	夜	─
15	早1	/	/	遅1	遅1	夜	─	/	/	早1	有給	/	夜	/	/	/	/	遅1	夜	─	/	/	早1	早1	/	早1	夜	/	/	遅
16		遅	早1	遅1	/	有給	遅		早1	/	早1	夜	/			早1	遅1	/	早1	/		遅1	早2	早1	/	早1	夜			早1
17	遅1	早1	/	/	夜	─	/	/	早1	夜	遅	夜	/	/	/	早1	早1	夜	/	早1	/	/	/	早1	早1	夜	/	/	早1	有給
18	遅		遅		遅	遅			遅1		遅1	遅1	遅1			遅1		遅1	有給	遅			遅1	遅		遅1	遅			遅1
19		遅	早1		遅1	早1			早1	遅1		早1	早1			遅1	/	遅	遅	/		遅	遅1	/	遅	遅1	/		遅1	遅1
20		遅1			遅1				早1			早1	早1			早1		早1	遅1			遅1			遅1	早1			有給	
21		早2	早2			早2			早2			早2	早2			早2	早		早	早		早	早2		早2	早2	早			早
22	/	早3	早3	/	早3	/	/	/	早3	/	早3	/	早3	/	/	有給	有給	/	早3	早3	/	/	早3	早3	/	早3	早3	/	/	早3
23	遅2	遅2	遅2	遅2	遅2	遅2	/	遅2	遅2	遅2	遅2	遅2	遅2	/	遅2	遅2	遅2	遅2	遅2	遅2	/	有給	遅2	遅2	遅2	遅2	遅2	/	/	遅2

委員会等（日別）：
- 2日：人権研修
- 3日：リスクマネジメント委員会・役職会議・給食委員会
- 4日：訪問散髪・人権研修
- 5日：従来型外出
- 6日：メンテナンス委員会
- 8日：人権研修
- 10日：スキンケア委員会
- 12日：人権研修
- 14日：接遇向上・ボランティア委員会
- 17日：感染対策委員会
- 19日：PS担当者会議
- 20日：チームワーク委員会
- 23日：ケアプラン委員会
- 25日：安全衛生委員会・散髪
- 27日：PS会議
- 29日：ケーキの日

勤務時間：
- 早1／7:00～16:00
- 日勤／8:30～17:30
- 早／8:30～17:30
- 遅／10:00～19:00
- 早2／8:30～17:30
- 遅2／15:00～19:00
- 早3／9:00～16:00
- 遅3／9:00～16:00
- 夜勤／16:00～9:00

❶ 当法人ではオール日勤で館内を巡回する介護福祉士長を配置しており，急なスタッフの体調不良による早退や，緊急事態，委員会出席時のフォローなどに対応できるよう努めている。

❷ 夜勤者に配慮して，日勤などが3日以上続かないようにする。

❸ 4時間短時間勤務者，早出のみのパートなどを雇用し，配置の少ない時間帯にピンポイントで対応している。
- 16, 18, 19：子育て中の夜勤なしの職員
- 17：正規職員と同じ勤務をこなす職員
- 20：週3日勤務のパート職員
- 21：週5日勤務の早出専門のパート職員
- 22：平日のみ勤務のパート職員
- 23：週5日の4時間短時間勤務のパート職員

【トラブル防止ポイント】

・希望休が記載された勤務表は，現場の主任たちには作成させない。基本的にこの段階の勤務表は，現場から離れた管理職が作成している（現場主任が休日を組むと，「主任は自分の思いどおりに休んでいる」などの批判につながりやすいため）。

・日勤が3日以上続かないように配慮する。

ステップ3：勤務日の組み合わせを現場主任が作成（**資料17**）。完成させたものを<u>毎月20日までに全体に周知</u>。

【トラブル防止ポイント】
・現場主任が勤務表を作成する日は毎月日勤帯で「勤務作成日」として1日確保し，ほかのスタッフに勤務表作成日として分かるようあらかじめシフト上に表記しておく（現場主任がケアから離れると一般スタッフに不安や誤解が生じることがあり，無用なトラブルを防ぐ）。
・夜勤のペアリングなど現場の主任にしか分からない部分については，現場主任がバランスを見極め調整している。

◉世間の連休時（ゴールデンウィーク，夏季，年末年始）の対応

・1カ月以上前から休みの希望を受け付ける。
・休み希望がない者でも，1日は必ず休みを入れる。
・前年度の勤務表を確認し，特定の者が続けて大晦日，元日勤務にならぬよう配慮する。
・連休前部分だけ，勤務表の開示を早くする（約20日前）。

ゆとりあるスタッフ人員の体制

業務を減らすことでサービスが低下し，利用者の安全を守れなくなるのでは話になりません。スタッフ数を増やすことは現在の少子高齢化時代にあっては容易なことではありませんが，「働く条件」を少し工夫するだけで定着力アップにつながり，さらに正規職員の負担も軽減し，もちろん定時退勤が可能となります。

◉夜勤体制は3交代から2交代へ（資料18）

3交代と比較すると日勤帯の数は減りますが，スタッフにとっては余暇時間が増えます。長い目で見れば定着率が向上すると思います。当施設では2005年に3交代から2交代に変更して以来，離職率は半減し，15％を超えたことはありません。

◉研修はなるべく時間内に〜休日にはむやみに施設に来させない

・研修や会議などで休日に短時間だけ出勤させることはさせない。割り切って休日は完全休養としている。
・時間外勤務での研修は行わず，少人数制で複数回行うなどの工夫をすることで可能な限り時間内に研修を行う。

◉パート特例システム

・夜勤，ケアプラン担当，委員会などの受け持ちは一切なし。
・土・日・祝祭日は基本休み。
・出勤可能時間，曜日などにより時給に細かく差をつける。
・本人の意欲，実力などにより，正規職員への登用制度あり。
・2〜3時間勤務といったピンポイントヘルプスタッフの採用。

資料18　2交代と3交代のメリット・デメリット

〈3交代の一例〉
日勤：8〜17時，準夜勤：14〜23時，深夜勤：23〜翌8時

1	2	3	4	5	6	7	8	9	10	11	12	13	14	15	16	17	18	19	20	21	22	23	24	25	26	27	28	29
準夜	休	深夜	深夜	休	日勤	日勤	休	休	日勤	準夜	休	日勤	日勤	日勤	日勤	日勤	日勤	日勤	準夜	深夜	深夜	休	日勤	日勤	日勤	休	休	日勤

メリット	・2交代と比べると，夜間帯の労働時間や拘束時間が短く，心身ともに負担が軽い。 ・業務内容が深夜帯と準夜帯に分散されることで，負担が軽減される。
デメリット	・深夜帯の出勤，退勤がある。 ・対応が難しい利用者（重篤者，強い帰宅願望，急変者）に連日対応しなければならない。 ・申し送りとミーティングを1日に3回（朝，夕，深夜）行う必要がある。 ・シフトが複雑になるため，急な欠勤が出た場合などは対応が難しい。 ・深夜勤明けは「休み」とカウントされるため，夜勤の疲労が残っていると，休日としての有効活用ができない。

〈2交代の一例〉
日勤：8時半〜17時半，夜勤：16〜翌9時

1	2	3	4	5	6	7	8	9	10	11	12	13	14	15	16	17	18	19	20	21	22	23	24	25	26	27	28	29
休	日勤	日勤	夜勤	―	休	日勤	休	日勤	休	／	夜勤	―	休	日勤	日勤	―	休	日勤	夜勤	―	休	休	休	休	日勤	日勤	日勤	夜勤

メリット	・夜勤入り（16時まで）と夜勤明け（9時以降）は，休みにカウントされずプライベートの時間となり，余暇を多くとれる。 ・1カ月に4〜5回夜勤に入ることで日勤帯の出勤回数が10日程度となり，スタッフ同士のかかわりが日勤帯ばかりの勤務より薄くなるため，人間関係で悩みにくい。
デメリット	・1回の夜勤業務が16時間程度と長く，心身ともにきつい。特に朝方は疲労がピークに達する。 ・夜勤帯の拘束時間が長いことで，幼い子どもがいるスタッフは，夜勤に従事できない。

　上記の3交代と2交代を比較すると，2交代の方が日勤業務が3日間も少ないことになります。比較的若いスタッフが多い当事業所の場合は，夜勤は長くてもプライベートの時間が多く取れる2交代制を採用しています。一概にどちらがよいかは断言できませんが，各事業所の事情を考慮し，スタッフの意見も踏まえて選択する必要があります。もし現在の勤務形態で離職率が高いのであれば，夜勤シフトの問題が潜んでいる可能性がありますので，検証しましょう。

人材確保レベルの設定

　現場スタッフは限りなく人員補充を事業所に望むものです。いくら人員を補充しても「人が全然足りない」と言われては，経営層はたまったものではありません。可能ならばスタッフの人員レベルを可視化し，「現場と事業所」が人員レベルを「共有」しておくことで，現場スタッフからの不満は確実に軽減できます（**表3**）。また，事業所としても人員レベルが把握できれば，採用計画の立案も行いやすくなります。ぜひ，自事業所での人材確保レベルを設定し，どの程度の人員がいればゆとりが生まれるのかというラインを引いてもらえれば分かりやすいと思います。

介護福祉士長を日勤フリー勤務者として配置する

　事業所を運営していくうえで，管理職が現場の末端まで気を配ることは至難の業です。また，介護主任は日々の業務に従事していることが多く，指示を伝えてもなかな

表3　人材確保レベル表の一例（スタッフ数は正規職員の数〈非常勤を含まない〉）

特別養護老人ホーム（利用者定員30人）

スタッフ数	状況	人材確保レベル
13人	公休がとれない	3
14人	必要最低限 ・有休がとれない　・公休は確保できる（31日） ※ただし，月の日数が30日なら応援が5回必要。	2
15人	・有休がとれる　・希望休も概ね可	1
16人	・人事異動を行え，かつ有休がとれる。	0

デイサービス

利用者数	1日のスタッフ数	総職員数	状況	人材確保レベル
25人以上	7人	8人	公休がとれない	3
		9人	主任日勤半日のみ可。公休確保。	2
		10人	有休がとれる	1
20〜24人	6人	7人	公休がとれない	3
		8人	主任日勤半日のみ可。公休確保。	2
		9人	有休がとれる	1
19人以下	5人	6人	公休がとれない	3
		7人	主任日勤半日のみ可。公休確保。	2
		8人	有休がとれる	1

常に人員に余裕を持ち，急な退職や長期休暇に備えておくことが望ましいです。

【計算方法例】
1日の出勤人数×日数分で算出
(例)①日中出勤スタッフ6人+夜勤スタッフ入り・明け4人=10人
　　②スタッフ10人×31日=310
　　③310÷22（1人が1カ月あたりに出勤する日数）=14人を標準数とする。

か身動きがとれません。日常の勤務をこなしながら，スタッフのストレスに気を配ったり指導したりすることは，非常に難しいのが現実です。

そこで当施設では，特養，デイサービス，ショートステイの各セクションの介護スタッフを一括で管理する「介護福祉士長」を配置しています。

●介護福祉士長の役割

・日勤勤務を主体とし，基本的に夜勤には入らない。
・特養，デイサービス，ショートステイなど各セクションを1日かけて巡回する。
・看護師，管理栄養士などの他セクションとの協議・調整を行う。
・経営運営戦略室，人材確保対策室などのプロジェクトチームに出席する。
・経験の浅いスタッフや業務がなかなか覚えられないスタッフに，マンツーマンで指導する。
・介護スタッフへのトーキング（個人面談）を実施する。
・階級は管理職と位置づけ，手当をしっかりと支払う（夜勤がない分，手当を厚くしている）。
・常に専用PHSを持ち，経営陣や他セクションからの連絡があれば対応する。
・急にスタッフが休んだ場合などは業務のフォローに入る（必要最低限に留める）。
・サービス，接遇の向上を図る。
・在宅事業所の稼働率アップに尽力する。

●介護福祉士長に求められる人材像

- 現場の危機管理に対するアンテナを張る危険察知能力（事前のトラブル回避に努める）
- 上層部，他セクション，相談室などと交渉できるコミュニケーション能力
- 組織の方向性を理解し，現場に伝えることができる伝達能力
- フットワークの軽さ
- 介護スタッフが定着するよう，現場の課題や問題を上層部に伝える能力
- 介護の専門知識，技術など

●介護福祉士長配置後の効果

　フリー勤務で各セクションを巡回するスタッフを配置することについて当初，勤務表上人員配置数に認められないため，体制加算にカウントすることもできず，経営的には法人の持ち出しが増えるだけだと思いました。しかし，セクションの垣根を越えて介護スタッフを管理できる日勤フリー勤務者を配置したことは，次に挙げるような大きな効果がありました。

- PHS 1本で常に経営陣と連携を取れるため，トラブルなどに早急に対応できる。
- 日勤フリー勤務なのでいつでも連絡が取れ，現場に周知啓発するような事項もすぐに浸透させられる。
- 設備，備品，介護用品などの機器導入やトラブルに対して，介護現場の代表として具体的な意見で業者と折衝できる。
- 個別のセクションのみを管理しているのではなく，全セクションの介護職を統率しているので，セクション間の対立やしがらみがなく，「一つの施設」として問題に対処できる。
- スタッフの技術指導や悩みの聞き取りが時間を待たせずにすぐにできる。

　介護福祉士長を日勤フリーで配置してから，劇的に現場のトラブル（人間関係やセクション間の不和）が減少しました。一定の人件費はかかりますが，法人の方向性を理解した動きができれば確実に施設運営に安定をもたらします。ぜひお勧めします。

夜間の心理的負担を減少させよう

　介護施設は24時間365日稼働しています。夜間は少人数の介護スタッフが長時間対応しています。人材不足もあり，ベテランの介護職だけで夜勤対応することができず，経験の浅いスタッフが長時間の夜間帯を見ていかねばならない施設もたくさんあると思います。どんなに経験を十分に積んだ介護職であっても，長時間の夜勤は心身ともに非常に消耗します。ましてや，新人が夜勤をすることは，ベテランスタッフ以上に体力的にも精神的にも消耗することになります。夜勤業務があまりに過酷であったり，施設としてしっかりとしたルールが形成されていなかったりすれば，夜間の安全を守ることができないのはもちろんのこと，職員の定着にもつながりません。しかし，夜間帯で想定されるリスクをあらかじめ抽出しておき，一定のルールが確立され

表4　日勤帯と夜勤帯の違い

項目	日勤帯	夜勤帯
利用者	活動的	大多数は睡眠しているが，一部の利用者については不眠，興奮，帰宅願望などが顕著に現れることがある
業務内容	3大介助を基本とし，業務範囲が広い	巡回，おむつ交換，寝返り介助 ※人数が少ないため，すべての介助において日勤帯より一人のスタッフにかかる負担は大きい
スタッフ数	多い	少ない
体力面／精神面	皆でカバーできる	きつい
その他	上司，看護師（医師）がいるため，指示を仰ぐことができる	・夜勤スタッフのみで対応することとなる ・高度な判断力が必要 ・時間に追われるため，心理的余裕が一段となくなる ・ほかのスタッフがいない分，スタッフによっては，業務放棄や虐待などにつながる恐れもある

ていれば，介護職員の負担の軽減と安心したサービス提供が可能となります。

●夜勤とは何なのか？

　夜勤は日勤帯と異なり，**表4**に示すような特徴があります。新人スタッフは**表4**に挙げた点を押さえた上で夜勤に入ることが肝要です。

　夜勤帯はスタッフが少ないことが前提であり，その分，スタッフ一人当たりの負担は当然大きくなります。特に上司や看護師などの医療スタッフがいないことによる心的プレッシャーは非常に大きく，夜勤スタッフは「何かあった時にうまく対応できるだろうか？」「一人で対応しなくてはならず，とても不安だ」という心理状態に陥りやすいため，必要以上に責任を背負い込んでしまうというケースが見受けられます。

　この夜間帯の特徴について，施設として可能な限りの「事前対策」を立てておくことで，夜勤スタッフの負担はかなり軽減します。決められることは事前に決めておくことが非常に重要です。

●当施設の夜勤体制

　当施設では，次のような夜勤体制をとっています（**表5**）。

▶夜勤体制

・勤務時間：16〜翌9時
・夜勤介護職4人＋宿直員1人の出勤体制。
・夜間帯に何も起こらなければ，宿直員は戸締り確認やボイラー点検だけで介護業務は一切行わない。
・心肺停止などの重篤な症状で救急車を要請する場合は，介護職が対応する。それ以外の連絡については，看護師か相談員が行う。
・看取りの際の死後処置は待機看護師・相談員が行い，介護職は通常の業務を行う。

▶オンコール体制

・待機看護師，相談員ともに1人ずつ，緊急出勤に備えて夜間待機する（輪番制）。

表5　夜勤体制

業務内容	夜勤介護職	宿直員	待機看護師	待機相談員
介護業務全般	○	—	—	—
急変時の対応	初期対応・救急車要請	玄関開錠・事務所待機	緊急出勤・病院付添	緊急出勤・病院付添（先に看護師が救急車で付き添っている場合，公用車で迎え）
看取り時の対応	待機職員へ連絡	玄関開錠・事務所待機	緊急出勤・死後処置	緊急出勤・死後処置
記録	介護内容	—	処置内容，診断内容	連絡関連内容

あらかじめ，各職種による役割分担を明確にしておくことで，何かあった際に，「これは誰がやるのか」と困惑することが格段に減少します。

- 併設の短期入所の緊急体制にも備える。
- 待機（オンコール）手当（1夜2,000円）を支給する。
- 家族や病院への連絡は相談員が対応する。

▶仮眠時の注意点は？

　施設によっては，夜勤が16時間勤務というところもあります。非常に長い労働時間となるため，夜勤スタッフの休憩，仮眠は時に重要になります。次に，仮眠をとる際のポイントを挙げます。

- 体力勝負なので，仮眠は必ずとる。
- 眠れなくとも臥床することで体力を温存，回復させる。
- 夜勤のペアスタッフが仮眠をとっている場合は，PHSなどは切ってなるべく休息させる体制をとる。
- 職員同士が助け合う気持ち，支え合う気持ちを持つ。協力体制をとる姿勢が重要。
- 仮眠時に使用するマットレスを上等な物に変更する。また羽毛布団を使用する。

■夜勤スタッフが仮眠時間を確保するために日勤帯で行っておくこと

　夜勤でスタッフが仮眠時間を確保するためには，「夜勤業務を日勤業務に一部スライドする」ことが重要です。つまり，人手が少ない夜勤帯で行っている業務を，人数の比較的多い日勤帯にずらして行うのです。また，夜勤帯というと深夜帯を想像しがちですが，早朝の業務軽減も見逃せないポイントです。以下に例を示します。

- 夜勤帯で行っていた洗濯物畳みを日勤帯に移行する。
- 「6時早出」を追加し，夜勤スタッフだけで行っていた朝の更衣の作業軽減を図る。
- 夜間帯で出た汚染衣類は，荒洗いと消毒漬け置きのみ行い翌日の日勤帯に引き継ぐ。
- 午前6時以降に起きた出来事は夜勤スタッフが日勤帯に申し送り，日勤リーダーが記録を行う。

▶どうしても席を外さなければいけない時は？

　転倒する危険性があり目の離せない利用者が部屋から出てきたけれども，他利用者

図5 トラブルが同時に発生した時の優先順位

高 → 低
- 生命に影響（急変・火災・地震）
- 体調不良・けが
- 転倒する危険性のある歩行
- 機械・設備系のトラブル

表6 待機看護師に連絡するレベルと伝えるべきポイント

熱発	38℃以上で，かつ呼名しても反応が鈍い時
転倒・転落	頭部打撲した場合で出血量が多い時（止血できない時）
誤薬	万が一誤薬してしまった場合
発作	発作が10分以上続いた場合　連続して発作が起こった場合
吸引	介護スタッフが吸引できない場合

看護師に電話にて伝えるポイント
・バイタル数値
・当該症状が見られた時間
・意識，呼吸状態，発熱以外の症状
※落ち着いて具体的にはっきりと申し送ること。

からナースコールが鳴ったなどでどうしてもその場を離れなければならない時は，次に挙げる対応をとります。

- 利用者と同行し，ナースコールへの対応は他スタッフにバトンタッチする。
- 利用者に「少し待ってください」と言わず，「○分後に行きます」など，具体的な数字を挙げて説明する。
- 転倒や転落の可能性の高い利用者を優先する。
- PHSを使用したり，大声でほかのスタッフを呼ぶ。

　安全面を優先すると，以上のポイントを踏まえることが重要ですが，**現実的に対応しきれないことが夜間帯にはあります。あらかじめ，夜間帯には完全な見守りは不可能であることを入所段階で家族に説明しておくこと，理解を得ておくことも非常に重要だ**と言えます。

▶トラブルが重複した時の優先順位は？

　夜間はスタッフが少ないため，トラブルが同時に起こった場合，一挙に対応することが難しいケースがあります。そこで，もしトラブルが重複した場合は，あらかじめ「優先順位」（**図5**）を設定しておき，それに沿って対応すると比較的円滑に行動することができます。夜勤リーダーは「限られた人員で，どのトラブルを優先するのか」という部分をトレーニング，シミュレーションしておくことも有効だと言えます。また，トラブルが同時に発生した場合，**図5**に示した優先順位を基本とし，瞬時に夜勤のペアスタッフに確実に指示を出すことが必要です。

▶夜勤の介護職員が待機看護職員に連絡すべきかどうか迷った時は？

　介護スタッフの中には，「こんな些細なことで看護師に電話してよいのかな…」「こんな深夜に，相談したら迷惑がかからないだろうか…」という葛藤を抱いている人もいます。また逆に，看護師から「こんなことで深夜に電話してこないでほしい」といった声も聞かれます。一定の基準がないと，介護職が必要以上に看護師に頼りすぎたり，逆に介護職が看護師に気を遣い連絡できないといったトラブルが起こり得ます。そのため，あらかじめ基準（**表6**）を設定しておき，ルールに従って連絡するということ

を介護職も看護職も共有しておくと，無用なトラブルは避けられます。

> - 必ず連絡基準を設けておく（どのレベルで連絡することになるのか，範囲を具体的に設定する）。
> - オンコール対応の看護師にルール設定の合意形成をとっておく。
> - 介護職が対応に苦慮した場合は，基本的に看護職が協力する姿勢，意識を持ってもらう。
> - 介護職の報告レベルを向上させる（5W1H・数値などを明確に）。
> - オンコール対応の看護師にはある程度の手当をつけて，責任と施設が求める方向性を明確化する。

利用者からの暴言や暴力を放置しない

　介護現場では，介護スタッフが利用者に対して暴力，虐待を行わないことはもちろんですが，利用者からスタッフへの暴言や暴行は黙認されていることが少なくありません。サービス業だから，福祉業だからと言って，利用者からの暴言・暴力があるのは仕方がないと思っていると，スタッフは傷つき，やがて心身へのダメージとして蓄積されていき，離職につながる恐れがあります。利用者にも人権があるように，働くスタッフにも同様に人権があります。利用者だからという理由だけで「何を言っても，何をやっても許される」ということは断じてありません。**人材定着の視点だけではなく，人権尊重の観点からも組織としてスタッフを守ること**が必要です。

◉利用者から暴力を受けた場合

- 必ず記録を残す（5W1Hを基本に，明確に残す）。
- 報告を受けた上司は，スタッフの傷の程度などを確認する。
- 病院の受診が必要な場合は，労働中のけがであるため労災申請などを進める。
- スタッフにも労災対応で病院を受診するよう説明する。
- 利用者にも状況を確認し，意思疎通が取れない場合は家族に状況を報告・説明する。そして，今後のサービス利用をどのように継続していくかについて協議・調整など対応する。
- けがをしたスタッフのフォローを行う（当施設の場合はトーキングにて対応）。

※法人が行った組織対応，今後の本人や家族へのアプローチ方法などを説明すること。

◉利用者から暴言を受けた場合

- 言動を受け時にその場ではっきりと嫌がっていることを伝える。
- 必ず記録を残す（5W1Hを基本に，明確に残す）。
- 報告を受けた上司は，内容を確認する。
- ひどい差別発言などを含んでいる場合は，本人に対しても暴言の防止・啓発について説明する。また，家族にも状況説明と来所依頼を行う。法人の人権尊重に対する

考え方を示す。
- セクシャルハラスメントについても同様に放置せず，組織対応をしっかりと行う。
- 普段から人権研修をスタッフに行い，人権感覚を磨いておく（虐待防止にもつながる）。
- スタッフのフォローを行う（当施設の場合はトーキングにて対応）。

※法人が行った組織対応，今後の本人や家族へのアプローチ方法などを説明すること。

スタッフの声 介護スタッフ編

谷村賢一さん 特養 介護福祉士
山本健太郎さん 特養 介護スタッフ

谷村：エーデルで働いて早10年たちました。

山本：僕は今年で3年たち，現在介護福祉士国家試験に向け，目下勉強中です。

谷村：エーデルの一番の特徴としては，やはり働きやすい職場環境に尽きます。10年介護職をしているけれど，腰痛になったことはありません。

山本：それはすごく感じますね。僕はもともと他業界で働いていましたが，やはり介護現場というと，どうしても「3K職場」というイメージがありました。しかし，施設見学をしてみてイメージは一変しました。とても清潔な館内で，スタッフが生き生きと働いている。実際に見学の際にも数多くのリフト機器が使用されており，スタッフを大切にすることが良いケアにつながるという説明をしてもらい，すごく感銘を受けました。

谷村：もともとは残業も多かったし，きつい職場環境だったけれど，ここ4年ぐらいの間で大きく改善されたように感じます。また，働きやすさだけではなく，待遇改善によって非常に待遇を考慮してもらっています。例えば，処遇改善加算手当というものがあるけれど，2年前よりも年間で15万円以上も上がっているし，夜勤手当も1回7千5百円と高額なのも魅力です。キャリアアップ表によって見える形で待遇が向上していくのが分かるので，前向きに頑張れるよね。

山本：確かにそれは言えますね。エーデルでは人材育成についても丁寧ですもんね。今も介護福祉士資格取得に向けて勉強中ですが，受験対策講座も無料で受講できますし，模擬試験についても2回無料で受けられるんですよね。どこから勉強してよいか全く分からないスタッフにとって，これには本当に助けられています。

谷村：日常の介護だけではなく，さまざまな実践発表をしたり委員会の仕事に従事したりすることで，多忙だけれど楽しいんですよね。何やろ，この感覚って。

山本：やっぱりエーデルは楽しいってことと違いますか!?

谷村：そうやね！ こういう介護施設が増えれば，この業界も変わっていくかもしれません。

職員のやる気を高める工夫

　これは介護業界のみならず，多くの業界で言えることかもしれませんが，仕事がマンネリ化していくと，向上心の強いスタッフは刺激が足りず，退職してしまうことがあります。いわゆるモチベーションをいかに高めていくかがポイントとなりますが，スタッフが経験を重ねていけばいくほど，高いモチベーションを維持していくことが非常に難しくなります。事業所としては，日々のケアに集中できる環境を構築すると共に，「プラスアルファ」の意欲を引き出せる取り組みを行う必要があります。「やる気はスタッフ自身が探し出すものだ」という声もあるかもしれませんが，多くのスタッフにとってそれは簡単なことではありません。ここでは，事業所ができるモチベーションアップの取り組みを紹介します。

事業計画を明確にする（資料19）

　毎年度，どの事業所でも事業計画を立てて，チームとして目標達成に向けて取り組んでいると思いますが，目標達成の主力である肝心のスタッフは，事業計画に目を通しているでしょうか？　また事業所は，スタッフ一人ひとりに事業計画を説明し，実行するための方策を検討しているでしょうか？　多くの事業所では，役職者や役員といった上層部の者は事業計画に策定時から携わっており熟知しているかもしれませんが，末端の一般スタッフまで確実に周知・浸透させているといった事業所は少ないのかもしれません。それは，次のようないくつかの理由があるためです。

・文章ばかりで現場スタッフには理解しがたい。
・毎年同じような内容で面白みがない。
・目標設定があいまいで，何をどうすれば目標に近づくのかが分からない。
・そもそも事業計画があることを知らない。
・事業計画を意識しなくても業務が回る。

　せっかく事業計画を立てるのであれば，計画立案の段階からスタッフを積極的にかかわらせて，「チーム目標」として法人全体で共有することが競争意識を高め，モチベーションのアップにつながります。また，事業計画にこの方法が絶対的に正しいということはありませんが，より具体的な目標設定を掲げ，組織が一丸となり目標を達成していくことが理想であることには違いありません。そして事業報告には，事業計画の達成目標に対する評価を記載することで，達成率の向上を図りましょう。

自分たちのやっていることを「形」にする

　介護スタッフは日々のケアに奮闘しており，さまざまなノウハウを蓄積しています。しかし，自分たちが実践している日々のケアを，客観的に見つめ直すことは簡単ではありません。ひたすら毎日の業務に追われ仕事を終えるだけではなく，せっかくのノウハ

資料19　当施設の事業計画

- 写真やイラストを多用し、スタッフやステークホルダーに分かりやすく親しみが持てるよう工夫しています。写真は当該セクションの担当役職者です。
- セクションごとにポスター形式で策定しており、各セクションの詰所に印刷したものを掲示することで、常に目標を意識しながら業務に当たれます。もちろん法人ロゴも入れ、イメージアップの視点も忘れません。
- 目標設定は数値などを入れ、具体的にします。あいまいな目標設定よりも、どこを目指してチームが尽力しなければならないかが明確になります。

ウを資料として形にしたり、実践発表をしたりすることで、自分たちの日頃の考えや実践方法に誇りと自信を持つことができます。また、学会などでの発表は、資料作りや発表するという作業が、日頃のケアでは味わえない刺激として経験できます。これらの取り組みを「発表研修」として実施すると、スタッフのスキルアップの観点からも有効です。

●当施設の発表研修の手法（スタッフへの説明文）

　エーデル土山では「THE EDEL WAY」において、介護業界を変えていこうという行動宣言をしています。エーデルでの画期的で先進的な実践報告を積極的に行うことにより、閉鎖的な介護業界に一石を投じることが目的です。私たちは実践報告を単なる発表とは考えず、「エンターテイメント」であると考えます。発表するだけでは、面白みもインパクトもありません。「発表＝作品」でなければなりません。インパクトが強く先進的な内容でなければ、その発表を聞いている人たちの時間が無駄になります。ひいては、介護業界に一石を投じることもできません。結果として、発表することだけで満たされ終わってしまうという自己満足で終了してしまいます。それでは自分のためにも業界のためにも進歩はありません。

　先述したとおり、我々の目的は「介護業界に一石を投じる」ことなのですから、この業界のリーディングカンパニーとして、我々は単に発表すればよいというのではなく、重大なミッションがあることを忘れないでもらいたいのです。

表7　発表研修シナリオ

発表者氏名	○○○○	
発表大会名	第○○回　○○セミナー	
発表時間	25分間	
①発表テーマ（何を発表するか）	エーデル土山のリスクマネジメントシステム	
②題目	労力は最小限，効果は最大限	
③発表シナリオ	発表の章立て	ポイント・伝えたい内容
	①事業所の概要	定員，規模，平均介護度など
	②当方のリスクマネジメントに関する考え方	いかに少ない労力で，効果を最大限に高められるかという手法
	③リスクマネジメント委員会の取り組み	当委員会の内容
	④具体的資料の提示	・実際使用しているリスク関連の様式を積極的に公開する ・様式のポイントを伝える
	⑤リスクマネジャーの配置，役割	・当方のリスクマネジャーの特徴 ・手当支給や責任範囲も明確に
	⑥予防策と事後策	・実例を用いて説明する ・家族への説明内容も盛り込みたい
	⑦まとめ	リスクマネジメントの取り組みばかりに目が行きがちだが，普段のケア内容にしっかりと配慮する

●発表研修の概要

指導職員（役職者）と発表者がペアになって，以下の内容に沿ってトレーニングしていきます。発表開催前から2カ月間を目安として準備し，研修をしていきます。2人で集まる回数は2～3回に留めます。

※**表7**の発表研修シナリオを使用しながら，①～③を指導職員と発表者が共に考えていきます。

▶テーマを決める

発表のテーマを決めます。要するに「何を発表するか」という基本的な部分です。

▶題目を決める

テーマが決まれば次は題目です。聞き手に「聞きたい」と思わせる必要があり，堅苦しくなく，インパクトのある題目を考えます。語呂のよい題目がよいでしょう。

▶シナリオ作成

次に発表のシナリオ（大まかな内容）作りです。シナリオである程度の構想を固めます。シナリオ作りのコツは，発表内容のポイントを区分けし，章立てすることです。

▶パワーポイントの作成（表8）

いよいよパワーポイントの作成に入ります。パワーポイントはあくまで発表の一部

表8　パワーポイントの作成

作成の手順	具体的なチェックポイント
①資料，発表研修シナリオを基に，どういったパワーポイント資料を作成するのかイメージを練る。	・シック（パワーポイント重視でトークは補佐） ・ビジュアル（写真を多くしトークで説明） ・ダイナミック（イメージ写真を多用） ・ポピュラー（明るく，ほがらかなイメージ〈アニメ多用〉）
②シナリオを4～5章程度に区分けする。	ページ数を概ね決めておく。
③デザインを決めていく。	実際のデザインをパソコンを使いながら決めていく（フォントや写真，データなど）。
④法人紹介は長引かせない。	発表内容は法人の詳細ではなく，実践内容であることを念頭に置く。

表9　発表演習

演習の手順	具体的なチェックポイント
①プロジェクターにつなぎ，実際に発表演習を行う。	・発表をビデオ撮影しておく。 ・時間配分を確認しておく。
②ビデオを確認し自己分析する。	・自分の演習を見ての率直な感想を述べる。 ・発表の大まかなイメージはできていたかを確認する。 ・改善点 ・時間配分
③多角的評価（役職者が担当）	・役職者が実際に感じた点をレクチャーする。 ・実際に役職者が手本を示す。
④演習終了後，資料と内容を訂正し，再度演習を行う。	数日後に行う。

にしか過ぎません。したがって，パワーポイントに依存するのではなく，発表の補助という位置づけで作成します。パワーポイントで発表の印象が変わるので，インパクトがありビジュアルに優れた資料にこだわって作成します。

■パワーポイント作成における留意点

　発表に欠かせないツールであるパワーポイントの効果的な使用方法について学習していきます。パワーポイントにはたくさんの機能がありますが，あまり機能にこだわってしまうと，本来の目的を伝えられないという本末転倒に陥ります。常に「聞き手」を意識した資料作りが求められます。もし，あなたが聞き手であった場合，文字や表，数字ばかりの資料に対して見る気が起こるでしょうか？　パワーポイントは使い方によっては大きな武器になり，発表のイメージを大きく向上させますが，間違った使用方法では，何が言いたいか分からないという，失敗のもととなり得ることを覚えておきましょう。

▶発表演習（表9）

　発表のリハーサルです。今まで作成してきたシナリオとパワーポイントを存分に生かすのは，発表者の能力次第です。この研修では，ビデオ撮影などをし，「聞き手に

資料20　資料作成

なった時にどう感じるのか」という部分に着目します。

▶資料作成（資料20）

　パワーポイントとは別に資料を策定するのが当施設の発表の特徴です。ただ単にパワーポイントのスライドを印刷するのではなく，自分たちの実践方法を資料としてまとめます。この資料作成により，当施設の実践発表がより具体的になり，発表に参加した人たちへの実践に対する理解が進みます。

▶本番

　本番は緊張することが想定されますが，多少緊張しても大丈夫です。最悪，失敗して恥をかいてもよいでしょう。なぜなら，失敗も経験と学習になるからです。本番の様子をビデオ撮影しておき，振り返りで使用します。

▶振り返り

　聞いている人のリアクションや自分が冷静だったかを検証し，次の発表につなげます。また，実践発表で作成した資料についてはホームページでも公開することで，発表者の自信と誇りにつなげていきます。発表資料＝当施設のノウハウとして蓄積されていき，施設の財産としても残ります。

※エーデル土山のホームページでは，今まで発表してきた資料を公開しています。ぜひご覧ください。

表10　介護職場で生じるさまざまなあつれき

関係性	特徴
「一般スタッフ同士」のトラブル	・一般スタッフ同士の人間関係の悪化 ・スタッフ数が多いため，人間関係が悪いと職場全体がギスギスした雰囲気になる。 ・複数を巻き込んだ対立，争いに発展する可能性がある。 ・新人が職場の雰囲気になじめず定着しにくい。
「一般スタッフ」と「上司」のトラブル	・上司の求心力が低下し，指揮命令に支障を来す。 ・一般スタッフ全員対上司という対立関係になりかねない。
「職種間」のトラブル	・職種間の連携，チームプレイがうまく機能しない。

表11　スタッフ間の人間関係が悪化することで予測される弊害

予測される弊害	特徴
離職	・離職要因の一つに職場の人間関係の悩みがある。 ・人間関係が悪化することで「働きにくい職場」となり離職する。
サービス低下	人間関係が悪化するとスタッフ間の連携やコミュニケーションがうまくとれず，必要な情報が伝達できないことで，利用者に影響が出る。
労務トラブル	人間関係の悪化，信頼性の欠如により恨みを持ってしまうと労務トラブルを引き起こす可能性がある。
虐待	人間関係の悪さがストレスにつながり利用者へ優しくできず，虐待を引き起こす。

人間関係を良好にしよう！～規律を保とう

介護現場での人間関係とは

　介護スタッフにとって，職場の人間関係は働きやすさに直結するため，非常に大きな影響力を持っています。介護職員の離職理由でも，待遇の悪さや労働環境の悪さと共に常に上位に上がってくるのが「人間関係の悩み」です。

　人間関係と一言で言っても，そこにはさまざまな関係性があります（**表10**）。また，管理職や経営層が思っている以上に，介護スタッフは職場での人間関係を深刻に考えていることが多く，人間関係の悪化はさまざまな弊害を引き起こすと考えられます（**表11**）。

　人間関係というのは非常に難しいものです。私自身，人間関係で悩むことがよくありました。人間関係に悩んでしまうと，仕事のことよりもスタッフの顔色や言動ばかりが気になってしまい，肝心の仕事に対する集中力がなくなってしまいます。また，人間関係の悪さは多大なエネルギーを使うだけではなく，メンタル不調を引き起こすなど，私生活にも影響を及ぼす危険性があります。良好な人間関係を築くこととスタッフの定着率を上げることは直結していると言えます。

図6　良好な人間関係のために大切な「規律」

職員を楽しませるイベント
・職員旅行
・親睦会，食事会
・誕生日祝い
・福利厚生の充実

しっかりとした規律
・ルールに基づいた行動
・ルールを遵守しない際の指導
・法人理念の理解
・法令遵守

楽しませるより「規律」が重要！

「良好な人間関係」を構築しようとすると，「職員を楽しませる」ということに目が行きがちになるが，実は「しっかりとした規律」を守らせることがチームワーク向上に直結する。

人間関係を良好にするために大切なもの

　では，職場の人間関係を良好に保つためには何が必要なのでしょうか。職員の親睦会や旅行でコミュニケーションを図るという方法もありますが，そのような「特別なイベント」は一時的なもので，日々の職場環境を改善しなければ継続的な効果は得られません。

　人間関係を良くしようとする管理職や経営層は，スタッフが楽しさを感じるようなイベントに目を向けがちですが，介護現場の人間関係構築において一番重要なことは「規律」であると私は感じています（図6）。

なぜ介護職場に規律が必要なのか？

　介護現場は営業職のように売り上げを達成したり，建築業のように工期までに建物を完成させるといった明確な目標を設定しにくい職場です。したがって介護スタッフは，何を目標に働いてよいか分からず，指導をする側も明確な基準で指導しにくいという特性があります。スタッフが目的や目標を持ちにくいため，職場の風紀が緩み，好き勝手な言動を繰り返すようなスタッフが出現しやすくなります。

　また，対人援助を主とする介護職の役職者においては，部下を指導するということに不慣れであったり，抵抗感を示したりする者もいて，問題のあるスタッフを放置してしまうことがあります。部下の方が年上であったり，経験が長かったりすると遠慮してしまい，余計に指導しにくいといったケースも散見されます。

　目標の定めにくい職場でスタッフの問題行動を放置しておけばどうなるでしょうか？
　組織がうまく機能しないことは必至です。楽しいイベントを提供することも事業所として大切ですが，一方で**規律を求めることこそ介護現場に必要な人材確保対策**となります。

「モンスタースタッフ」を絶対放置してはいけない！

　モンスタースタッフとは，どこの職場にも存在する可能性がある問題職員のことです。モンスタースタッフを放置しておくと組織として機能しなくなり，最悪の場合，

図7　モンスタースタッフの放置は組織崩壊を招く

モンスタースタッフの特徴

- 上司の言うことを全く聞かない
- 上司，体制，組織批判を繰り返す
- 批判をすることでほかのスタッフの信頼を得ようとする
- 指摘すると一切口をきかず，無視する
- 大人しいスタッフや新人などの立場の弱いスタッフをいびる
- ミーティングや会議などで批判・否定的な意見を声高に言う
- 直属の上司を飛び越して，組織のトップ（施設長など）に直接，自分の意見を言う
- 自己権利をやたらと主張する
- 物事を伝達する時の主語が「私は…思う」ではなく「我々は…」など，複数の意見であることを強調する。

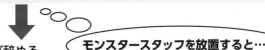

- 真面目にコツコツ頑張っているスタッフが辞める
- チームワークが悪くなる
- 目標を立てても達成に向けて一丸とならない
- 組織全体が批判的になる
- 役職者の求心力が落ちる
- 各スタッフが役職者を敵視する

組織崩壊を招く！

大量離職につながる危険性もあります（**図7**）。

また，事業所がそのようなモンスタースタッフに適切な指導や注意ができないことを周囲のスタッフは見ており，モンスタースタッフが行動を改めないことで，「あの人が許されるんだったら私も…」というように，組織としての風土が保持できなくなる恐れがあります。

規律を保つための実例

では，規律を保つための実例を挙げていきましょう。前述したモンスタースタッフの対応方法にもつながるのですが，まずは職場のルールブックでもある「就業規則」をしっかりと整備することです。職場は「仕事を行う場」であり，労働の対価として給与が支払われます。当然のことながら職場は，私的で自由な場所ではありません。辞められては困るからと適切な指導を行わないことは，組織の風土を守るためにも絶対に避けなければなりません。

しかし，指導を行う側も，**感情に任せて暴言を吐くようなことがあってはなりません**。次のように注意を払うことが求められます。

●個人指導におけるポイント

- 就業規則，服務規律を整備する。具体的な遵守事項を設定する。
- 就業規則に則って指導する。
  例：決して感情的にならず，就業規則を見せながら「あなたの行動は就業規則の○条に違反しているので改めること」などと指導する。
- 後々パワハラと言われぬよう，指導側を2人とする。指導の場面を録音，記録しておく。

- 指導した記録を残しておく（どの項目を指導したか）。
- 多数の面前で指導しない。
- スタッフのことを退職に追い込むのではなく，問題行動を是正してもらい戦力化させることを目的とする。

　また，服務規律の例を，**資料21**に示します。このような服務規律は一見，スタッフを締めつけていると思われがちですが，このように組織のルールを遵守し，一定の「規律」を図ることが，事業所内の健全な風土につながります。前述しましたが，人材が不足しており，退職されると困るからといった理由でモンスタースタッフに適切な指導ができないと，今後の人材確保にさらなる悪影響を及ぼす可能性があるので，毅然と指導をすることが重要です。

廣岡はこう考える！　☞ 離職を恐れるな！

　人材不足が深刻で退職されては困るからと，問題のあるスタッフを指導できずにいると最悪の結果を招きます。当施設でもかつて，問題行動があるスタッフに対し然るべき指導ができないことがありました。その理由は，厳しく指導することにより離職されると減算事由になるというものでした。しかし，指導をしないことで，よりいっそうそのスタッフはルールを遵守しなくなります。結果，現場では「なぜ，あのスタッフだけ上層部は甘く接するのか」「私たちには指導するのに」といった不公平感が大きくなり，真摯に頑張っているスタッフが退職するという最悪の事態に発展しました。

　ここで教訓として得たものは，「正しいことを指導した結果，離職されても仕方がない」ということです。このことがあって以来，人員が多少苦しい時でも毅然と指導することを徹底しています。結果，職場の規律が守られ，人材定着につながっているという確固たる自信があります。一番最悪なのは，離職を恐れ指導できず，問題のあるスタッフを放置することです。人材確保はすべてのスタッフを引き留めるということではありません。ルールをわざと遵守しない，同僚をいじめるなどの問題を引き起こすスタッフについては，離職を恐れずに毅然とした姿勢で臨むことが大切なのです。

スタッフの退職時には注意せよ！

　スタッフの退職時はトラブルが起こりやすく，特に注意が必要です。施設運営において退職者が出る場合，少なからず残されたスタッフは動揺するものですが，退職予定者から施設の批判や不満を言われればスタッフの不安は倍増し，退職者が続出する可能性もあります。トラブル回避に十分留意することが必要です。

資料21　服務規律の一例

（規則の遵守，権利および義務）

第○○条　職員は，本会の方針を尊重し，この規則をはじめとする本会の諸規則および諸規定を守り，本会の発展と地域福祉のための介護サービスに尽力することに努めなければならない。

2．職員は，雇用契約に基づく権利を信義に基づき誠実に行使し，これを濫用してはならないのであって，この規則を知らないことを理由として，その義務と責任をまぬがれることはできない。

3．この規則に定められた各種届出は特段の理由がない限り職員本人が行うこととし，これに違反した場合，または手続を怠った場合は，この規則に定めた取り扱いを受けることができない。

（服務の基本）

第○○条　職員は，本会の目的達成のため，誠実に職務を遂行して，業務の正常な運営を図ると共に職場秩序の保持に努めなければならない。

2．前項に規定する職務専念義務に必要な事項については，この就業規則によるもののほか，関係法令の定めるところによる。

（遵守事項）

第○○条　職員は，その職務を遂行するに当たり上司の職務上の指示命令に従わなければならない。

2．職員は，次の事項を守らなければならない。

① 利用者に対しては，常に親切丁寧な態度で接し，利用者に不安と不信の念を起こさせてはならないこと。

② 利用者やその家族などといかに親しくなっても，同僚・友人ではないことを自覚し，軽はずみな言動をしないこと。

③ 本会の名誉または信用を傷つける行為をしないこと。

④ 職務上知り得た秘密事項および利用者の不利益となる事項を漏らさないこと。

⑤ 本会の承認なく，業務に関する事項について，特許その他を出願し，または施設外で発表し，あるいはホームページやブログ，ツイッター，フェイスブックなどのソーシャルメディアなどで公開しないこと。

⑥ 勤務時間中は，職務に専念し，みだりに勤務の場所を離れないこと。

⑦ 業務効率を低下させる行為，あるいは業務遂行を阻害する行為をしないこと。

⑧ 本会の指示による業務以外の仕事をし，またはことわりもなく職場を離れ，あるいは勤務時間中に職場で寝たりしないこと。

⑨ 許可なく第三者に雇用され，自分で法人等を経営し，または他の法人等の役員になるなどの行為をしないこと。

⑩ NPO活動その他の公益的活動にボランティアとして参加する場合において，職務に差し支える時は，本会の事前の承認を得ること。

⑪ 業務に関連して自らの利益を図り，本会の金品を使用に供し，または利用者，関係者等から不当に金品を借用し，若しくは贈与を受けるなど不正行為は行わないこと。

⑫ 勤務時間中は，私用の電話やメール，インターネット，飲酒，喫煙，放歌，談笑などで職務を怠ることとなる行為をしないこと。

⑬ 酒気を帯び，あるいは業務に支障を来す薬物などを服用し，その他不適切な状態で勤務しないこと。自動車の運転，各種機械，装置の操作，介助などにおいても同様とする。

⑭ 本会が認める時間および場所以外で，飲食・喫煙をしないこと。

⑮ 常に健康に留意し，明朗かつ積極的な態度をもって勤務すること。

⑯ 業務の遂行に当たっては本会の方針を尊重すると共に，上司，同僚と協力し合って，円滑なチームワークに努めること。

⑰ 就業に関して定められた時刻を厳守すること。

⑱ 服装，頭髪，化粧などの身だしなみについては，作業の安全や清潔感を基本とし，他人に不快感や違和感を与えないこと。

⑲ 所定の届出や手続きなどを怠らないこと。

⑳ 職場の整理整頓に心掛けると共に，火災，盗難の防止および安全衛生，特に施設内感染の防止に注意すること。

㉑ 施設，器具，什器，備品などを大切に取り扱うこと。

㉒ 上司の承諾なく，勤務時間中に早退，外出，その他職務を離脱しないこと。

㉓ 上司の承諾なく，己の職務上の権限を超えて専断的なことを行わないこと。

㉔ 本会の承認なく本会の所有または管理に属する一切の金品（書類，記録などを含む）を私用等に供したり，他人に貸与したり，持ち出したりしないこと。また，承認なく，日常携帯品以外のものを施設内などに持ち込まないこと。

㉕ 暴行，脅迫，傷害，監禁，賭博，窃盗，器物の破壊などの行為，その他違法とされる迷惑行為，セクシャルハラスメント，パワーハラスメント，虐待，ストーカー行為，または職場の風紀秩序を乱す行為，あるいは他人の業務を妨害する行為を職場の内外においてしないこと。

㉖ 上司の承諾なく施設内（敷地含む）において業務以外の目的で掲示，張り紙，印刷物の配布および演説，集会などを行わないこと。また業務中に政治活動または宗教活動を行わないこと。

㉗ 本会の許可なく，施設内外問わず，業務内容や設備建物などに向けて，撮影・録音などの行為をしないこと。

㉘ 本会の組織体制および方針について職場に不安，混乱を招くような情報を安易に流さないこと。

㉙ 業務に関し本会を欺き，信用もしくは名誉を損ない，または業務上の損害を与えるような行為をしないこと。

㉚ 決められた手順に則って報告，連絡，相談に努め，勝手な判断で行動しないこと。

㉛ その他前各号に準ずる不都合な行為，本規則に違反するような行為をしないこと。

資料22　退職届の一例

- 退職届は自由様式とせず，法人所定の様式に記載してもらうことにする。
- 退職事由は該当する項目に○をつけてもらうことでトラブルを回避する。
- 離職票の交付や退職金に関する手続きなどの希望も同時に○をつけてもらうことで，事務手続きも円滑に進む。

スタッフが退職する際にトラブルになりやすい事項

- 退職事由が人間関係や法人理念についていけないという場合。
- 退職する時に不満があり，有休などを取りきれない場合。
- 退職する際に施設批判をする。
- 退職する際に同僚を巻き込んでいく。
- 退職届も出さずに欠勤し，音信不通になる。
- 退職届（**資料22**）の「退職事由」に上司名を記入し，その上司が嫌だから退職すると書き込む。

スタッフの入職時トラブルの回避法

退職時と同様，入職時にしっかりとした取り決めを確約しておかなければ，入職後に「こんなはずではなかった！」「面接時に話していた内容と異なる！」といったトラブルになりやすいため注意が必要です。せっかく入ってきたスタッフが紛糾して早期退職しないよう注意しましょう。

◉入職後トラブルにつながりやすい事項

- 土日，祝祭日の休み希望
- 契約期間の問題（ずっと働けると思っていた）

> **資料23　契約更新の要件の例**
>
> 甲は各号のすべてが充足された場合に乙との労働契約を更新する。更新する時は再度労働条件を見直す。
> ①就業規則および付属規定を遵守できること
> ②常に上司の指示をよく守り，ほかの従業員と協調して職務を遂行できること
> ③契約期間中に無断欠勤，遅刻をしていないこと
> ④懲戒事由に該当する行為がなかったこと
> ⑤心身ともに健康であって，更新後の契約期間内に，労働契約の本旨に沿った労務の提供ができると見込まれること
> ⑥経営上の必要または天災事変その他これに準ずる事由により余剰員を生じていないこと
> ⑦所属部署，事業場の移転，縮小，廃止などの事情が生じていないこと
> ⑧担当業務の遂行状況および進捗状況またはその必要性などから判断して契約更新の必要性があること
> ⑨契約期間中に業務上，無事故無違反であること

- 時間給や手当などが思っていた額と違う
- 所属するセクションの問題（特養に勤務すると聞いていたのに，ショートステイにも勤務しなければならないなど）
- 上記の項目について言った，言わないのもめ事

●労働条件の明示

スタッフを採用する際に，労働条件を明示しなければならない事項として，次の5つが挙げられます（労働基準法第15条）。

①雇用契約の期間
②勤務地，仕事の内容
③始業および終業の時刻，残業の有無，休憩時間，休日，休暇，交替勤務に関する事項
④賃金の決定，計算および支払いの方法，締切日，支払日
⑤退職に関する事項（解雇の事由，退職の事由，定年年齢など）

これ以外にも，さらに詳細を労働契約書に加筆しておくと，トラブル回避につながります。

- 土日，祝祭日の休みについて：例）土曜日は月2回出勤。日，祝祭日は基本的に休み。
- 盆，正月，ゴールデンウィークの出勤について：例）基本的に休みとするが，施設事業により出勤要請されればこの限りではない。
- 従事するセクション：辞令で示すだけでなく契約書にも記載しておくとより理解を得やすい。
- 夜勤回数の上限
- 契約更新の要件（**資料23**）

人事異動時の留意点

現在の介護報酬は，有資格者数に応じて加算が取得できる仕組みとなっており，介護福祉士などの有資格者を異動させなければならないことも多々生じてきます。人事異動についても，経営陣は細心の注意を払っていく必要があります。上層部は「働く

事業所は同敷地内にあって，セクションが特養からデイサービスに変わるぐらい問題ないだろう」と軽く考えてしまいがちですが，実際に異動を伝えられるスタッフの方は，経営陣の想像以上に大きな心的不安を抱いていると言えます。今まで慣れ親しんできた環境（スタッフや利用者との人間関係や業務内容など）が変わるということは心的負担が相当大きく，フォローをしていかなければ，異動先のセクションでうまく順応できず離職する可能性も実際あります。以下のような対応をとると，人事異動が円滑に進み離職防止につながるでしょう。

●人事異動を伝える時の注意点

- 役職者は，「異動を命じられるスタッフにとって人事異動は一大事である」という認識を持つ。
- 辞令1枚で異動先だけを簡単に伝えるのではなく，異動理由を丁寧に説明する。
- 現在所属している直属の上司と異動先の上司が説明を行う。

●説明のポイント

①人事異動は就業規則に基づくものであり，拒否できないことを明確に説明する。

- 人事異動は誰しもあることという価値観を入職時に説明しておく（P.122，**資料1**「新人学習帳」参照）。

②異動の理由を説明する。

- 将来の期待を込めた異動であること。
  例：今後，リーダーを育てていく上で，より多くの経験を積んでほしい。
  　　異動後のセクションでは核になって活躍してほしい。
- 真実を伝え前向きな理由を説明する。
  例：現セクションではうまく馴染めない部分があったことから，ここで心機一転頑張っていこう。
  　　異動先のセクションはデイサービスのため，特養よりも平均介護度は軽く，あなたのコミュニケーション技術を生かせると信じている。

③異動後の気持ちの持ち方について説明する。

- 異動前のセクションと異動後のセクションを比べないこと。
- 異動した当日からは，当該セクションのスタッフになるため，前のセクションの考え方や価値観ではなく異動先のセクションの考え方に変えていくこと。

④異動後のフォロー体制を説明し動揺を抑える。

- プリセプター（指導係）をつけることを説明する。
- 異動後最初の1カ月間は，1週間に1回は主任が個人面談（トーキング）を行い気持ちを聞いていく。
- 新しい業務や人間関係で悩んだ時は，すぐにプリセプターに伝えてほしいことを伝える。

⑤人事異動の1週間前に4日程度の有休をとってもらい，リフレッシュしてから異動

してもらう。これにより，心機一転気持ちを切り替えることにつながる。

◉人事異動後のフォロー体制

・経験のあるスタッフであっても，異動後1カ月間はプリセプター（指導係）をつける。
・異動後の精神的ギャップを緩和するため，主任による面談（トーキング）を週1回行う。
・業務内容をいち早く覚えてもらうため，業務詳細表（P.150，**資料13**）を策定しておく。
・異動先のスタッフには，いち早く戦力になってもらうことが自分たちの業務負担を軽くすることにつながるという視点を忘れず，新しい環境に馴染むまで温かく受け入れることを説明し，徹底する。

顧問社会保険労務士の重要性

　人材確保対策は，「労務管理」の問題とは切っても切れない関係にあります。採用から雇用，福利厚生，給与，退職に至るすべての部分で法に則った知識が必要になってきます。介護事業所における事務スタッフや役職者は，労務管理を熟知しておくことがベストですが，現実は目の前の業務に追われ，なかなか対応できないことも多いのではないでしょうか。そこで頼りにしたいのが，労務のプロである「社会保険労務士」（以下，社労士）です。顧問契約を結んでいる事業所も多いとは思いますが，この社労士の存在が安定した労務管理には非常に重要です。

　特にスタッフとのトラブルを未然に防いだり，初期解決をしたりすることは，人材確保・定着において必須事項だと言えます。安易な判断で大きくなってしまった労務トラブルは，下手をすると訴訟にまで発展するなど，経営陣に心的にも時間的にも多大な影響が生じてしまいます。それらを防止するために，社労士とのパートナーシップを事業所側の視点に立って考えていきましょう。もし社労士との顧問契約を結んでいない事業所や，新たな顧問先を検討している事業所があれば参考にしてください。

◉相談しやすい社労士であること

　事業所側から見れば，何より相談しやすい専門家であることが心強いと思います。小さな悩みでも丁寧に聞いてくれることが必須条件です。「何だか相談しにくいな」と感じ，問題が後回しになってしまうと，後々トラブルが大きくなってしまう危険性があります。相談しやすい社労士を探すことが重要です。

◉具体的で分かりやすい回答をしてくれること

　労務管理では，諸規定の不整備などが大きなトラブルに発展することがあります。就業規則などの規定について事細かにメンテナンスしてもらい，メールなどでメンテナンス後のデータを送ってもらえれば，事業所の事務負担が軽減します。また，トラ

ブルが発生した際の具体的な対応策をレクチャーしてもらえれば，事業所にとってこんなに心強いことはありません。「痒いところに手が届く」というような，不安視していた部分を明確に回答してくれる社労士が重要であることは言うまでもありません。

●法改正などに強いこと

最近ではマイナンバーやストレスチェックなど，大きな制度の変化が見られます。新しい法律や制度，法改正に基づき，就業規則をはじめとする諸規定をどう変更させるのか，またどのように運用するのかがポイントになります。できれば，大きな改正などがあれば事業所に来てもらい，労務担当者や役職者にレクチャーしてもらえるとありがたいでしょう。

●労務担当，役職者との相性も大切なポイント

スタッフも社労士も人間同士であり，やはり相性というのも非常に重要なポイントだと言えるでしょう。どれだけ優秀な社労士であっても，人間関係が良好に保てなければ相談するどころではなくなってしまいます。労務担当スタッフとの相性は，非常に大きなウエイトを占めると言えるでしょう。

人間関係を良好にしよう！
～介護事業所における看護スタッフの立ち位置

介護事業所において，看護スタッフと介護スタッフの協働はなくてはならないものですが，得てして両職種はトラブルにつながりやすいものです。なぜかというと，「互いの職域や業務内容が分からない（分かろうとしない）」「資格の成り立ちや歴史が違う」「視点が異なる」という相違する部分があるからです。実際に看護・介護スタッフがうまく連携できていない施設は，施設運営上非常に大きな問題があります。しかし，逆を言えば，この両者がうまく機能していればサービスの質は向上し，人間関係も大幅に良好になります。それだけ介護事業所においては，看護スタッフと介護スタッフの良好な関係は重要なポイントであると言えます。以下に，介護施設における看護スタッフの立ち位置を示します。

①介護施設における看護スタッフの役割を明確化すること

- 特に介護スタッフと「協力」するという部分がキーワードとなる。
- 介護スタッフと看護スタッフの業務のすみわけを具現化しておく方が，トラブルを回避できる（**資料24**）。

介護スタッフと看護スタッフの業務が重複しやすい場合は，特定のスタッフによって「やる・やらない」ということが，トラブルにつながることが多いので，すみわけを「見える化」しておくこともトラブル回避には有効です。ただし，それぞれの業務を協力しながら行うといった考え方が事業所にあるのであれば，事前に介護・看護スタッフ双方でよく協議することが重要です。

資料24　業務分担の一例

カテゴリ	介護スタッフ	看護スタッフ
入浴時	・入浴介助全般 ・着脱介助全般	・基本的に入浴，着脱介助は行わない ・爪切り ・軟膏塗布 ・頭髪乾燥
食事時	・食事介助全般 ・下膳，配膳	・介護スタッフから指示のあった利用者の介助 ・与薬 ・胃ろう対応
排泄時	・排泄介助全般	・基本的に行わない
記録関連	・介護記録 ・リスクマネジメント関連記録	・看護記録（重度者，体調不良者，処置内容，医師からの指示など） ・リスクマネジメント関連記録
委員会	・正規職員の介護スタッフはいずれかの委員会に所属する	・すべての委員会に出席するが担当はつけず，看護室内の誰かが出席
その他	・外出企画と付き添い ・病院搬送は付き添わない	・重篤者の口腔ケア ・外出付き添い，企画はしない ・病院搬送付き添い ・体重測定

資料25　介護事業所における看護スタッフの意識の持ち方を示した「THE NURSING WAY」

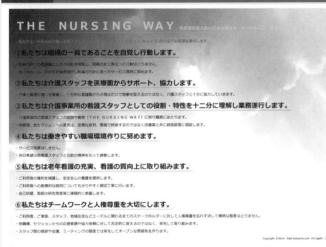

当施設の看護スタッフと一緒に考え，策定しました。介護事業所において看護スタッフはどのように介護スタッフとかかわるのか，組織の一員としてどうあるべきかを具現化しています。毎月のトーキングでは，この内容に沿って対応できているかを確認していきます。

②看護スタッフと介護スタッフのそれぞれの接し方を明確化すること

　特に看護スタッフが高圧的になると介護スタッフは萎縮し，関係がギクシャクするため留意が必要。

③看護スタッフも組織の一員であると自覚させること（資料25）

　専門職の視点が強く，組織の一員であるという視点が欠落しがち。

　ただし，看護スタッフに対する規律を策定するだけではなく，業務負担を軽減させる取り組みも同時に必要です。医療面では看護スタッフに依存することが大きいため，当施設では看護スタッフの責任が過重にならないような取り組みを進めています（施設医との連絡体制の確立）。

図8　統括部長の設置による看護スタッフの統括方法

統括部長
・現場から離れた者が対応
・看護室でも介護室でもない中間的立場
・看護室の直属上司
・基礎資格は看護師ではない

看護室トーキングの実施

看護室
看護師，准看護師セクション

介護室への要望も統括部長に伝える。

介護スタッフから看護室への要望（日々の業務などではなく，看護室自体への要望）を統括部長に伝える。看護室へ通す。

介護室
介護福祉士，介護スタッフセクション

介護スタッフは看護スタッフに何でも依存するのではなく，自分たちで介護を確立していくという姿勢が必要です。

看護スタッフの統括方法（統括部長の設置）

看護職は看護のプロであり，専門職です。その力は介護事業所にはなくてはならないものです。しかし，介護事業所の中では組織や介護スタッフになじめず，独立傾向が強くなる看護スタッフもいます。また，経営層に医療の知識がなく，腫れ物に触るような対応をとっている事業所も多々あると思います。このような傾向では，サービス提供において支障を伴いますので，当施設では**図8**のような統括方法をとっています。

看護室トーキング

○内容

統括部長により，毎月１回は各看護スタッフに対してトーキング（個人面談）を行っています。看護室トーキングを行うことにより，看護スタッフの不満や組織に対する理解不足はなくなり，相互理解が進みます。具体的には，次に挙げることなどについてトーキングを行います。

・法人の方向性
・看護職の役割（「THE NURSING WAY」〈P.79，**資料25**〉に沿って説明）
・看護師間の問題点（人間関係，主治医との連携，働き方に問題点がないかを確認）
・他セクションとの連携，業務改善についての協議

○ルール

・必ず毎月実施する。
・短時間でもよいので，特に問題点がなくても「THE EDEL WAY」（P.48，**資料12**）と「THE NURSING WAY」の２つを再確認する。
・突発的な周知事項や問題点があれば，迅速にトーキングを行う。

●メリット
・介護スタッフから看護スタッフに「○○してください！」と直接言うと反発する可能性がある。直接交渉するのではなく管理職が間に入ってクッションとなることで，受け入れやすい。
・会議で発言しない，または伝えることが苦手な看護スタッフでもトーキングにより「聞いてもらった」「伝えることができた」という安心感につながる。
・組織の一員としての理解が進む。
・人間関係などの悩みを早い段階で聞き取ることができ，対応することが可能。離職を防止できる。

●デメリット
・管理職に時間と心理的負担がかかる（デメリットがあっても効果の方が大きく，実施することには大きな意味がある）。

スタッフの声 看護師編

家城直美さん

佐々木美希さん

家城：私はもともと病院で看護師をしていました。

佐々木：私ももともとは病院で働いていました。エーデルはすごく働きやすいという評判が地域でもあったことと，知人が働いていたので，入職することを決めました。

家城：通常看護師という仕事は，夜勤に従事しなければ正規職員にはなれません。でも，育児をしているとどうしても夜間は働くことができないのです。ここが，病院で働くことが難しい一番の要因です。

佐々木：そうそう。時間的な制約はどうしてもある。それで，日勤だけ働くと正規職員ではなくなり，収入も落ちるという…。

家城：最初に施設見学をさせてもらって，エーデルの看護スタッフがいかに大切にされているか，待遇や働きやすさを考慮されているのかを聞いて，「えっ，本当にこんな職場があるの!?」と衝撃的でした。

佐々木：私もそれは感じる。インターネットなどで情報を見ていても，介護施設の看護スタッフは介護スタッフと不仲であったり，医療的な負担がすべてかかってきたりして，とてもつらいという情報があふれているし。

家城：ここでは，まず看護と介護の業務が完全に分けられているし，双方が何をやっているのかが「見える化」されているのがいいよね。あとは，ルールが事細かに整備されていて，例えば夜間の緊急対応などに手当をつけているのはもちろんのこと，連絡の優先順位まで決められている。ルールは自分たちを縛るものではなく，逆に働きやすくするということが，この職場に来て初めて分かったような気がします。

佐々木：あとは，統括部長とのトーキング！ 管理職が看護スタッフのことを考えていることや，各家庭の事情も考慮してシフト調整までしてくれるのは正直うれしいです。
家城：介護施設でもこういう職場が広がれば，看護師の確保や定着率の向上につながるんじゃないかな。
佐々木：PRみたいになるけれど，本当に良い環境です！ そのほか挙げるとキリがないけれど，人員配置もかなり多いし，休みを気兼ねなく取れるのもポイント高いです！

人間関係を良好にしよう！
～チームワーク強化委員会の取り組み

チームワーク強化委員会の設置

　当施設の委員会活動の中に，チームワーク強化委員会というものを設置しています。介護事業所においては，リスクマネジメント委員会や接遇委員会，感染対策委員会などはどこでもあると思いますが，このチームワーク強化委員会は「スタッフの福利厚生や楽しいイベントを企画する委員会」で，あまりほかの事業所には存在しないのではないでしょうか。スタッフの楽しみを委員会活動化したことには，以下のような目的があります。

・自分たちが楽しめるイベントをスタッフが考えられる。
・日常の業務とは別に，スタッフの良好な人間関係構築を委員会として考えることができる。
・スタッフを喜ばせる＝定着率アップにつながっていく。

スタッフ内広報誌「大輪」（資料26）

　当施設のスタッフ向けに，「大輪」という広報誌を年4回程度発刊しています。「大輪」の企画は，チームワーク強化委員会がアイデアを持ち寄り，取材など直接行います。職員の許可を得て，プライベートな情報なども掲載し，職場とは違う意外な一面を発見できると好評です。

イベントレポート（資料27）

　スタッフの忘年会や新年会，バーベキュー大会などを実施するだけではなく，様子を写真撮影し，「イベントレポート」として報告すれば，スタッフの一体感につながります。イベント終了後7日以内にレポートを完成させ，報告することにしています。今ではイベント終了後に「レポートはまだか」とスタッフから催促されるほど定着してきました。

資料26　スタッフ内広報「大輪」

〈過去の企画の一部〉
- スタッフファッションチェック
- スタッフお宅拝見
- 愛車特集
- ペット特集
- クラブ活動報告
- お勧めシリーズ（音楽，映画，芸人など）
- 委員による各種コラム

資料27　イベントレポート

待遇，所得を改善せよ！

　さまざまな人材確保対策を施しても，やはり重要なのはスタッフの待遇改善です。少しでも介護事業所に従事するスタッフの待遇を向上させなければ，安心して働くことはできません。いくら業界のイメージアップを図っても，労働者の関心は給与・賃金に寄せられていることは間違いのない事実です。

　しかしながら，ご承知のとおり介護報酬は厳しい財源不足の中，マイナス改定が続

表12　介護職員キャリアアップ要件の一例

※PS…プリセプターの略

職位	役割	任用要件	役職	業務内容	必要な研修	必要経験年数	給与(月額・円)本棒	備考
経営職	経営幹部であり最終的な経営責任を負う	社会福祉士,施設長資格いずれか必須 理事会議決	施設長 副施設長	経営運営戦略立案・人材育成 コンプライアンス・防火,設備管理	研修計画参照	15年以上	350,000〜	役職・資格手当含む
監督職	部門の運営責任を負う	介護福祉士(必須) 介護支援専門員(必須)	事務局長 部長 課長・補佐	部門の管理調整 部門の経営指標把握 業務内容検証改善・人材育成	研修計画参照	10年以上	270,000〜350,000	役職・資格手当含む
マスター	セクションのマネジメントを負う	介護福祉士(必須) 介護支援専門員(必須)	主任 副主任	セクションの管理調整 セクションの経営指標把握 業務内容検証改善・人材育成	研修計画参照	5年以上	200,000〜270,000	役職・資格手当含む
ミドル	難解な業務をこなせる	介護福祉士が望ましい ユニットリーダー研修(準除く)	ユニットリーダー 日勤リーダー	ユニットリーダー(準含む) PS*・日勤リーダー・夜勤リーダー	研修計画参照	5年以上	165,200〜220,000	
ベーシック	通常業務に加え後輩の指導を行う	日勤リーダー適性の可否	一般職 正規職員	PS*・日勤リーダー・夜勤リーダー ケアプラン・居室担当	研修計画参照	2年目〜5年目	158,800〜171,600	
ビギナー	介護の通常業務を行う	正規職員登用試験	正規職員	夜勤従事(原則4回以上) 苦情処理(複雑なもの)	研修計画参照	1年目〜	150,000〜163,600	
非常勤・パート	介護の通常業務を行う	基本介護・業務	非常勤パート	利用者処遇 苦情処理(簡易なもの)	研修計画参照	1年目〜	時間給	

※一般職: ミドル／ベーシック／ビギナー／非常勤・パート

CD収録

いていますし，残念ながら今後も明るい見通しは立ちません。経営努力を重ねてもできることは限られているかもしれませんが，決められた財源の中で最善を尽くすしかないのもまた事実です。

介護職員処遇改善加算

2015年度の報酬改定により，介護報酬は全体的に引き下げられましたが，介護職員処遇改善加算は増額となりました。結論から言うと，当該加算は「Ⅰ」で算定することが人材確保において絶対条件となります。なぜなら「Ⅱ・Ⅲ」しか算定できない事業所は，「Ⅰ」で算定している事業所と比較すると，人件費にかけられる金額が減ってしまい，人材確保において劣勢になってしまうからです。「うちは小さい事業所だから……『Ⅰ』の算定要件を満たすことは難しい」と「Ⅰ」を算定しなければ，ますます人材定着は困難なものとなってしまいます。

●キャリアアップ要件

特に加算「Ⅰ」を算定する際に障壁となっているのが，キャリアアップ要件（**表12**）です。あまりに難解なキャリアアップ表ですと，小規模な事業所では実態と乖離したものになります。

キャリアアップ要件の本来の目的は「職員が将来的な展望を抱くことで人材定着を図る」ものだと言えます。つまり，単純明快なほど働くスタッフにとっては分かりやすく，将来を見通せるということになります。また，任用要件もシンプルにとどめて

図9 ボーナス・プラス・ツー

この「ボーナス・プラス・ツー」という支給方法は，簡単に言うと……
「通常のボーナス」＋「2回のボーナス」があるという意味です。

ボーナス・プラス・ツーのメリット
①通常のボーナス月（6月・12月）との間に2回支給されるため，スタッフとしては，ボーナスを支給してもらった3カ月後に一時金が支給されるということで，離職を抑止する効果が期待できる。
②求職者向けパンフレットなどに記載する際に，賞与とは別に2回の一時金が支給されることを表記できるため，インパクトが与えられる。

特養ケアワーカーAさんの場合　　資格：介護福祉士　　形態：正規職員　　基本給：20万円

6月 ボーナス40万円　9月 10万円以上！　12月 ボーナス40万円　3月 10万円以上！

おいた方が，行政の実地調査の際も明確で説明しやすいと思います。

加算要件「Ⅰ」を満たしていない事業所があれば，ぜひ参考にしていただきたいと思います。

介護職員処遇改善加算に関する手当の支払い

介護職員処遇改善加算による昇給分の支払いについては，各事業所によって異なります。加算の支払いは「一括支払い」であろうが，「分割支払い」であろうが，加算金を上回る額を介護職員に支払っていればよいというルールがあります。当法人では処遇改善加算の手当として，「年2回の一時金支給（ボーナス・プラス・ツー）」を行っています（**図9**）。

また，介護職員処遇改善加算による手当を支給する場合は，給与規定において「当該手当の支給については介護保険法に定める介護職員処遇改善加算算定期間に限り支給する」という時限手当としての一文を入れておくことが重要です（加算が制度改正でなくなった場合や，加算要件を満たさずに算定できなかった場合に備えておく）。

表13のように，資格の有無や夜勤の可否，就業時間に応じ細分化して手当に差額を付ける方法があります。これは，事業所としてどの部分を重要視しているかを手当により明確化する方法です。

どの部分に重点を置くか？

事業所に入ってくる介護報酬には限りがあるため，人件費をどの部分に配分していくかが，今後の人材確保において非常に重要なポイントになります。

2015年度の報酬改定では，ほぼ一律，基本単価が引き下げられていることから，それを補うためには「加算」を積極的に取得していく必要がありますが，スタッフの体制により取得できる体制関連の加算を算定するには「有資格者」をどれだけそろえられるかがキーポイントです。スタッフはいるが，有資格者が加算要件に達せず，加

表13　介護職員処遇改善手当の一例

月額：25,000円	介護福祉士の資格を有し，週40時間勤務する者で，夜勤が3回以上可能
月額：20,000円	介護福祉士の資格がない介護職員で，週40時間勤務し，かつ夜勤2回まで従事可能
月額：18,000円	介護福祉士の資格を有する介護職員で，週40時間勤務する者
月額：15,000円	介護福祉士の資格を有する介護職員で，週32時間以上勤務する者
月額：12,000円	介護福祉士の資格を有する介護職員で，週30時間以上勤務する者
月額：10,000円	介護福祉士の資格を有する介護職員で，勤務時間が週30時間未満の者
月額：16,000円	介護福祉士の資格がない介護職員で，週40時間勤務する者
月額：14,000円	介護福祉士の資格がない介護職員で，週32時間以上の勤務する者
月額：　8,000円	介護福祉士の資格がない介護職員で，勤務時間が週32時間未満の者

算が取得できない事業所は，収入がより減少することにより，さらに有資格者を獲得することが難しくなるという悪循環に陥ります。また，夜勤従事者や非常勤職員の確保は，勤務可能時間数や待遇の問題から，今後さらに厳しくなることが予想されます。

限られた人件費をどのように配分していくかが，経営陣の手腕の見せ所になるでしょう。

特に今後，人材確保が困難になっていくと予想される職域

◉有資格者

介護福祉士，看護師などの有資格者をいかに確保，定着させていくかが加算算定のポイントとなります。

基本報酬が下げられている中で，加算取得をより多くの事業所が目指すということは，有資格者の取り合いになる可能性があります。また，看護師（准看護師）については，配置基準を下回ると大きく減算され，経営上非常に大きなリスクが生じます。余剰人員を確保しておいても，減算リスクと比べればはるかに安く済みます。

▶人材確保のポイント

・有資格者の手当を可能な限り引き上げる。
　（例）介護職員処遇改善加算による給与引き上げは，一律にアップするのではなく，有資格者に手厚くする。夜勤手当についても，有資格者と無資格者とで格差をつけることで，資格取得へのモチベーションを上げる。
・無資格者を有資格者にすべく，研修費用や模擬試験代を事業所で負担する。
・看護職員については，余剰人員を確保しておき業務負担を軽減することで，離職を防止する（病院との競合も予想されるが，病院以上の待遇を捻出することは厳しいため，業務内容を軽減するなど，病院よりも負担が少ないことをPR材料とする）。
・余剰人員を確保し減算リスクに備える（特に看護師）。

◉夜勤従事可能者

入所系の施設は，24時間稼働なので夜勤従事者が必要ですが，幼い子どもや要介護者

表14　貴重な非常勤スタッフの例

貴重な非常勤スタッフ	考え方のポイント
夜勤可能な者	本来，夜勤従事できる職員は，可能であれば正規職員に登用すべき。やむを得ず非常勤で夜勤している場合は，回数制限（非常勤は夜勤月1回など）を設けることや，夜勤内容を軽減するなどの配慮が必要。
土日，祝祭日勤務可能な者	土日，祝祭日に出勤できる非常勤も，非常に貴重。正規職員が土日に休めるというメリットも生じる。
遅出・早出が可能な者	特に人員を集めにくいのが，早朝と夕方以降の時間帯。早朝と夕方以降のみ時給を上げるというのも，人材確保では有効策。
有資格者	体制加算において常勤換算数として計上できるため，有資格者は非常に重要。短時間であっても，時給は高めに設定したい。

が家庭にいる場合，就労が困難であり，働ける人材が日勤帯と比較すると限定されます。また，体力的にも一人で多数の利用者の介護をせねばならず，年々，獲得困難になりつつあります。夜勤従事者を確保していくためにも，次の点について留意しましょう。

▶人材確保のポイント

・夜勤業務の軽減を図る。
　（例）人員体制の薄い夜勤帯において無用な業務を組み込まず，日勤帯でできることを完結しておく。
・夜勤手当を増額する。介護職員処遇改善加算を夜勤手当増額分にも充てる。日勤のみ従事できるスタッフよりも夜勤従事者に，より手厚くすることが重要。

◉非常勤職員の時給差

　非常勤，パート職員も戦力として非常に大切なスタッフですが，同じ非常勤でも，勤務可能時間や曜日が異なります。特に非常勤職員で**表14**の内容に従事できるスタッフは，正規職員と同じぐらい事業所にとっては貴重な労働力であり，コストも正規職員と比較すると抑えられるので，時給単価において優遇すべきだと考えます。

　また，**表14**において複数の職務が遂行できる非常勤職員は，多少人件費がアップしても正規職員への登用を検討しましょう。非常勤のままでは退職してしまう可能性が大きく，人材不足により拍車をかけます。

◉非常勤と正規職員の差

　非常勤職員の確保は正規職員と同様，非常に重要です。むしろ非常勤職員の確保は，正規職員以上に難しいと言っても過言ではないでしょう。

　特に前項で述べたような非常勤職員は，事業所にとっては非常に貴重です。しかし，事業所が「安い労働コストで正規職員と同様の仕事をしてもらって人件費が抑制できる」という安易な考え方では，非常勤職員は他事業所の正規職員への雇用へ流れてしまう可能性があります。だからといって非常勤職員を正規職員にすれば，たちまち人件費は高騰してしまいます。そこでお勧めしたいのが，「非常勤職員と正規職員の差を明確にする」ことです。

表15　非常勤と正規職員の業務分担表の一例

例①　特養介護職員の場合

パート非常勤労働者	正社員
利用者支援 利用者からのクレーム処理（簡易なもの）	利用者支援／夜勤を原則月4回以上／日勤リーダー業務／夜勤リーダー業務／記録記入業務／リスク関連書類作成／ケアプラン担当，作成／居室担当受け持ち／外出付添／夜間救急時のオンコール連絡／利用者からのクレーム処理（複雑なもの）／繁忙時，急な欠勤者対応の時間外労働，休日労働／委員会へ所属

例②　特養看護職員の場合

パート非常勤労働者	正社員
看護業務全般 日勤（8時半～17時半） 遅出（9時～18時） 早出なし 希望休自由取得可	看護業務全般／オンコール待機／緊急時出勤／委員会へ所属／看取り時，急変時の重篤時等の家族説明／インテーク（初回面接）／地域の看護部会への出席義務／年末年始出勤／研究発表への参画／早出＋日勤＋遅出勤務あり（9時～18時）

例③　デイサービスケアワーカーの場合

パート非常勤労働者	正社員
利用者支援 送迎業務 通所介護計画書の作成件数5件以下 利用者からのクレーム処理（簡易なもの）	利用者支援／送迎業務／送迎配車の予約設定／業務日誌記録入力／保険外実費負担の入力作業／通所介護計画書の作成件数10件以上／相談員業務／宿直業務／利用者からのクレーム処理（複雑なもの）／繁忙時，急な欠勤者対応の時間外労働，休日労働／委員会へ所属

表15のように，正規職員と非常勤職員の業務内容の差を具現化しておくことで，非常勤職員に「正規職員より業務の責務が軽い」ということが明確に分かり，人件費をかけずに，非常勤職員の定着につなげることができます。もしも，**正社員と同じような仕事をしたり，同等の責任を負っているパートタイマーがいたりした場合には，同等の待遇をしなければならないと定められています**（パートタイム労働法）。

正規職員登用制度（資料29）

未経験の転職者などの場合，いきなり正規職員として雇用すると，負担が過度にかかったり，利用者に対して適切なケアができないのに夜勤従事させるなど，安全上の問題も生じたり，現実的に困難な場合があります。そのような場合，**図10**のようなステップで正規職員への登用を設定しておけば，無理なくキャリアアップが図れ，結果として長く事業所に従事できるというメリットがあります。

●ステップ1：非常勤①

・中途採用で資格なし，経験のない者
・有資格者であるが，業務遂行に支障がある者（ブランクがある者や実務未経験者）

資料29　正規職員登用への規定例（非常勤職員・パートタイマー就業規則等に明記）

（正規職員への転換）

第○条　正規職員への転換を希望する非常勤職員，パートタイマーについて，次の要件を満たす場合，正規職員として採用し，雇用契約を締結するものとする。
　　（1）1日8時間，1週40時間の勤務ができること。
　　（2）必要な場合，夜勤ができること。
　　（3）業務に必要な資格を取得する意欲のあること。
　　（4）所属長の推薦があること。
　　（5）面接試験および筆記試験に合格したこと。
　2　前項の場合において，本会は当該非常勤職員に対して必要な職業訓練を行う。
　3　年次有給休暇の付与日数の算定および退職金の算定（退職金規程の適用を受けていた場合に限る）においては，非常勤職員としての勤続年数を通算する。
　4　転換の時期については，随時，登用試験を行う。

図10　正規職員登用までのステップ

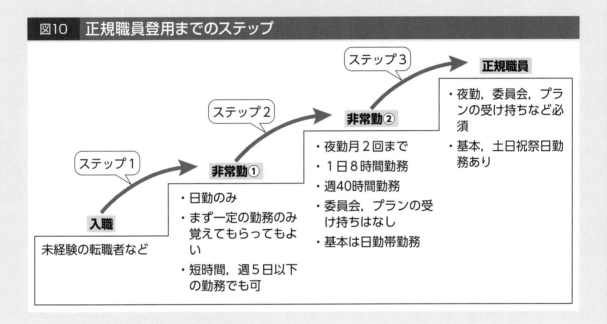

- 日勤帯，早出，遅出に入ってもらう
- 賞与額を正規職員や非常勤②よりも低く設定する

▶ステップ2への登用条件

- 日勤帯を滞りなくこなすことができる
- 早出，遅出，土日出勤ができる
- 各介助について安全かつ迅速に対応できる
- 主任の推薦がある
- 就労期間は問わない

◉ステップ2：非常勤②

- ステップ1をクリアした者
- 夜勤に入る（月2回程度を上限にして，回数を常勤より減らす）

- 夜勤リーダーにはさせない
- 賞与を正規職員より低く設定する
- 委員会に所属しない

▶**常勤への登用条件**
- 主任の推薦がある
- 夜勤を十分にこなせる
- 個別ケア,ケアプランが作成できる程度の介護に関する考察力がある
- 就労期間は問わないが,必ずステップ2を経ている
- 非常勤①より20～30円程度時給を引き上げる

◎**ステップ3：正規職員**
- ステップ2をクリアした者
- 夜勤に入る(月4回程度を上限とする)
- 賞与額は非常勤②以上とする
- ケアプラン担当,居室担当を受け持つ
- 夜勤リーダー,日勤リーダーを行う
- 委員会に所属する

◎**留意事項**
①必ずステップ1,2の段階を踏むこと。ステップ1から常勤登用は行わない。
②ステップ1からステップ2へ,ステップ2から常勤へ登用できない者については,ステップアップできない理由を定期的に面談で説明し,どうすればステップアップできるのか,どの部分について頑張ってもらう必要があるのかを具体的に示す。
③夜勤をしない職員(特にデイサービスのケアワーカー)については,宿直に入ることを前提と考える。
④本人が希望しない場合は無理に次のステップへ登用しない。
⑤あまりにも業務速度が遅く,ペアを組むスタッフの負担が大きい場合には夜勤を外すことも,ステップ2への登用時に説明しておく。

介護職をサポートするスタッフを雇用する

　「介護スタッフ募集」とすると,求職者は「資格や経験がなければ採用されないだろう」といった意識や,「どうせ自分には介護なんかできない」というネガティブな意識が働きます。介護事業所の採用試験を受けるということは,求職者にとっては抵抗感があるとも言えます。このような介護に対するネガティブな意識が,なかなか採用に至らないという要因になっている可能性があるのです。
　そこで,よほど配置基準に満たないような場合を除き,「介護スタッフをサポートするスタッフ」を募集・採用するという方法があります。介護職を募集するのではなく,サポート的な職種を募集することでスタッフを増員し,介護スタッフの負担を軽

減していくという方法です。このようなサポートスタッフの求人票を出すと，介護スタッフと比較して採用にまで至る可能性が特段高く，人材獲得という面でかなりの有効策であると言えます。

◉介護スタッフをサポートするスタッフの雇用例

▶運転手兼クリーンワーカー（運転清掃員）
- 送迎車両の運転および居室・トイレ・衣類の管理，シーツ交換などを受け持つ。
- 定年退職後の男性も積極的に働いており，働きたいという人材が豊富。
- 求人票を提出するとすぐに応募が殺到する。

▶事務員兼介護補助員
- 送迎業務や食事補助，食堂への移動などの軽微なものにのみ付き添い，ほかの時間は事務作業を行う。
- 事務員ならばと応募が多数ある。

▶障がい者雇用の推進
- 障がい者雇用を「労働力」として位置づける。
- おやつの準備，片づけ，ユニット内テーブルの消毒，夕食後の下膳などを行う。
- 障がい者雇用のポイントとして，「この業務を障がい者のスタッフにやってもらう」という視点ではなく，「障がい者のスタッフにできる業務内容を事業所が提供する」という視点が重要。
- 障がいを持つ方々にも働ける環境が整備できればサービスは向上し，事業所も障がい者も，そして利用者も喜ぶという「三方よし」につながる。

ダブルインカムの重要性

　介護業界によくある離職理由に，「(男性スタッフが)結婚したが，家族を養っていけないので退職する」という男性版寿退社というものがあります。確かに，介護職の平均所得はほかの産業に比べ月額で10万円程度低いと言われています。ただし，現代は昭和の時代とは異なり，「男性が一人で家計を支え家事は妻が行う」という時代ではなく，共働きがスタンダードになりつつあります（図11）。しかしながら，このような情報を知らないスタッフが意外に多く，いまだに自分たちの親世代がそうであったように，「家計は男が支えるものだ」という価値観が根強く残っています。

　契約社員が全労働者の4割を超える今，正規職員として賞与をもらい，無期雇用されるという条件は決して悪いものではありません。これから結婚をし家庭を持つという男性スタッフには以下のような現実を伝え，パートナーと一緒に将来のことをよく相談することを推奨しています。

◉結婚を迎える男性スタッフへの説明内容

- 今の日本の状況では，夫婦共働き世帯の方が相当多い（図11）。
- 女性の社会進出と共に，年々共働き世帯が増加している。

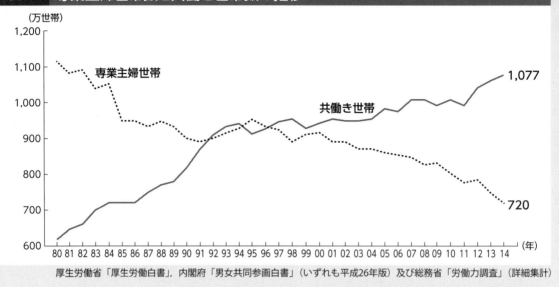

図11　専業主婦世帯数と共働き世帯数の推移

厚生労働省「厚生労働白書」，内閣府「男女共同参画白書」(いずれも平成26年版)及び総務省「労働力調査」(詳細集計)

- 昭和の時代のように，男性が働きに出て一人で家計を支える時代ではなく，妻も一緒に働くことで家計を安定させている。
- 共働きのメリットとして，もし夫婦いずれかに病気などのトラブルがあっても，一方の収入や雇用が安定していればリスクを回避できる。
- 共働きを維持していくためには，男性スタッフも残業などをせず速やかに帰宅し，家事や育児をしていく必要がある。
- 当事業所では「残業ゼロ」の取り組みによって，男性の育児・家事参加も積極的に推進しており，多くの男性スタッフが仕事と家庭を両立させ，安定した家庭生活を送っている。介護職でも十分にやっていける。
- 法人オリジナル冊子の「WLBの栞」(**資料28**)を渡し，パートナーと共に将来についてよく話すように勧める。

自事業所の「強み」や「現実」をスタッフに伝える重要性

　新卒で社会人になったばかりのスタッフは，他事業所のことを知らないために，いかに自分たちの職場が恵まれているかを分かっていない場合があります。他事業所や他業界が良く見えるため，つらいことがあるとすぐに転職し，転職先でも挫折して退職するということを繰り返す者もいます。

　このような場合，スタッフにも問題があるかもしれませんが，一方で事業所としても，自らの「強み」や「現実」をスタッフに向けてPRしていたかという部分を反省する必要があります。スタッフには定期的に「自事業所の強み」を伝え，現実を知ってもらうということも必要です。いくら待遇改善に努めても，肝心のスタッフがありがたみを感じていなければ，待遇改善をした努力が報われません。以下のようなポイントを中心に，スタッフにPRしていきましょう。

資料28 **WLBの栞**

実際に働く男性スタッフの育児，家事の様子を写真つきで紹介した栞をスタッフに渡すことで，共働きを可能にするための「残業ゼロ」などの取り組みを具体的に説明しています。

ポイント1　世間の相場を知ってもらう

　所得については，介護職は確かに全労働者の平均よりも低いことはデータとして出ています。また，賞与の支給について大々的に報じられることがあり，ついつい自分たちの賃金と比較してしまいますが，それは大企業や公務員の支給額です。現実的には，賞与が出ていない，支給額が少額という企業もたくさんあります。「日本の企業の多くは中小企業である」という現実を知ってもらうことも重要です。また，同じ業界内・職種で自事業所の所得がどの程度の位置に属しているのかを知ってもらうことも大切です。例えば，近隣の施設の待遇と比較して高い場合は，情報を明確に伝えなければなりません。

ポイント2　賃金以外の強みを知ってもらう

　そうは言っても，現実的に介護職の所得は高いとは決して言えません。そこで，賃金以外のメリットを知ってもらうことも定着策としては有効です。賃金以外の事業所の強みとしては，残業がない，研修が充実している，メンタルケアが充実しているなどです。賃金はなかなか上げることができなくても，業務改善や規律を高めることで働きやすい職場環境を構築することは，どの事業所においてもできる可能性があります。

ポイント3　情報は意識して流す

　事業所の強みや現実は，放っておいてスタッフに伝わるわけではなく，また実感できるものでもありません。事業所が意識してPRしていくことが必要です。伝える手法はさまざまですが，せっかくの処遇改善を無駄にしないためにも，スタッフに事業所の努力している部分を見せることは非常に重要だと言えます。

ポイント4　事業所の強みをどんどん増やす

　事業所の強みというのは，言い換えれば人材確保の大きな「武器」となり，多ければ多いほど人材確保対策には有効です。この強みの部分をいかに増やしていけるかが，今後の人材確保の大きなポイントになるでしょう。自施設の強み（良いところ，自慢できるところ，魅力）をスタッフに考えてもらう機会を持つことも，帰属愛につながるためお勧めです。

第2章

介護人材を「獲得」するノウハウ

人材定着策を実施し,

離職防止がある程度確立していくと同時に,

新規採用（獲得）についても

力を入れましょう。

本章では,

人材をいかに獲得していき,

人材確保につなげていくかのノウハウを

説明します。

募集から採用までの流れ

人材獲得における募集から採用までの流れの中では，どういったことがポイントになるのでしょうか。**図1**の流れに沿った効果的な手法を説明していきます。

人材獲得に対する考え

人材獲得において私が最も重視していることは，「なるべく経費と手間をかけない」ということです。人材獲得においては，経費と時間をかけさえすれば，新規採用ができるという錯覚にとらわれていることが多く，どうしても経費と時間をかけてしまいがちです。介護報酬が厳しい時代において，なるべく経費をかけずに新規採用することが望ましく，必要なノウハウです。

当施設においては，外部業者に広告を頼んだり求人広告を出したりすることは，本当にピンチの時だけに留めており，学校への挨拶回りなどもほとんどしていませんが，経費や手間をかけなくとも十分に人を集めることができています。その秘訣は，**他法人・他業界との差別化の徹底**を図っている点が大きいと思っています。

他法人との差別化とは？

人事担当者は，「経費をかけて求人サイトに登録しているから，人材（特に新卒者）が獲得できる」と思いたいものですが，一方の求職者側から見れば，大量の事業所が登録している求人サイトでは，どの事業所が優れているのか見極めにくいということがあります。また，「働きやすい職場」と一口で説明されても，どういう部分に法人

図1　募集から採用までの流れ

人材募集段階	求職者との接触段階	採用試験・内定・採用段階
・ハローワークへの求人票の提出 ・各学校機関へのアプローチ ・人材センター登録 ・求人広告配布 ・就職フェアへの出展　など	・施設見学，案内 ・ホームページなどの閲覧 ・職場説明会 ・実習生受け入れ 　　　　　　　　　　など	・採用試験 ・内定通知 ・採用，入職
〈効果的な手法〉 ・イメージアップ戦略（法人のグランドイメージの確立） ・求職者向けパンフレットの作成（待遇，福利厚生，法人の強みのPR） ・新卒者だけに絞らない募集制度	〈効果的な手法〉 ・施設見学者対応の徹底 ・ホームページの改善，更新 ・実習生対応の工夫 ・他法人との差別化の徹底	〈効果的な手法〉 ・採用試験の手法 ・内定者への定期的アプローチ

が注力しているかが具体的に見えなければ，求職者にはピンときません。

人材獲得においては，まず「自施設のどこがストロングポイントか」を見極め，徹底的に「PR」することが絶対的に必要です。そのPRが他法人との差別化につながり，求職者に選んでもらえる特色ある施設になります。平均画一的なPRでは，施設が乱立している今，求職者には選んでもらえません。施設の特色や強みを前面に出し，求職者が「この施設で働きたい」と思うようなイメージ戦略こそが，人材獲得には必要です。

イメージ戦略を練ろう

イメージというものは，実際に深く理解していなくても，「大体こんな施設だろう」「こんな施設らしい」などといった，人の頭の中でぼんやりと抽象的に描かれているものを意味します。このイメージというのが，法人運営に多大なる影響を与えています。特にいったん悪いイメージがつくと，払拭するのは並大抵ではありません。在宅サービスなどは，口コミで利用者数が減少するなどは当たり前です。また，求職者が「あの施設はロクなところではない」というイメージに触れてしまうと，人材獲得もままならず敬遠されてしまいます。イメージは実際の事実とは異なることも多々あります。それは，イメージというものが人の頭の中でつくり上げられる想像だからです。逆に考えれば，イメージを戦略的に練り活用することで，現実以上の「良いイメージ」を抱いてもらうことも可能なのです。

当施設は地方にある小さな事業所です。人材獲得においては，さまざまな施設や病院，はては多くの他業種とも競合しなければならず，一施設が人を集めるにはそれなりのイメージ戦略が必要でした。しかも，経費をなるべくかけずに効果を出すには工夫が必要です。幸い，現在は情報化社会でホームページをはじめさまざまなコンテンツを誰でも気軽に利用することができます。当施設ではパソコンに強いスタッフなどを集め，「イメージ戦略室」というプロジェクトチームを立ち上げました。

事業所のグランドイメージを固める（図2）

まず，自分たちの事業所をどのような施設に「魅せるのか」という部分に着目しました。「楽しい」「クリーン」「新しい」などのキーワードを軸にグランドイメージ（全体的なイメージ）を構築し，ブランド化を図りました。また，イメージ戦略を実施することによって，「人材確保」「収益増」「透明性の確保」などの効果が現れることを期待しました。

事業所の顔「ロゴマーク」をデザインしよう

法人の顔とも言えるロゴマークは，シンボルマークとして非常に重要な役目を果た

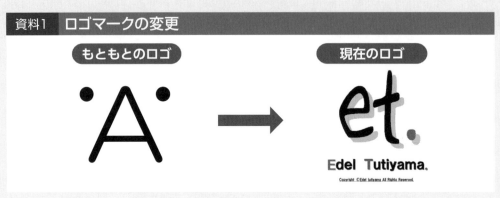

しています。イメージ戦略を考えた時，まずは最初にロゴマークの変更を行いました。ロゴマークは法人を表すシンボルとして非常に重要なので，もともとあったロゴマークから「新しさをイメージしたデザイン」に変更することで，「介護事業所だから固いイメージでなくてはならない」という固定観念の打破につなげました。従来のロゴマークを変更することは勇気がいりますが，イメージ戦略として思い切って変えることで，施設が持つ全体的なイメージが変わり，威力は絶大です。当施設のすべての資料に新しいロゴマークを貼付することで，ブランドイメージを高めていきました。ちなみに，**資料1**のロゴマークはWordでスタッフがデザインしたため，デザイン料などの経費は一切かけていません。

すべての配布物，刊行物，資料を見直す

　法人が発行している広報誌やパンフレットをはじめ，郵便に使う封筒に至るまで，すべてのデザインを一新しました（**写真1**）。外部に出す資料は特に事業所のイメージに直結します。何気なく手作り感覚で作っていたものを，イメージ戦略としてデザインしていきました。また，広報誌などの内容についても，どうしても日常の行事写真などがほとんどを占め，目新しさに欠けていたため，「スタッフの労働環境改善への取り組み」や「イメージアップに関する取り組み」など，人材獲得にも一役買う内容を掲載するようにしました。

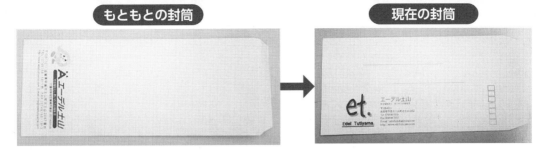

写真1 封筒や名刺のデザインの変更

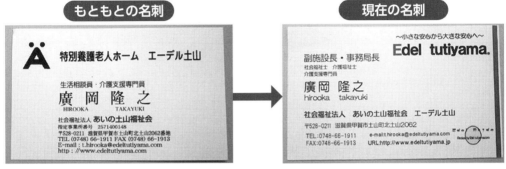

　また，各種広報誌についてもイメージアップ戦略室でデザインし，内容を検討しています（**資料2**）。ほとんどをWordで自主制作することで，コストカットに努めています（エーデル土山ホームページで公開中です。ぜひご覧ください）。

事業報告・事業計画書（資料3）

　事業報告や事業計画は得てして文章ばかりの固い書面になりがちですが，ホームページ上で外部に公表しているものなので，誰にとっても見やすく，分かりやすい文書に改めました。人材獲得において，直接関係ないかもしれませんが，事業所のグランドデザインの一環としてイメージアップを徹底しています。

中長期計画（資料4）

　中長期計画はどうしても固くなりがちです。3年ごとに策定している中長期計画は，法人の未来予想図として，スタッフに方向性を示し期待を抱かせることが人材定着にもつながるため，デザインを一新し，写真や図表を多く入れました。また，3年間の歩みとしてスタッフが一丸となって頑張った成果についても，数字で表しています。インパクトもイメージアップには重要な視点です。

資料2　当施設の広報物

広報誌「あい愛エーデル」

イメージアップ委員会

エーデル土山では法人のイメージを高めるため『イメージアップ委員会』にて様々な取り組みを行っています。

①自分たちの行っている取組を積極的に公開していく。
②透明性を高めるだけではなく興味を持ってもらえるよう分かり易く公開していく。
③法人全体のグランドイメージを検討していく(館内のディスプレイ、ホームページデザイン、発刊物の編集等)

イメージアップ委員会で今年度行った取組

玄関ロビーのイメージ変更
IKEAで購入しました。大変安価で、良品を購入することが出来ました。一挙にオシャレ空間になりました！

落ち着けるくつろぎの空間です
インテリアにもこだわりました！

香りの演出(館内)
館内に香りの演出としてファン付アロマ機を10個設置しました！
エーデルに入れば優しい香りに包まれ心落ち着くと好評です。

ローズの香りが全体に広く香るという優れもの。

音楽の演出(館内)
有線放送を使い、時間帯によってジャズやクラシックなどを館内に流しています。タイマー設定により様々な音楽を楽しんで頂いています。
ご利用者だけでなくスタッフも仕事がはかどる!?と大変好評です！

法人ポスターの製作 『エーデルにできること編』
今年度CSRでの取り組みを法人ポスターとして作成し、館内に掲示しています。
法人の方向性をポスターにすることで、ステークホルダーの皆さんに、より分かり易い形で法人の方向性をお示しすることが出来ます。また館内に掲示することで、上品なイメージを演出できました。

すべての法令を遵守すること。自分たちの力で正常な運営を。
取引先にも求めたい公正で健全な取引を。

エーデル土山キッズクラブ
地元の小学校へ職員が出向き、「福祉や介護」の役割を体験学習型授業で学んでもらいます。
お子様だけではなく、親御さんや教師の方にも「エーデル土山キッズクラブ」という小冊子をお渡しさせていただきます。

安全パトロール
デイサービスやショートステイの送迎時に甲賀市と連携して子どもの安全パトロールを行っています。
またゴミの不法投棄についてもパトロールを行っています。

スタッフの働きやすさ追求
働くスタッフは法人の宝です。少子高齢化による労働人口減少の中、スタッフを貴重な労働資源として捉え、末永くエーデルで気持ちよく働いてもらえる環境作りに邁進しています！

平成26年度の取組
- 浴室移動用リフトの新設
- 1時間単位の有給取得制度
- 入職時と同時に有給付与する制度
- 各種手当の新設、賃与の増額
- 育児休暇の充実
- 残業ゼロの徹底強化
- 法人オリジナル本『ワークライフバランスの葉』作成、全スタッフに配布
- 有給取得率80％達成
など多数

環境保全
太陽光パネルを設置しました。非常時等は太陽光発電を利用することとし、万が一の災害に備えております。

ショートステイ通信「おいらのエーデル」

おいらのエーデル
Oirano love edel vol.8
エーデル土山ショートステイ通信

『春号』

やっと、春が来ました。今年の冬はいつもより寒かったようですが、やはり春が来ると一気にエーデル裏手のトラバースロードのチェリーが花開きました。このチェリー、実は食べることもできます。春になると、ご利用者の方にもチェリーを採っていただき、食べるのですが、これが結構甘くてジューシー！たまにご利用者の方にもチェリー狩りを楽しんで頂いていますが、これからも続けていけたら、と思っております。
ことで、今回もおいらのエーデル『春号』をお楽しみ下さい。

『ひな人形作りをしました』

ひな祭りに、手作りひな人形を制作しました。ひな祭りとは、平安時代の京都で始まった子供の無病息災を願う巳の節句(じょうみのせっく)、ままごとの遊びが江戸時代初期に融合し、女の子のお祭りになったといわれています。レクリエーションの一環として、ご利用者の方に手伝ってもらいながら工作を進めていきました。手作り感満載でありますが、心のこもった作品に仕上がっております。

デイサービス通信「ハッピーデイ」

資料3　事業報告・事業計画書

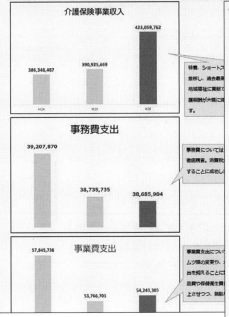

資料4　中長期計画

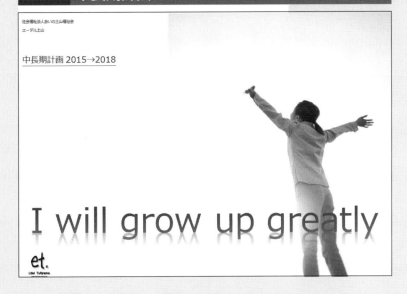

表1　強みごとのキャッチフレーズ

事業所の強み	キャッチフレーズの一例
チームワークが良い	チームワークに絶対的自信あり！
研修に力を入れている	専門職としての実力アップは○○園で！
育児しながら働ける	育児ライフ＆仕事を楽しもう！
施設がまだ新しい	新しい施設，新しい空間，新しいスタッフ

資料5　具体的な内容の明記

①きめ細かい労働負担減少への配慮

心身ともにリフレッシュできる環境がよりよい人生に繋がります！
- 日勤業務は基本的に3日以上連続勤務はありません。
- 研修や会議など時間外勤務はありません。
- 急な休みなどに対応するために余剰人員を常に確保！日勤フリー勤務者が常駐しています。

②WLBの充実のすすめ／シフト希望システム

エーデルのスタッフになるとオリジナル冊子『WLBのしおり』に基づき，プライベートが充実！
- WLBのしおりを全スタッフに配布（産休，育休，介護休暇などの取得方法説明ブック）
- 正規職員は月3日の希望休あり。希望休を取らなければ翌月以降貯めることができます（最大10日）
- 貯まった希望休で最大10連休の取得もOK！

求職者向けパンフレットの作成

　求職者向けパンフレットも，人材獲得策においてポイントになるツールだと言えます。このパンフレットは，もちろん法人のパンフレットとは異なります。求職者は法人の概要や沿革などはあまり重要視していません。そのため，法人パンフレットには求職者がほしい情報が載っているとは到底言えません。求職者が知りたい情報は，「待遇や仕事内容，福利厚生」です。これらの情報を具体的に掲載しておくことで，その事業所のことを具現的にイメージしやすくなり，自分が働く姿を想像することができます。逆に言うと，働いている自分をイメージできない，もしくはイメージしにくいパンフレットは，求職者向けパンフレットとしては効力を発揮していないと考えてよいでしょう。

効果的な求職者パンフレットの作り方

　ここでは効果的な求職者パンフレットの作り方について，ポイントを絞って説明していきましょう。

●ステップ1：自施設の強みを再確認しよう！

　自施設の強み＝大きな武器です。この強みが法人，事業所の特色となりますので，どこに強みがあるのかをいま一度再確認してください。「自分の施設には強みなんて

資料6　写真やイラストを多用する

ないよ」という事業所は，自信のあるところや力を入れているところでもよいでしょう。もしくは途中段階でもよいので，強みをつくるために検討していることをしっかりと検証しましょう。ちなみに，強みは多ければ多いほどPR材料になるため良いと思います。それだけ法人の武器が多いということです。

▶事業所の強みの一例

- 離職率が低い　・認知症ケアに力を入れている　・待遇面が優れている
- できたばかりの施設で新しい　・スタッフのチームワークが良い
- 育児しながらでも働ける　・育児所がある　・パワハラ，セクハラがない
- 立地条件，交通の便が良い　・男性スタッフもたくさんいる　・残業がない
- 上司がやさしい　・研修体制が整備されている　など

●ステップ２：自施設の強みにキャッチフレーズをつけよう！

自施設の強みを再確認したら，今度は強みをPRする必要があります。PRの仕方はそれぞれありますが，一番分かりやすくインパクトを与えやすいのは，「キャッチフレーズ」をつけるということです。表１に，キャッチフレーズの一例を提示します。

●ステップ３：具体的な内容を明記しよう！（資料5）

具体的な内容を明記しておくことで，信憑性が向上します。インパクトのあるキャッチフレーズを見出しにして，具体的な内容でフォローするというのがPRの王道と言えます。

●ステップ４：写真やイラストをふんだんに載せよう（資料6）

写真やイラストを多用することで，非常に明るい紙面になります。「自分がもし働いたら…」と求職者のイメージ増進につながりますので，ぜひ多用しましょう。

求職者向けパンフレット作成上の留意点

- PRが過剰になり虚偽の内容にならないようにしましょう。採用してから「話が違う！」と結局離職されては何もなりません。
- 自施設の強み＝求職者から見た魅力でないといけません。求職者にとって魅力のない自慢はNGです。法人目線ではなく，あくまで求職者の目線になって作成することが大切です。
- パンフレットは文字ばかりにならないことが重要です。イラストや写真などを多用することで，求職者にとって読みやすく，理解しやすくなります。
- 写真はイメージをより鮮明にしますので，できれば一眼レフカメラで撮影することをお勧めします。カメラは中古で安価なものもあります。プロが撮影したように奇麗に撮影できるのでお勧めです。
- センスの有無を過剰に気にせずに作成しましょう。求職者パンフレット自体あるのとないのとでは，人材獲得において大きな差が出ます。パソコンを使用せず手作り感を出すことも，逆に斬新かもしれません。
- パンフレットはホームページ上にぜひアップしましょう。法人イメージの向上にも一役買います。

ターゲットごとにパンフレットのイメージや内容を変える

　求職者向けパンフレットと一口に言っても，そのパンフレットを「どんな人物が見ているか」という部分を考えていくと，なお人材獲得において有利となります。例えば，「どういう情報を必要としているのか」は，パンフレットを見る人物によって異なります。次のような対象を想定しパンフレットの内容を一部変えると，より人材獲得につながります。

●若年層（資料7）
- 新卒者や在学者をターゲットとする。
- パンフレット写真は，若いスタッフを中心に掲載する。特に表紙はインパクトの強いものでないと手にとってもらえない。
- 内容は「楽しさ」を全面的に押し出し，クラブ活動や福利厚生を徹底PRする。

●社会人経験者
- 40代以上を想定。
- 温かみのある表紙（利用者と触れ合っている写真など）
- やりがいや業務内容を中心にPRする。また，多様な働き方ができること（パート，短時間勤務など）を入れる。

資料7　学生をターゲットにした就職パンフレットの表紙

まずは興味を引くようなインパクトがなければ，手にとって見てもらうというスタートラインにすら立てません。実際に事業所で働いているスタッフにデザインについての印象を確認するのも一つでしょう。学生の親にも見てもらうよう勧めています。

廣岡はこう考える！　☞ **求職者向けパンフレット作成の副産物**

　求職者パンフレットを自作するに当たり，まず一眼レフカメラを購入しました。写真を大きく掲載することで，パンフレットのクオリティが上がるだろうと考えたのです。自主制作なので，カメラマンとデザインは私が担当しました。しかしモデルはいません。そこで活用したのがスタッフです。なるべく奇麗な写真になるようにと，日常の業務風景を撮影するのではなく，近所の公園まで行き写真撮影を行いました。当初照れていたスタッフも，次第に素晴らしい笑顔で応じてくれ，なかなかの出来になりました。自主制作した第1弾のパンフレットはかなりの注目を集め，他事業所からも「一部ください！」と言われるなど，むしろ求職者より同業者にインパクトを与えるものでした。

　あれから第2弾，3弾とパンフレットを自主制作していますが，共通しているのは，現役スタッフの楽しそうな場面を使っているということです。パンフレット制作は，私にとって面白く楽しい仕事です。なぜパンフレット制作が楽しいのかよくよく考えてみると，やはり自施設の良いところを探し出して，PRする部分が魅力だと思います。

　管理職の仕事はややもすると，リスクばかりを探すことに注力しがちで，良いところを探すことはあまりないのかもしれません。だから良い部分を探すことは面白い！…とすると，スタッフにもパンフレット制作にかかわってもらえれば，法人への愛着心につながるのでは？　ということで，今ではイメージアップ戦略室のメンバーと一緒に作っています。パンフレットを自主制作する過程で，人材確保以外の「副産物」としてスタッフの愛着心が産まれたことは意外な発見でした。

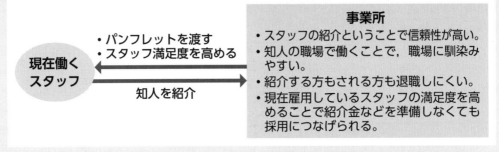

図3　職員からの紹介のメリット

効果的な募集方法

　どれだけ良い求職者向けパンフレットを作っても，実際に求職者の目に触れなければ意味がありません。大学・専門学校などへ送付したり，むやみに地域に配布したりしても，それほど効力はありません。そこで当施設では，職員にパンフレットをピンポイントに配布し，知人の紹介につなげるようにしています。求人広告をどんどん出すという方法もありますが，求人広告を出しすぎることで，「あの事業所は求人広告を絶えず出しているが，何かあるのではないのか？」と求職者が疑念を抱きかねませんので注意が必要です。

職員からの紹介のメリット（図3）

　どの事業所にも，「新卒・有資格者」を獲得したいという意向があるかもしれませんが，誤解してはいけないのは，新卒・有資格者が必ずしも優秀とは限らないということです。また，新卒者の数は減少しており，獲得の競争率は上がっています。新卒者を獲得して一から育てることに異論はありませんが，新卒者以外でも育成方法によっては十分に優秀なスタッフとして活躍することが期待できます。

　そこで，我々が積極的に推進しているのが「職員からの紹介」です。知り合いの関係性があるため，紹介するスタッフもされるスタッフも互いが支えになり，退職しにくいというメリットがあります（2015年12月現在のスタッフからの紹介職員数：8人〈10％〉）。紹介制度の一番のメリットは，新卒・有資格者という競争率の高いところで他施設，他業界と競合しなくとも，ピンポイントに有能な人材を獲得できるところにあります。

ファミリーワークシステム

　職員からの紹介制度を最大限利用したもので，「ファミリーワークシステム」という制度も導入しています。簡単に言うと，「家族で働く」というものです（2015年12月現在のファミリーワークシステムの利用職員数：4組8人〈10％〉）。具体的には，夫婦や親子で同一事業所で働いてもらうことにより，次のようなメリットが出ます。
・家族間で車での同伴出勤を可能とした。交通費削減。

資料8　再入職パスポート

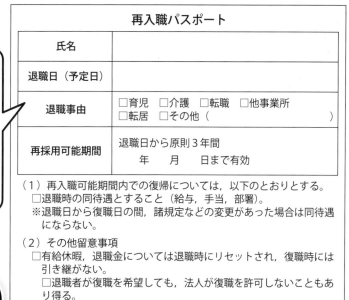

- 退職時と同待遇で戻ってくることが可能。
- 退職日から原則3年まで有効
- 全退職者に対して渡すわけではない。
- また本人が復職したくても、人員状況などにより復帰できないことがある。
- 育児や介護などで退職しても復職できる。

- 夫婦間で夜勤を同日に組むことでシフトがほぼ同一となり、休日の予定が組みやすくなる。
- 家族間で悩みや情報を共有できる。
- 福利厚生を一緒に利用できる。職員旅行も一緒に行ける。
- 紹介で入職しているため、無用なトラブルを起こしにくい。

　法人が人材定着策に対して力を入れ、スタッフの満足度を高めていれば、どんどんスタッフからの紹介があり、確実に人材獲得につながります。また、求人広告を出す経費や手間を省くことができ、非常に効率的です。働きやすい職場環境を構築しておけば、紹介料などを設定しなくとも十分に人は集まります。

再入職パスポート（復職制度）(資料8)

　どうしてもほかの施設で働きたい、転職したいという気持ちをもつスタッフに対し、事業所は慰留することはできても、退職を完全に引き止めることは不可能です。やむを得ず離職するスタッフについては、強引に離職を止めずに、「再入職パスポート」を渡し、退職後に戻ってきたい意向を示した場合、退職前の待遇で復帰してもらうことにしています。再入職した者は、一度離れた職場に戻ってくるわけですから、本人も相当な覚悟をもって復帰しています。また、一度辞めほかの業界や事業所を見た結果、やはり元の職場が良いと思って帰ってきている分、事業所側から見ても信頼性が高く、短期間で離職する可能性は著しく低いというメリットがあります。育児や介護での離職にも対応することができ、これからの時代、ますます必要な制度であると考えています。

表2　求職者が施設見学の際に見ているポイントと対処法

施設見学者が見ているポイント	具体的な対処方法
スタッフの挨拶・態度・説明方法 こちらが思う以上に，求職者はスタッフの挨拶や表情を見ています。実際に自分が働いた時に，優しく迎えてもらえるか，職場の雰囲気がギスギスしていないかなどを観察しています。	□普段から接遇を心掛けておくことはもちろんのこと，求職者にもしっかりと笑顔で挨拶するよう指導。 □説明するスタッフには求職者がリラックスできるよう，実際の説明前に「分からないことや聞きたいことがあれば気軽に言ってほしい」「せっかくの機会なので」などと前置きをする。 □専門用語は使わず，分かりやすい説明を心掛ける。 □質問があれば具体的に回答し，うやむやにしない。見学時に回答できなくても，上司に確認するなどして対応しておく。 □電話番号は強引に聞き出さず，見学シートなどに記載してもらう。 □スタッフ同士の会話や，利用者への声掛けを丁寧に。愚痴や不満を聞かれるなどもってのほか。 □見学者に軽食（ケーキ，コーヒー）を提供。おもてなしを演出。
館内の清潔度 施設に入った時のにおいや窓ガラスの汚れ，玄関が物で散乱していないか，また実際の現場が整理整頓されているかを見ています。古い施設であっても整理整頓がされている施設は好印象を与えます。逆に施設が新しくても整理整頓ができていない施設は，心遣いが欠けていると思われイメージダウンにつながります。	□芳香剤を館内に多く設置する。館内の香りについてもイメージとしてとらえること。 □特に玄関やロビーは清潔にしておくこと。接遇としても大切。 □清掃管理に努める。日頃の清掃は清掃専門スタッフを雇用し，年に1回は館内のワックス掛けや大掃除を施行する。
施設の雰囲気 施設の雰囲気，例えば施設内に活気があり暗くないか，高級感があるかなど。	□館内に音楽を流しておく。 □掲示物などはセンスの良いものに変えておく。 □ロビーにある机やいすはセンスが良いか。
職員の配置状況 職員数がしっかりと確保できているかどうか。	□もし排泄介助などで職員がフロアに少ない際は，業務状況を説明し，スタッフ数を明確に示す。

施設見学対応〜見学者はここを見ている！（表2，写真2）

　就職フェアやハローワークからの紹介により，採用試験を受ける前に施設見学を希望される求職者が少なからずいます。その時に，求職者が「この施設を受験したい」と思わなければ，他施設へ流れる可能性があります。つまり，施設見学は就職先として自施設が選定されるか否かの分かれ目と言えます。施設見学を「人材獲得の場」として，対策を練っておくことが必要です。

ホームページの重要性〜リクルートの命綱と心得よ

　情報化社会において，介護業界全般的にホームページを持っている事業所は多数ありますが，残念ながら開設しているだけで，ほぼ更新していなかったり，文字ばかりで内容が伝わりにくかったりするホームページがあります（**表3**）。ホームページと

写真2　館内の掲示物・雰囲気づくり

法人ポスター
- 法人が取り組んでいる社会貢献活動などをポスターとして自主制作しています。
- ポスターにすることにより，活動をより多くの人に知ってもらえます。

ポスター掲示
- 法人ポスターを拡大印刷して館内に掲示し，施設見学者に取り組みを説明します。
- デザイン性の優れたものとし，ブランド力を高めます。

ウェルカムボード
施設玄関ホールに自主制作したウェルカムボードを置いて，おもてなしの雰囲気を高めています。

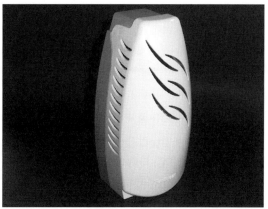

館内の香り演出
館内のにおいについては，見学者は非常に敏感です。カートリッジ式芳香剤を多数設置することで，香りの演出にも努めています。リース契約をして業者に定期的に香りを交換してもらえば，事業所の手間は不要です。

表3　求人につながりやすいホームページ

NGなホームページ	問題点	改善策・効果
いつまでたっても更新されない。	情報が古く，また目新しさがない。	コンテンツを多く持ち，さまざまな情報を発信していくことで，閲覧数が増える。
写真やイメージイラストがなく，文字ばかりであったり専門用語が多数並んでいたりする。	介護業界以外の者には内容が理解しにくい。	積極的に明るいイメージをつくり，分かりやすい表記とすることで介護業界以外の人間にも情報が伝わる。
料金表，1日のサービスの日課表ぐらいしか情報量がない。	リクルートに対しての情報量が少ないことで，求職者にとって重要性の低いページになってしまう。	リクルートに関する情報量を増やす。また，給与などの情報は，金額まで詳細に記入することで，求職者の信頼につなげる。
専門業者に任せきりであり，職員はあまり関与しない。	職員が関与しないことで，ホームページに対する意識が希薄となる。	職員がホームページ作成に参画することは，自施設の良いところを探すことにつながる。
ホームページに高額な費用をかけている。	費用がかさむ。	安価で簡単に更新できるソフトが多数あるため，導入を視野に入れる。

資料9　当施設のホームページ

リクルートだけではなく，数多くのコンテンツを随時，発信しています。ホームページは事業所の顔としてとらえ，多くの情報量を更新しています。
興味のある人はぜひ，『エーデル土山』で検索してください！

資料10　人事担当者からのメッセージ（一部抜粋）

選考の考え方

エーデル土山に興味を持ってくださった方に，人事担当からのメッセージです。

介護業界を変えていこう！

私どもエーデル土山では，スタッフの選考について一番重視しているのは，いかに志を高く持ち，社会のために尽力できる思いをもっているかどうかです。私どもの法人理念【THE EDEL WAY】には，「介護業界を変えていこう」という言葉があります。この言葉には，迫りくる日本の超高齢社会を支えていく介護業界を，もっと良いものに変えていきたいという強い気持ちが込められています。この気持ちを実行するためには，働くスタッフの3つの意識が必要です。

いうのは，事業所の「顔」と言えるものです。**求人広告を見た求職者は，施設見学に来るよりもまず事業所のホームページを見ます**。「時間がない」という理由でホームページの更新を怠っていては，いくら求人広告を出しても採用まで至りません。ホームページは求人において有効なツールであり，大きな武器になり得ます（**資料9**）。

ホームページに必要な情報は何か？

求職者は，ホームページのどこを見ているのでしょうか。必要な情報として「求人情報のみ」を意識しがちですが，実はそれだけではありません。ホームページはいわば自法人の「鏡」であり，透明性や情報量をその法人がどうとらえているかという「バロメーター」です。求職者は求人情報のほかにも「教育体制」や「日常のケア」などを見ています。また，求人情報には時給のみならず，前述した求職者向けパンフレットをアップしておくと共に，ぜひお勧めしたいのが「人事担当者からのメッセージ」（**資料10**）です。法人がどういう人材を必要としているのかを明記しておくことで，

資料11　日常の風景の写真をホームページにアップ

エーデルではできる限りイベントや外出する機会を設けることで『楽しさ』を提供したいと考えています！たくさんのイベントで楽しさいっぱいの施設を目指します！

資料12　写真掲載意向確認書

©Copyright Takayuki Hirooka All rights reserved.

写真等掲載意向確認書

広報などの写真の活用について，以下の事項の当てはまるところに○をおつけください。

　　　　　　　　　　　　　　　　　　H　年　月　日
ご利用サービス等　　特養　・　SS　・　GH　・　DS　・
　　　　　　　　　　居宅　・　ボランティア

ご利用者氏名：　　　　　　　ご家族　　氏名：

◎ご利用者およびご家族，ボランティアの方の写真を広報誌に使用することの可否について
1．同意する
　A：制約なし

　B：一部制約したい
　　家族との写真　　／　　全戸配布　　／　　ホームページ

2．同意しない

注
・この意向確認書は，広報などの写真の活用のみに対する意向確認であり，ほかの個人情報に関する誓約書とは異なります。
・もし内容に変更があった場合は，速やかに法人までご連絡ください。

聞き取り職員名　：　　　　　

入所時に広報誌やホームページ上で写真が掲載される可否を確認しておくことで，都度，確認をとる手間が省けます。

「それを見て働きたいという意欲にかられた」という意見をもつ当法人のスタッフが多数いました。

日常の風景（資料11）

ふとした外出時の写真やイベントの写真をホームページ上でアップすることで，イメージアップにもつながり，楽しい職場であるというPRになります。利用者，スタッフにはあらかじめ写真を公表する旨の同意書（**資料12**）をとっておきましょう。

資料13　実習生メッセージカード

実習最終日に写真つきのカードを渡し，実習担当者からのメッセージを添え，ラミネートして渡します。学生にとって実習は一大イベント。自己成長実感を感じてもらうと共に，施設実習が良い思い出になるよう配慮することで，就職を希望することがあります。

実習生対応の工夫

　最近は介護を志す学生が減少しており，実習生の数も以前と比べると減少傾向にあると思いますが，福祉の専門職になるべく福祉学校を選んだ実習生というのは，これからの介護業界を背負っていく非常に有望な若者であることには間違いありません。しかし，実習中の学生に対して必要以上に就職を強要することはNGです。実習生の一番の目的は学業であり，強引な勧誘は学業の負担にもなりかねません。そこで，実習生には事業所に対して「良い印象」を持ってもらうことが一番のPRとなります。次の点に留意していきましょう。

・実習生に対して自施設への就職をあまり強く押しすぎない。
・実習担当者は，懇切丁寧に指導すること。特に実習記録には目を通し，翌日にアドバイスする。
・実習の最終日に「実習生メッセージカード」（**資料13**）を渡し，良い印象で実習を終了してもらう。
・また機会があればということで，最後に就職パンフレットを渡す。

　実習生は長時間職場にいるため，「職員の動きやトラブル」などを肌で感じることになります。実習を人材獲得につなげるには，職場環境を整え「楽しそう」「働きやすそう」と感じてもらうことが一番の近道です。職場の人間関係などがギスギスしているのに，過度な勧誘をしても効果はありません。丁寧に指導することや気持ち良く実習を終えてもらうことが採用への一番の近道であり，王道と言えます。

他法人との差別化の徹底

　自施設にはどんな特徴があるのか？　この部分を理解していなければ，他法人との差別化は図れません。差別化を図るには，自分たちの職場の特長を最大限PRし，他施設よりも優れていると求職者に「魅せる」ことが重要になってきます。

ポイント①　介護内容以外の部分に着目せよ

　基本的に，介護（食事，排泄，入浴）内容では他事業所と大きな違いをPRすることは難しく，求職者から見ればどの事業所も同じに見えやすい部分だと言えます。介護内容以外の部分にも着目し，徹底的にPRすることが求職者にとって大きなインパクトを与えると思います。

ポイント②　強い特色を探す（つくる）

　前述したように，介護内容であっても，他施設にない「強み，特色」が出せインパクトを与えられれば差別化を図れます。強い特色というのは，「施設独自」とか「他施設より圧倒的に抜きん出ている」などを指します。オンリーワンかナンバーワンを意識することが必要です。もし，自施設において強い特色がなければ，それを意識的につくっていくことも必要です。しかし，一朝一夕では実行できず即効性はないため，いかに今の職場の強みをPRできるかにかかっています。

ポイント③　福祉業界以外を意識する

　同業界内で人材獲得を争う時代ではなく，少子化による労働人口の減少により「あらゆる業界において人材不足が進行している」という認識が必要です。同業界内だけでの人材獲得を意識しがちですが，求職者は何も福祉業界に限らず広範囲での就職を意識しています。他法人との差別化を図ると共に，他業界との差別化の徹底にも目を向けなければならないでしょう。福祉，介護業界は「どの部分で他業界と勝負していくか」という部分にも着目することが必要です。

待遇の見せ方

　求職者向けのパンフレットやホームページに，給与・待遇のことを明確に示すことが重要ですが，福祉業界では給与について**表4－A**のような簡易的な標記で終始していることが珍しくありません。求職者は，具体的な収入についてもっと知りたいという思いを持っており，就職先を決定する上においても重要視しています。**表4－B**のように，待遇をより積極的にPRし，採用につなげましょう。**多くの事業所が賃金については積極的に明記していませんので，見せ方によっては強い求人効果をもたらします。**

表4 待遇の見せ方の一例

A 求人効果があまり出ない例

募集職種	給与	モデル年収
介護職員（正職員）	17万〜25万円　※経験を考慮し決定します。	330万〜440万円

> 給与幅が大きすぎるのはNG！　求職者には，「一体いくらもらえるのか？」という疑心につながる。また，給与幅の低い方の金額をチェックする傾向にあり，その部分が低すぎると人が集まりにくい。

B 具体的な手当まで明記し，待遇のよさをPRした例

手当名	金額	備考
夜勤手当	7,500円（1回）	介護福祉士無の場合 7,000円
介護福祉士手当	5,000円（月額）	
賞与	年額　基本給×4倍	
待機手当（オンコール）	2,000円（1回）	看護スタッフ，相談員
扶養手当	子1人当たり8,000円（月額）	3人まで支給
介護職員処遇改善手当	20万4,000円（年額）	
報奨金（永年勤続・資格取得）	例：勤続10年　5万円	入職後3年・5年（以降5年ごと）
業務執行手当	5,000円（月額）	いずれかのプロジェクトチームに加入

モデルケース　介護福祉士（一般職）の場合
（経験5年　子ども2人　夜勤月4〜5回程度）
[基本給]＋[夜勤手当]＋[資格手当]＋[通勤手当]＋[扶養手当]＋[賞与]＋[介護職員処遇改善手当]

※介護福祉士・一般職員で残業が一切なくても……
『年収400万以上！』

　そのほか，看護スタッフの時給が地域の相場（近隣の病院，診療所など）よりも低い場合は，介護施設で看護スタッフを獲得できる可能性は極めて低くなります。低額な時給で募集しても獲得につながらず，広告費を出しているだけということになりかねません。求人広告を出す場合は，時給は地域の相場と「同額かそれ以上」が鉄則です！

求人は「新卒・経験者・有資格者」という競争率の高い人材だけに絞らない

　人材不足が深刻化している現在，どの事業所でも即戦力が必要なのは分かりますが，「新卒・経験者・有資格者」という人材は，他事業所との獲得競争が激しいのも事実です。多額の広告費をかけ，学校に出向いてもなかなか思うような人材が獲得できないのは，求職者の絶対数が少ないことと，どの事業所も即戦力を狙っているからにほかなりません。魚の少ない池で大量の釣り人が釣りをしているのと同じようなもので，競争率が高い故になかなか効果が生まれないのです。

　そこで狙い目なのは，「既卒・未経験・無資格者」といった即戦力になりにくい人材です。この場合，全く介護のことを知らない人材を雇用することになりますが，実は全く介護を知らない「白紙状態」の方が，事業所としても雇用しやすく職場に定着しやすい側面があります（**表5**）。介護に携わったことのない人を育てていくということは，人材不足に喘ぐ日本の介護業界において極めて大切な社会貢献でもあり，人材の掘り起こしにもつながります。

表5　既卒・未経験・無資格者の採用

メリット	デメリット	うまく雇用につなげていくために必要な視点
・全く介護のことを知らない故に，介護業界で何とか働いていきたいというモチベーションが高い。 ・ほかの介護事業所の手法などを知らないために，以前働いていた介護事業所と比較することなく，介護方法などに抵抗感なく仕事に従事できる。 ・異業種からの転職者の場合，前職の経験が介護事業所にとって役立つ場合がある（営業経験や工場における管理など）。	・1人前の戦力になるまでに時間を要する。 ・介護の基本を一から教えなければならず，指導者に負担がかかる。	・介護福祉士，介護支援専門員という資格を取得するという目標を，スタッフ，事業所の「共通目標」として育成していく。 ・介護のことを全く知らないために，未経験者の育成方法を確立する（転職者専門の指導者育成など）。

効果的な面接方法

　採用試験受験者は，以前よりもかなり減少してきていますが，人材不足だからといってどんな人材でも採用していいものではありません。明らかに仕事に対して適正を欠く者は，その場で採用の可否が判断できますが，問題は採用試験では問題がないと思って雇用したスタッフが，入職後全く働かない，モラルを守らないなどはよくある話です。しかし，採用試験でその受験者の本質まで見抜くことは容易なことではありません。どうすれば，より良い人材を獲得できるのかの面接方法を説明します。

まず緊張を解きほぐそう

　面接試験では大抵受験者は緊張しており，本来とは別人のようになっていても不思議ではありません。過剰な緊張状態での面接では，本来の人間性までは見抜けません。まずは，受験者の緊張を解きほぐし，少しでも「本音」で語ってもらえるよう働き掛けましょう。
・面接官の表情は笑顔で，そして丁寧に優しく質問する。
・緊張は仕方ないが，気軽に回答しても問題ないことを伝える。
・分からないことや答えにくい場合は，遠慮なく伝えてよいことを説明する。
・言葉に詰まったり，回答に時間がかかったりしても，粘り強く傾聴する姿勢を崩さない。

質問内容を考えよう

　オーソドックスな質問を繰り返しても，受験者はあらかじめ回答を用意しているため，当たり前のことしか回答しないことが多々あります。「なぜ，この仕事を選んだのか」という質問をして，「人の役に立ちたいから」と回答するということで終わるのではなく，次のように質問内容を深め，より採用者の人間性を見ることが重要です。

◉ **具体的な内容を質問する**

　漠然とした回答ではなく，具体的な回答を聞くことで本音が見いだせます。
- なぜこの仕事を選んだのか→人の役に立つということはどういったことか「具体的」に言ってください。
- 採用された場合，あなたの能力をどういった部分に生かしたいですか。「具体的」に答えてください。

◉ **憶測的な意欲より過去の現実を確認する**

　憶測的な意欲は極端な話，何とでも回答することができます。反対に，過去の実績は現実を聞き取ることができます。よって，受験者がさまざまな経験をどう乗り越えてきたのかを確認できます。
- この仕事は大変だができますか→今まで就いた仕事で大変だったことは何ですか。また，どのように対処しましたか。
- さまざまな経験を積まれて大変意欲があることは分かりました。その中で転職を考えられたのはなぜですか。

◉ **人間関係についてどう考えているか確認する**

　人間関係に関する質問は，入職後のトラブル回避のためにも非常に重要です。次の２点の質問で概ねの考え方が分かるので，必ず聞くようにしています。
- 入職後，法人とあなたの方向性や思いが異なる時，あなたはどのようにしますか。
- 同僚との意見が食い違う時，あなたは意見を通しますか，黙りますか，また通すとしたら方法は。

受験者からの「質問」を引き出す

　面接試験で一通りの質問が終わったら，必ず受験者に対して質問がないかを確認しましょう。受験者から質問をしてもらうことの目的として，試験が終わったという安心感から本音が見え隠れすることがあり，人間性を確認することができます。
- 受験者からの質問を促すために，「せっかくの機会なので，分からないことや不安なことを聞いてほしい」などと促す。
- 受験者が質問する内容は，受験者が採用に至った場合のことを想定していることが多いため，「どの部分に興味を示しているか＝本当の受験動機」の可能性がある。

面接時にあまり施設のPRをしすぎない

　良い人材が面接試験に来た場合など，人材不足の折，ここぞとばかり施設のPRをしすぎてしまいがちですが，ここはグッと我慢しましょう。喉から手が出るほど欲しい人材だからこそ，焦ってはいけません。面接試験の際には，受験者は「採用してもらいたい」という方向性でいるため，施設のPRを面接時にするというのは，施設見学の時よりはるかに「人材不足感」を露呈していることになります。

- 欲しい気持ちは分かるが，面接試験時に焦って施設のPRをしすぎないこと。人材不足感があらわになり，受験者に逃げられてしまうこともあり得る。
- 面接時に「あなたが欲しい」と強く言ったところで，受験者は「私の何がそんなに分かっているのか」という気持ちになりやすい。
- 余裕をもって，「人材が早急に必要なわけではないから，他施設の見学をして比較した上で選んでもらっても全然かまわない」「ただし，当施設を選んでもらった場合は，チームの一員として最大限の働きやすさで迎える」と説明することで，受験者はぜひこの施設で働きたいという意欲がわく。

新卒内定者への定期的アプローチ

　これだけ人材不足が深刻化してくると，せっかく決まっていた内定を辞退し，別事業所に就職されることもあり得ます。内定決定から入職するまでの間，内定者へ定期的にアプローチをすることで，辞退を防止することが必要です。ここで重要なことは，内定者へのアプローチを頑張りすぎないことです。過剰に事業所がアプローチをかけることで，「負担」と感じる内定者もいます。特に，学生生活の終盤では，最後の学生生活を楽しみたいという思いもあります。また，入職前に無用なかかわりを避けたいと思う人もいます。過剰なイベントは労力をかけるだけで，事業所の自己満足で終わってしまう可能性すらあることを忘れてはなりません。

資料14　内定者通信「ミライノチカラ」

内定者に3カ月に1回程度の間隔で送付しています。内容は内定者の不安を緩和するため，指導方法や行事報告などを写真つきで紹介しています。これなら，内定者は読むだけで負担は一切かからず，ほどよく事業所とのつながりをもてます。

新卒内定者の特徴として，内定から入職までの期間が長いことが挙げられます。定期的に連絡をとっておくことで，不安を和らげていきましょう。

◉内定者が抱きやすい不安
・本当に自分の選んだ道は正しかったのか。
・ほかの事業所や業界の方が良かったのではないか。
・事業所の人間関係や風土が気になる。

◉当施設が行っているアプローチ
・定期的に広報誌（あい愛エーデルなど〈P.100，**資料2**〉）や法人スタッフ誌（大輪〈P.83，**資料26**〉）を送る。
・内定者専門通信「ミライノチカラ」（**資料14**，P.117）を送る。
・年賀状を送る。
・入職研修（P.122）
・プリセプターシップの確立（P.123）

　内定式，懇親会，アルバイト雇用などは内定者の負担を考慮した上で行わず，当施設の新卒の内定辞退者はこの3年間で「0％」です。双方の労力をいかに減らし就職につなげ，人材定着を実現できるかがポイントです。

第3章

介護人材を「育成」するノウハウ

人材確保と人材育成は一見関連性が
薄いように思われるかもしれませんが，
スタッフの「自己成長実感」がなければ
離職につながります。

人材確保と人材育成はリンクしています。
別の言い方をすれば，
人材育成に力を入れていない事業所は，
人材確保がうまく機能しないことにもなりかねません。

また，人材育成は「際限なく時間をかければよい」と
いうものではありません。
限られた時間の中で，いかに成長させることができるかに
主眼を置きましょう。

研修に対する考え方

人材育成が重要なことは言うまでもありませんが，管理者が最初に覚えておかなければならないことは次の3つです。

- **人は教育をしたからといって，誰しも均一に成長するわけではない。**
- **全員が向上心を持っているわけではない。**
- **過剰な教育，研修は負担感が増し，スタッフによっては退職につながる恐れがある。**

この3つを押さえて研修体制を構築・整備していかないと，法人側が研修を実施してもスタッフが伸びず「無駄な労力」を使うことにもなりかねません。研修も事業と同じで，限られた教育スタッフと時間を集中的に注力すべきで，**全員対象の研修とリーダー育成の研修というように，対象者を分けて育成していく**ことが重要です（図1）。

育成のノウハウ その1：新人研修編

新人研修の重要性

新人が入職した際に，人手が足りず猫の手も借りたいということで，いきなり現場に入って業務を覚えてもらうという方法が，一見独り立ちまでの近道のように思いがちですが，私の経験上，長期的視点に立てば，いきなり現場に入ってもらうのは得策

図1 研修の流れ

ではありません。新人は，例えるなら「絵の描かれていない真っ白なキャンバス」のようなもので，こちらの教え方次第では，素晴らしい絵が描かれると確信しています。逆に，何も教育を施していなければ，そのキャンバスは将来的にどんどん汚れてしまうことになりかねません。

　新人の時にしっかりと教育をするということは，しっかりと基本を叩き込むということです。基本がしっかりしていれば，経験を重ねていった際に間違った方向性に行くことは格段に減少し，早期離職を防ぐことにつながります。また，業務上のトラブル回避のみならず，長期的な視点に立ってみれば，今後の人格形成にも影響を及ぼすぐらい「大切な時間」だと言えます。私は新人が入職したての時期を「ゴールデンタイム」としてとらえ，最も法人が研修に注力すべき時間だと考えています（**図2**）。

図2　新人研修の重要性

〈新人の入職時の特徴〉
- 非常に意欲が高い
- 緊張感があり研修に集中する
- 余計な情報がなく白紙に近い

→ しっかりとした新人研修 →

最初にしっかりと教育しておくことで考え方の基礎を身につけられ，経験を積んだ時に，簡単に挫折したり悪い方向に流されたりすることがなくなる。
根（初心・基本）がしっかりする。

- 新人入職時は「ゴールデンタイム」としてとらえ，基本を叩き込むことに法人は全力を尽くすべき！
- しっかりとした基礎を教育せずに現場にいきなり入れてしまうと，新人は潰れてしまう。
- 新人が夜勤を独り立ちするまで，最低でも4カ月かける。成長が遅い場合は6カ月間は日勤帯を中心に育成する。

入職〜夜勤従事の流れ（正規職員・特養介護スタッフの場合）

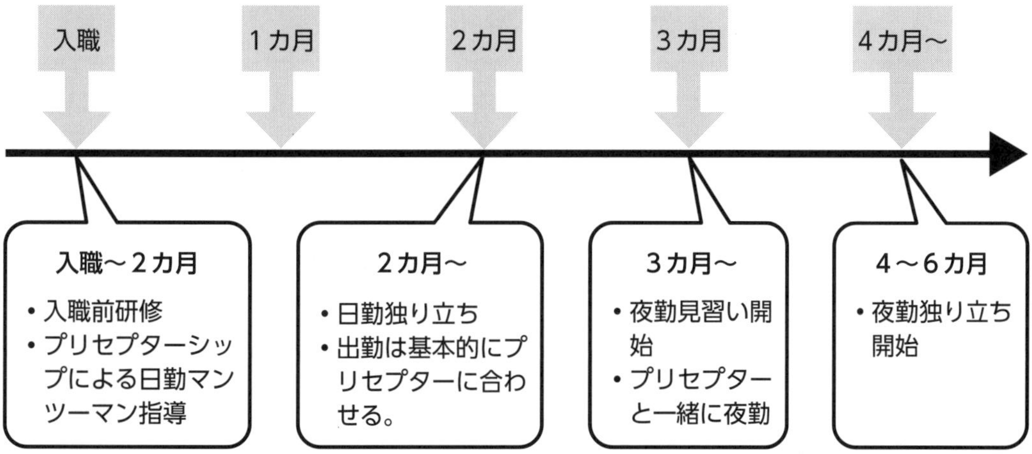

入職	1カ月	2カ月	3カ月	4カ月〜
入職〜2カ月 ・入職前研修 ・プリセプターシップによる日勤マンツーマン指導		2カ月〜 ・日勤独り立ち ・出勤は基本的にプリセプターに合わせる。	3カ月〜 ・夜勤見習い開始 ・プリセプターと一緒に夜勤	4〜6カ月 ・夜勤独り立ち開始

新人研修1：入職研修

　新人が入職してきたら，いきなり現場に入ってもらうのではなく，座学を中心に法人の理念や方向性，ルールなどを丁寧に指導していきます。実際の業務内容を覚えるよりも先に，しっかりと法人の理念や価値観を教育することで，早期離職やルールを遵守しないなどの問題は防止できます。新人にとっても，これから自分が働く職場がどういった場所であるかということは大変重要であり，知りたいと思っているはずです。入職研修を行うことで，法人にも新人にも大きなメリットがあります。

● 新人入職研修の概要

対象：当施設に入職する新人（すべての職種・職員）
時間：常勤4日間（8時間×4日），非常勤3日間（6時間×3日）
目的：実際に現場に入る前に法人理念，価値観，ルールなどを教育する。毎日終了時にテスト，レポート提出を実施する。最終日には修了論文（3ページ程度）を提出する（常勤のみ）。

● 新人学習帳作成のポイント

・新人学習帳（**資料1**）には，施設が「新人に何を望むのか？」というポイントを明確に記載しました。「この部分を期待するよ」とか「法人はここを大切にしているよ」という部分です。
・文字だけにならないようにイラストを多用し，カラー印刷するなどビジュアルも意識して作成しました。内容がモラルとか心構えであるため固い文面になりがちなので，読みやすさも意識しています。

資料1　新人学習帳

自法人の価値観や方向性を一冊の冊子にまとめて，新人教育テキストとして使用しています。法人の目指すべき方向性を「見える化」することが重要です。

第1章：ようこそ！　○○へ！
第2章：社会人としてのモラル
第3章：新人の心構え
第4章：仕事について
第5章：チームワーク論
第6章：これからの○○
第7章：新人の注意すべき点
第8章：清掃管理について
第9章：プリセプター制度について
（全35ページ，新人に対するメッセージなども明記している）

CD収録

・研修ごとにテストやレポートを提出してもらいます。これらがあると一見，負担であると感じてしまいがちですが，入職前の高いモチベーションであれば，高い集中力につながります。

◎毎日の確認テスト・レポート (資料2)

その日研修で学習した内容を，30分程度のテスト形式で復習します。研修で教えたらそれで終わりではなく，知識としてしっかりと覚えているかを確認する作業も大切だと考えています。研修開始前にあらかじめテストを行うことを予告しておくことで，研修に対する集中力が増します。また，当日受講した内容をレポートにまとめ，情報を整理していきます。

◎体験型学習（1日）(資料3)

介護スタッフにおいては，正規職員でもパートでも，また介護福祉士資格の有無を問わず，必ず「体験型学習」をしてもらうことにしています。体験型学習をすることにより，利用者の気持ちを知り，どういった介護が不適切で不快な気持ちになるかということを「自身で実際に体験してもらう」ことで，深く学ぶことができます。
・不快な介護や態度をされたらどう感じるか，利用者の気持ちを体験する。
・移乗介助や食事介助などすべての介助を体験する。

新人研修2：プリセプターシップ

入職研修を修了後，実際に現場に入り具体的な業務内容を覚えていくわけですが，プリセプターシップを導入することで，円滑に新人が経験を積んでいくことが可能です。プリセプターシップとは，先輩介護スタッフ（プリセプター）が新人スタッフ（プリセプティ）と固定的なペアリングを組み，マンツーマン指導を行っていくというシステムです。プリセプターシップは一見，プリセプティのための教育制度のように見えますが，実は指導する側のスタッフ（プリセプター）の教育でもあるという側面も見逃せません。プリセプターシップを導入することは，早期退職を防ぐことに非常に有効です。ここでは，プリセプターシップの運営方法について詳しく説明していきます。

◎プリセプターに期待される役割

▶プリセプター自身が実践モデルとなる

・目標を設定し，指導計画書を基に指導する。
・基本的な介護技術を示す。
・時間内に業務を終了する。
・チーム，組織としての役割を認識した言動に努める。

▶プリセプティ（新人）を支援する

・失敗や不安に対処できるよう支援していく。
・周囲のスタッフとの人間関係を調整していく。
・プリセプティが相談しやすいような態度で接する。

資料2　入職研修時のテスト・レポート

施設福祉部・新人研修教育プログラム2015
レポート・テスト
1日目
名前：＿＿＿＿＿＿＿＿

1. エーデルの法人理念を答えよ。

2. THE EDEL WAY法人行動宣言 の5つの項目（キャッチフレーズ）を答えよ。
   ①
   ②
   ③
   ④
   ⑤

3. エーデル土養の利用者数を答えよ。
   特養　　　　　人　　　従来型　　　　　人　　　ユニット型　　　　　人　　　計　　　　　人
   ショートステイ　　　　　人

4. エーデルの組織形態について、下記の空欄を埋めよ（フルネームで記載）。
   施設長名：＿＿＿＿＿＿＿
   副施設長名：＿＿＿＿＿＿＿
   統括部長名：＿＿＿＿＿＿＿
   介護士長：＿＿＿＿＿＿＿
   主任名：＿＿＿＿＿＿＿　　従来型主任＿＿＿＿＿＿＿
   　　　　　　　　　　　　　ユニット型主任＿＿＿＿＿＿＿

5. サービスを答えなさい。
   ・終身まで利用してもらうサービス　　＿＿＿＿＿＿＿
   ・日帰り利用サービス　　　　　　　　＿＿＿＿＿＿＿
   ・短期間（数日）泊まってもらうサービス　＿＿＿＿＿＿＿

6. あなたは、どこのセクション（サービス）に配属されましたか？

7. エーデルが社会的に求められている役目とは何だと思いますか。

社会人としてのモラル

8. なぜ、職場のルールを破ることはいけないと思いますか？

9. 時間厳守について
   出勤ルール
   ① 分以上早く出勤（入館）しない。
   ② 出勤時間　分前後にタイムカードを押し、ネームプレートをつける。
   ※ 時間調整は、＿＿＿＿＿＿＿ でおこなう。各セクションでの待機は禁止。
   退勤ルール
   ① 更衣を含め、退勤時間　分以内にタイムカードを押し、ネームプレートを返す。
   ※ 時間外勤務は、事前に＿＿＿＿＿＿＿ が許可（指示）した場合のみ。

10. 返事について。返事をする際に注意すべきポイントは何でしょう。2つ選べよ。
    ① ＿＿＿＿＿＿＿　② ＿＿＿＿＿＿＿

11. 挨拶の重要性について
    ① なぜ、挨拶は必要なのか？

    ② 挨拶のポイント、注意点を述べよ。

    ③ 会話の仕方のポイントを述べよ。

CD収録

©Copyright Takayuki Hirooka All rights reserved.

資料3　介護体験学習

介助内容	不適切体験内容	感じたこと	どうすることが良いか
移乗／移動介助	乱暴に抱えて車いすに落とす。		
	車いすに身体を傾けた状態で乗ってもらう。		
	傾いた姿勢のまま車いすを押していく。		
	アイマスクをしてもらい車いすを押す。		
	車いすを押している速度を途中から急加速する。		
	車いすを急に止める。		
	車いすを急発進させる。		
	車いすを押している最中に、壁に軽くぶつける（クッションを使用すること）。		
	押している最中に「忘れ物をした」と言い残し、その場に放置する。		
	車いすを操作する際、声掛けを全く行わない。		
	リクライニングしたまま研修を受けてもらう。		
	フットサポートを下げて、リクライニングしたまま移乗を行う。		
食事介助	おしぼりを放り投げて渡す。		
	配膳した際に「まだ食べないでね」と言って場所をしばらく離れる。		
	横に座ったスタッフに「あー疲れた」と愚痴を言われる。		
	横に座ったスタッフが何も言わずに無表情で座る。		
	最初に、わざと米飯から食事介助をする。		
	スプーンを食器で叩き、音をさせる。		
	主食と副食をかき混ぜる。		
	薬（研修ではクリープ）を振り掛ける。		
	わざとエプロン上に食べ物をこぼし、スプーンですくった後、食べさせる。		
	全く利用者と関連性のない仕事の話をスタッフ同士がする。		
排泄介助	ぬるま湯150ccをパッドに濡らしたものを履いてもらう。		
	履いてもらった後3分程度歩いてもらい、パッドがずれる感覚や段々冷たくなる感覚を感じてもらう。		
	そのまま座学を20分程度行う（排泄メカニズムについて）。		

すべての体験一つずつにおいて「嫌だったこと」を確認し、「良い介護」を体験させ、「うれしい」という気持ちを体感させることが重要。

▶プリセプティ（新人）を評価する

・ペア同士で互いの成長を評価する。

・介護基本チェック表やプリセプター計画書を基に評価していく。

●プリセプターシップのメリット

・マンツーマン指導をすることにより、「指導スタッフが日によって変わり、そのたびに説明方法が異なる」といったようなトラブルを回避できる。

・年端の近い先輩スタッフが指導するため、プリセプティが悩みや不安を相談しやすく、現場でのリアリティショックが和らぎ、早期退職が防げる。

・マンツーマン指導なので即戦力として早く育つ。

・指導するプリセプターもプリセプティと共に成長していく。

・未経験者でも適切な指導を行うことで、早く確実に介護のプロに育成することが可能。

表1　プリセプターシップのよくある問題と対処法

よくある問題	あらかじめ制度設計しておくべき対処法
プリセプターとプリセプティの相性が合わず，人間関係のトラブルが発生することがある。	・ペアリングを組む際に，相性が合わない場合はペア変更の可能性があることを説明しておく。 ・プリセプティの性格，特徴を入職研修でつかむ。
プリセプティが全く育たないと，プリセプターに心労がかかってくる。	・プリセプターと役職者の会議を月1回など定期的に持つ。 ・役職者はプリセプターに対し随時面談を行い，プリセプターだけにすべての指導を任せない。 ・チーム内に，「プリセプターは事業所の代表として新人指導をしている」という価値観を周知する。
「日常の業務」+「プリセプティ指導」を行うため，プリセプターの負担感が強い。	プリセプターには手当をつけ処遇上で評価する。
プリセプターがしっかりとした価値観や技術を持っていないのに何となく任命してしまい，プリセプティが育たない。	プリセプターになるための研修と審査を設け，一定の基準を満たさなければ選任させない制度を設計しておく。

●プリセプターシップのよくある問題と対処法（表1）

　プリセプターシップをうまく機能させると，早期退職を防止できるばかりではなく，さまざまなメリットがありますが，逆にデメリットもあります。デメリットを抑え，対策を事前に練っておくことが肝要です。

●プリセプターの任命方法（図3）

　プリセプターの任命は慎重に行うことが必要です。「とりあえず指導係に…」という安易な考えで任命してしまうと，しっかり指導することができず，プリセプティが育たないばかりか早期退職する危険性も生じます。プリセプターを任命する際は，次の点に留意することが必要です。

・プリセプター希望者を募る。
・プリセプター養成研修を受講させる。
・研修修了後，事業所がプリセプターとして任命する（誰もがプリセプターに任命されるわけではない）。

●プリセプターの選任要件

　プリセプターは希望すれば誰もがなれるものではなく，"事業所が指導係として責任を持って「任命」する"という大役であることは前述したとおりです。どういった基準でプリセプターを選ぶのが理想的かを次に示します。

▶選任すべき人材の要件

・入職3年目程度のスタッフ
・日常の業務遂行能力が高いこと
・業務内容やポイントを理解しており，技術的な手本となれること
・日常態度，マナー，規則遵守，人間関係のトラブルが少ないこと
・プリセプティと年齢が比較的近い者（年齢差5歳以内が望ましい）
・有資格者が望ましいが，介護福祉士の資格を持たない者でも真面目で前向きなス

| 図3 | プリセプターの任命方法 |

入職3年目程度の者でプリセプターを希望する者	プリセプター養成研修	プリセプターに任命
プリセプターを希望したからといって，安易に選出しない。	ただ先輩職員が指導するだけではなく，指導に対する基礎知識を研修することがトラブル防止につながる。	プリセプター任命書（**資料4**）を渡し，手当を支給することで指導担当としての自覚を持たせる。

| 資料4 | プリセプター任命書 |

©Copyright Takayuki Hirooka All rights reserved.

プリセプター任命書
Edel tutiyama preceptor program
特別養護老人ホーム　従来型
プリセプター　　　　様

あなたに，下記の者の新任期間の相談援助者として，指導育成の担当を命じます。期間中は専門的な技術指導にとどまらず，職業人，組織人としてエーデル土山の構成メンバーとしての健全な育成に意を払ってください。

記

新人氏名
期間　　平成　　年4月1日～平成　　年3月31日
平成　　年　　月　　日
施設長

タッフは選出する

●プリセプター養成研修

　プリセプター養成研修を受講しなければ，プリセプターには任命しません。入職3年程度のスタッフに，プリセプターになりたいか否かの希望を確認した上で，プリセプター養成研修を受講させます。プリセプター養成研修は，指導スタッフとしての基礎的な考え方を学習する場として絶対に必要です。

▶プリセプター養成研修の概要

対象：入職3年目程度のスタッフでプリセプターを希望する者

時間：2時間×2日間（プリセプター任命の3カ月前から始める）

留意：この研修を受講しても，プリセプターに任命されないことがあることを説明する。また，当該研修の受講態度や理解度，勤務態度によっては研修を中止することもある。選任されなかった者へは，どこが至らなかったのかの理由を説明する。

▶研修プログラム

（1日目）

1．プリセプターシップの概要説明（制度，選任要件，ペアリングの決定など）

2．モラル，挨拶，礼儀の再確認

3．チーム・組織論
4．社会とは何か

（2日目）
1．プリセプターの役割と心掛け
2．介護技術，知識を指導する際に注意すべきポイント
3．プリセプターによるタブーの言動と行動
4．実際のプリセプターシップの運営方法

●ペアリングの決定

　プリセプターを選任したら，次はプリセプティとのペアリングを決めることが必要です。いくらプリセプター養成研修を受講したからといっても，人間関係や相性の悪さが生じる可能性があります。ペアリングの相性が悪ければ，プリセプターシップが機能せず，プリセプティが育たないばかりか離職する可能性が出てきます。事業所にとってはせっかく苦労して雇用したスタッフが辞めてしまうという損害につながりかねません。したがって，ペアリングは新人育成と人材確保において非常に大きなウエイトを占めると考えてください。

▶ペアリングがうまくいくポイント

・入職研修でプリセプティの特徴をできる限りつかむ。
・プリセプティには指導された時の心構え（腐らない，謙虚に聞く）などをレクチャーしておく。
・プリセプターとプリセプティのそれぞれが紹介カード（**資料5**）を作成し，事前に情報を得ておく。

▶もしもペアリングを失敗したら（プリセプターと新人の相性が悪かった場合）

　明らかに相性が悪い場合は，早い段階でペアリングを変えることが必要です。人間関係が構築できていないから，もう少し待とうと見極める方法もありますが，改善の兆しがなければ思い切ってペアリングを変更する勇気を持ちましょう。相性が悪いことを放置しておくことで，人間関係のトラブルが拡大したり，離職につながったりします。役職者，管理職は常にペアリングがうまく機能しているか見極める視点が必要だと言えるでしょう。

●プリセプターシップの具体的運営方法

　プリセプターシップはただ単に「先輩スタッフが新人に教える」というものではなく，「目標設定」し「計画立案」し「評価」していく教育プログラムです。人材育成は，事業所運営において極めて重要な核となるものですから，しっかりとしたシステム構築が欠かせません。**図4**がプリセプターシップの基本的な流れとなります。1年間を3期に分けて，目標を設定し評価していきます。

　また，プリセプターシップにおける提出書類などを**表2**に，開催しているミーティングを**表3**にまとめました。

資料5　プリセプター／プリセプティ紹介カード　　©Copyright Takayuki Hirooka All rights reserved.

名前　N・A

生年月日　　○○年○月○日　　　○歳　　住所

〈エーデル土山を選んだ理由〉

施設の雰囲気が良かったこと。職員の方が住民さんに笑顔で明るく対応されていたこと。季節ごとの行事を大切にしておられたからです。

〈介護という職種を選んだ理由〉

私の祖母が入院していた時に，着替えや食事の介護をすることがあり，その中で高齢の方々とかかわることの大切さを知ったことと，自分はこの職種に向いているのではないかと思い選びました。

〈私の趣味〉

私の趣味は運動をすることです。休日は時間があればウォーキングなどをしています。気分転換する時には好きなレゲエを聴き，夏にはフェスにも行ったりします。

〈私の今一番欲しいもの〉

特にないですが，しいて言えば車のパーツ，靴です。

〈私の性格〉

私は明るい性格で，何に対しても一生懸命になれます。反面，時には一生懸命になりすぎて，悩みを抱えてしまうところがあります。

〈私の自信のあるところ〉

責任感が強いところです。何事にも積極的に取り組むことができ，物事を最後まで諦めずにやりとげることができます。

〈私の自信のないところ〉

私自身が思う意見や，質問された時などに答えたことが正しいのか，これで良いのかと考え込むところや，ネガティブなところがあります。

〈私は将来こういう介護士になりたい〉

私は将来，常に相手の立場になって物事を考え，相手の気持ちを尊重できる介護士を目指しています。住民さんが望む日々を過ごしていけるように，歌を歌ったり，スキンシップやユーモアを交えて楽しい日々を提供できるように毎日努力しています。

〈プリセプティに向けてのメッセージ〉

不安ばかりだと思います。ですが，最初は皆が同じスタートラインに立っています。私自身も1年目は不安ばかりでしたが，ほかのスタッフも全力でフォローしてくださいますし，同じ仲間ですので，何かあれば無理でない限りいつでも相談してください。

そして，私自身も未熟ですので，多くのご迷惑をお掛けすると思いますが，努力して少しでも分かりやすく丁寧に説明できるように，一緒に勉強して初心を忘れずに向き合っていきたいので，どうぞよろしくお願いします。

①当事業を選んだ理由　　②介護職を選んだ理由　　③私の趣味
④私の今一番欲しいもの　⑤私の性格　　　　　　　⑥私の自信のあるところ
⑦私の自信のないところ　⑧私は将来こういう介護士になりたい
⑨プリセプティ（新人）／プリセプターに向けてのメッセージ
ペアリング決定の前に記載してもらい，ペアリング決定後，それぞれのスタッフに読んでもらうことで，緊張がほぐれる効果がある。

図4　プリセプターシップの流れ

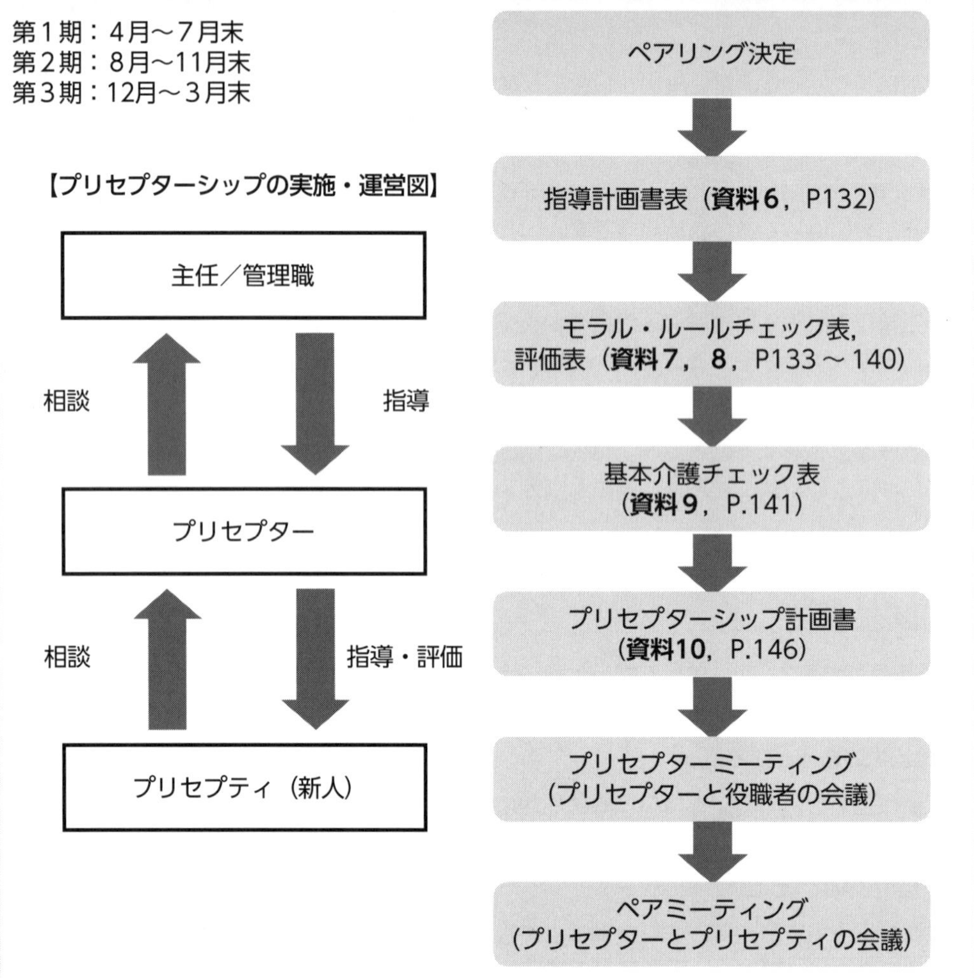

第1期：4月～7月末
第2期：8月～11月末
第3期：12月～3月末

【プリセプターシップの実施・運営図】

主任／管理職
　↑相談　↓指導
プリセプター
　↑相談　↓指導・評価
プリセプティ（新人）

ペアリング決定
　↓
指導計画書表（**資料6**，P132）
　↓
モラル・ルールチェック表，評価表（**資料7，8**，P133～140）
　↓
基本介護チェック表（**資料9**，P.141）
　↓
プリセプターシップ計画書（**資料10**，P.146）
　↓
プリセプターミーティング（プリセプターと役職者の会議）
　↓
ペアミーティング（プリセプターとプリセプティの会議）

●指導計画書表（資料6, P.132）

　プリセプターシップにおける年間計画表です。プリセプター，プリセプティ，役職者の各自の役割を月ごとに明記しておくことで，書類提出の不備などがないようにします。

●プリセプティ（新人）のモラル・ルールチェック表および評価表
（資料7-1〈P.133〉，8-1〈P.137〉）

　毎月ごとに，法人理念や勤務態度，接遇マナー，身だしなみなどのモラルやルールに関する項目をチェックしていきます。新人の自己評価とプリセプターの他者評価によるダブルチェック形式を採用しています。

●プリセプターのモラル・ルールチェック表および評価表
（資料7-2〈P.135〉，8-2〈P.139〉）

　毎月行動をチェックするのは，プリセプティだけではありません。プリセプターもプリセプティと同様の項目について，より良い手本となるべく自己評価します。また，管理職などの上司に他者評価をしてもらうことで，プリセプティのモデルとして機能しているかを評価していきます。

表2　各種提出書類など

実施者	実施事項	期開催期日	提出・返却期限
プリセプティ（新人）	①・プリセプティモラル・ルールチェック表（**資料7-1**，P.133） ・プリセプティ評価表（**資料7-2**，P.135）	毎月	ペアミーティングの5日前にプリセプターに提出
	②プリセプターシップ計画書の短期目標と具体的行動計画欄記入（**資料10**，P.146）		
	③プリセプターシップ評価表（自己評価欄）の記入（**資料11**，P.147）	5月～毎月	
	④基本介護チェック表（**資料9**）	1回/2カ月	
プリセプター	①プリセプティ部分のチェック・評価表の他者評価 ・プリセプティモラル・ルールチェック表（**資料7-1**，P.133） ・プリセプティ評価表（**資料7-2**，P.135）	毎月	プリセプターミーティングの3日前までに役職者に提出
	②・プリセプターモラル・ルールチェック表（**資料8-1**，P.137） ・プリセプター評価表（**資料8-2**，P.139）		
	③・プリセプターシップ計画書の短期目標と具体的行動計画のチェック ・プリセプターシップ計画書の具体的指導計画欄記入（**資料10**，P.146）		
	④プリセプターシップ評価表のプリセプター総評欄の記入（**資料11**，P.147）		
	⑤基本介護チェック表（**資料9**，P.141）	1回/2カ月	
役職者	プリセプターからの提出資料の確認	毎月	プリセプターミーティング日に返却

表3　開催されるミーティング

各種ミーティング名	実施月	出席者
プリセプターミーティング	・毎月1回15～30分以内 ・ペアミーティングと同日開催 ・ペアミーティング開催前に行う	プリセプターと役職者
ペアミーティング	・毎月1回15～30分以内 ・プリセプターミーティングと同日開催 ・プリセプターミーティング開催後に行う	プリセプターとプリセプティ

●基本介護チェック表（資料9，P.141）

　基本介護チェック表を用いて，認知症ケア，食事，排泄，入浴，移乗，移動の各介助ごとに評価していきます。これは，介護の基本技術や知識について誰もが共通した視点で指導できることを目的としています。相対的に見て，もう少しレベルアップを図りたい事項や達成できているところを客観的かつ具体的に確認でき，今後の目標を設定する上でも役立っています。

　このシートを用いた評価は，スタッフの負担を考慮し2カ月に1回行うこととしています。重要なことは，「できた」「できていない」という単純な評価のみに終始しないということです。できなかった個所について，「なぜできなかったのか」「今後どうすればできるようになるのか」を建設的に検証していく作業が大変重要で，スキルアップには欠かせません。

資料6　プリセプターシップ指導計画表

新卒新人モデル教育目標：指導や教育を受けながら、安全・確実な介護実践を行うことができる。

		4月	5月	6月	7月	8月	9月	10月	11月	12月	1月	2月	3月
プリセプター	会議事項	プリセプター会議（毎月） ※プリセプターミーティング（PSミーティング）とは… 役職者とプリセプターが行う会議 ※ペアミーティングとは…プリセプターとプリセプティが行う会議											
	実施事項	各チェック表の確認・目標設定	チェック表記入 各チェック表の確認・目標設定・評価記入 フォローアップ研修（緊急時シミュレーション）		チェック表記入 フォローアップ研修（介護の基礎理解）		チェック表記入 ・プリセプター勉強会 ・第2期中にプリセプターから基礎技術の研修 ※プリセプターごとに日時設定		チェック表記入		チェック表記入 フォローアップ研修（ケアプラン勉強会）		チェック表記入 指導観レポート提出
プリセプティ	会議事項	プリセプター担当者会議（毎月）											
	実施事項	各チェック表の確認・目標設定	チェック表記入 各チェック表の確認・目標設定・評価記入 フォローアップ研修（緊急時シミュレーション）	リスクマネジメント基礎的理解	チェック表記入 フォローアップ研修（介護の基礎理解）	・プリセプター勉強会 ・第2期中にプリセプターから基礎技術の研修 ・リスクマネジメント研修	チェック表記入 プリセプター勉強会	フォローアップ研修	チェック表記入		チェック表記入 フォローアップ研修（ケアプラン勉強会）		介護観レポート提出
役職者	プリセプター養成研修		緊急時シミュレーション演習・マニュアル作成		フォローアップ研修実施（介護の基礎理解）	・基礎技術の研修実施のフォローアップ ・フォローアップ研修企画（リスクマネジメント）				ケアプラン勉強会企画		2016年度研修内容検討プリセプター選任 プリセプターシッププログラムの見直し	プリセプター養成研修
	評価表・モデル表の見直し												

- プリセプター担当者会議（月の勤務表調整）
- 各月のプリセプターミーティング進行
- 各チェック表の確認・指導状態の把握

※1　プリセプターはプリセプティが提出したチェック表を点検し、これにより指導・修正事項を明確にし、プリセプティの目標達成に向けて形成的にかかわることができる。
※2　各チェック表・計画書については、プリセプターが責任を持ち役職者に提出する。

CD収録

資料7-1　プリセプティのモラル・ルールチェック表

マナー・モラル
評価基準　A：よくできた（80％以上）　B：大体できた（80〜50％）
　　　　　C：要指導・要改善（50％以下）

プリセプティチェック表（モラル・ルール）　　　氏名

項目		自己評価	プリセプター評価	自己評価	プリセプター評価	自己評価	プリセプター評価	自己評価	プリセプター評価
			月		月		月		月
理念	法人の使命・理念を理解し答えられる。		A・B・C		A・B・C		A・B・C		A・B・C
	施設長・副施設長・部長・主任が誰か認識している。		A・B・C		A・B・C		A・B・C		A・B・C
勤務マナー	出勤簿に記入を行い、定時には職務に就いている。		A・B・C		A・B・C		A・B・C		A・B・C
	勤務までにプリセプター、連絡帳の確認・把握ができている。		A・B・C		A・B・C		A・B・C		A・B・C
	遅刻・欠勤がない。		A・B・C		A・B・C		A・B・C		A・B・C
	やむを得ず欠勤・遅刻などが発生する場合は、速やかに連絡している。		A・B・C		A・B・C		A・B・C		A・B・C
	早退・有休・勤務変更などの場合、事前に主任の承諾を得て、届出を提出している。		A・B・C		A・B・C		A・B・C		A・B・C
	入室時はノック後「失礼します」と言い、退室時は「失礼しました」と言っている。		A・B・C		A・B・C		A・B・C		A・B・C
外部接遇マナー	感情に左右されず、笑顔で明るい表情で挨拶を自らしている。		A・B・C		A・B・C		A・B・C		A・B・C
	「分からない」「知らない」で済まさず、責任を持って対応している。		A・B・C		A・B・C		A・B・C		A・B・C
	相手に失礼のない、TPO（時・場所・場合）に合わせた言葉遣いを意識している。		A・B・C		A・B・C		A・B・C		A・B・C
	家人面会時は、いすなどを準備するなど、気配りができている。		A・B・C		A・B・C		A・B・C		A・B・C
身だしなみマナー	長い髪は束ね、表情の見える清潔感のある髪形を心掛けている。		A・B・C		A・B・C		A・B・C		A・B・C
	破れた衣類・派手な色（複数色）・適正でないサイズの衣類など、乱れた服装をしていない。		A・B・C		A・B・C		A・B・C		A・B・C
	ズボンの裾が床に擦っていない。		A・B・C		A・B・C		A・B・C		A・B・C
	危険なアクセサリーやネイルなどが発するものを身につけていない。		A・B・C		A・B・C		A・B・C		A・B・C
	靴・ナースシューズなどのかかとを踏んでいない。		A・B・C		A・B・C		A・B・C		A・B・C
	歩行の仕方は適切である（廊下を走らない、靴をずって歩かないなど）。		A・B・C		A・B・C		A・B・C		A・B・C
	ポケットに手を入れていない。		A・B・C		A・B・C		A・B・C		A・B・C

評価がCになった場合
・蛍光ペンでその項目を塗り、プリセプター計画書に落とし込みます。
・プリセプターの評価を優先します。

新人とプリセプターの評価が分かれた場合
新人には自己評価とプリセプターの評価がなぜ分かれたのかを考えさせます。

CD収録

資料7-1の続き

チームマナー				
職員間で名前を呼ぶ時は、呼び捨て・愛称ではなく、「さん」付けで呼んでいる。	A・B・C	A・B・C	A・B・C	A・B・C
公私のメリハリをつけ、職員間の私語を慎んでいる。	A・B・C	A・B・C	A・B・C	A・B・C
「ありがとう」「お願いします」「すみません」と言え、互いに助け合っている。	A・B・C	A・B・C	A・B・C	A・B・C
愚痴や不平不満を言わず、職員を批判していない。	A・B・C	A・B・C	A・B・C	A・B・C
自分に厳しく、安易に休まない。	A・B・C	A・B・C	A・B・C	A・B・C
施設の行事に積極的に参加している。	A・B・C	A・B・C	A・B・C	A・B・C
内部接遇マナー				
担当場所を離れる際は、必ず行き先を告げている。	A・B・C	A・B・C	A・B・C	A・B・C
曖昧なことは自己判断せず、確認・相談している。	A・B・C	A・B・C	A・B・C	A・B・C
トラブルが生じた場合は、速やかに連絡・相談している。	A・B・C	A・B・C	A・B・C	A・B・C
指示されたことは実施後、必ず報告している。	A・B・C	A・B・C	A・B・C	A・B・C
内線電話（PHS同様）では、フロア（ユニット）名と個人名を言っている。	A・B・C	A・B・C	A・B・C	A・B・C
ケアサービス姿勢				
利用者には、お客様・人生の大先輩として、尊敬ある言動で丁寧に対応している。	A・B・C	A・B・C	A・B・C	A・B・C
利用者を「さん」付けで呼んでいる。	A・B・C	A・B・C	A・B・C	A・B・C
居室をプライベート空間と認識し、入室時はノック後「失礼します」と言い、退室後は「失礼しました」と言っている。	A・B・C	A・B・C	A・B・C	A・B・C
「〜してください」などの指示的な声かけをしていない。	A・B・C	A・B・C	A・B・C	A・B・C
守秘義務を厳守している。	A・B・C	A・B・C	A・B・C	A・B・C
業務姿勢				
引き継ぎが適切にできている。	A・B・C	A・B・C	A・B・C	A・B・C
専門用語を理解できている。	A・B・C	A・B・C	A・B・C	A・B・C
必要時にはメモをとっている。	A・B・C	A・B・C	A・B・C	A・B・C
提出物の期限を守っている。	A・B・C	A・B・C	A・B・C	A・B・C
一度同意し任された仕事は、最後まで責任を持って遂行している。	A・B・C	A・B・C	A・B・C	A・B・C
居室の整理整頓、後片付けができている。	A・B・C	A・B・C	A・B・C	A・B・C
不要な電気・エアコンは消し、常にコストを意識できている。	A・B・C	A・B・C	A・B・C	A・B・C
時間内に仕事を終え、30分以内に退勤できている。	A・B・C	A・B・C	A・B・C	A・B・C
PHSやマスターキーは、指示されたとおりに使用している。	A・B・C	A・B・C	A・B・C	A・B・C

資料7-2 プリセプターのモラル・ルールチェック表

マナー・モラル

評価基準　A：よくできた（80％以上）　B：大体できた（80〜50％）
　　　　　C：要指導・要改善（50％以下）

プリセプターチェック表（モラル・ルール）　　　氏名

マナー・モラル	月		月		月		月	
	自己評価	他者評価	自己評価	他者評価	自己評価	他者評価	自己評価	他者評価
理念								
法人の使命・理念を理解し答えられる。		A・B・C		A・B・C		A・B・C		A・B・C
施設長・副施設長・部長・主任が誰か認識している。		A・B・C		A・B・C		A・B・C		A・B・C
勤務マナー								
出勤簿に記入を行い、定時には職務に就いている。		A・B・C		A・B・C		A・B・C		A・B・C
勤務までにプレシフトウェア、連絡帳の確認・把握ができている。		A・B・C		A・B・C		A・B・C		A・B・C
遅刻・欠勤がない。		A・B・C		A・B・C		A・B・C		A・B・C
やむを得ず欠勤・遅刻などが発生する場合は、速やかに連絡している。		A・B・C		A・B・C		A・B・C		A・B・C
早退・有休・勤務変更などの場合、事前に主任の承諾を得て、届出を提出している。		A・B・C		A・B・C		A・B・C		A・B・C
外部接遇マナー								
感情に左右されず、笑顔で明るい表情で挨拶を自らしている。		A・B・C		A・B・C		A・B・C		A・B・C
「分からない」「知らない」で済ませず、責任を持って対応している。		A・B・C		A・B・C		A・B・C		A・B・C
相手に失礼のない、TPO（時・場所・場合）に合わせた言葉遣いを意識している。		A・B・C		A・B・C		A・B・C		A・B・C
家人面会時は、いすなどを準備するなど、気配りができている。		A・B・C		A・B・C		A・B・C		A・B・C
身だしなみマナー								
長い髪は束ね、表情の見える清潔感のある髪形を心がけている。		A・B・C		A・B・C		A・B・C		A・B・C
破れた衣類・派手な色（複数色）、適正でないサイズの衣類など、乱れた服装をしていない。		A・B・C		A・B・C		A・B・C		A・B・C
ズボンの裾が床に擦っていない。		A・B・C		A・B・C		A・B・C		A・B・C
危険なアクセサリーや音が発するものを身につけていない。		A・B・C		A・B・C		A・B・C		A・B・C
靴・ナースシューズなどのかかとを踏んでいない。		A・B・C		A・B・C		A・B・C		A・B・C
歩行の仕方は適切である（廊下を走らない、靴をずって歩かないなど）。		A・B・C		A・B・C		A・B・C		A・B・C
ポケットに手を入れていない。		A・B・C		A・B・C		A・B・C		A・B・C

CD収録

資料7-2の続き

チームマナー					
職員間で名前を呼ぶ時は、呼び捨て・愛称を使わず、「さん」付けで呼んでいる。	A・B・C	A・B・C	A・B・C	A・B・C	A・B・C
公私のメリハリをつけ、職員間の私語を慎んでいる。	A・B・C	A・B・C	A・B・C	A・B・C	A・B・C
「ありがとう」「お願いします」「すみません」と言え、互いに助け合っている。	A・B・C	A・B・C	A・B・C	A・B・C	A・B・C
愚痴や不平不満を言わず、職員の批判をしていない。	A・B・C	A・B・C	A・B・C	A・B・C	A・B・C
自分に厳しく、安易に休まない。	A・B・C	A・B・C	A・B・C	A・B・C	A・B・C
施設の行事に積極的に参加している。	A・B・C	A・B・C	A・B・C	A・B・C	A・B・C
内部接遇マナー					
担当場所を離れる際は、必ず行き先を告げている。	A・B・C	A・B・C	A・B・C	A・B・C	A・B・C
曖昧なことは自己判断せず、確認している。	A・B・C	A・B・C	A・B・C	A・B・C	A・B・C
トラブルが生じた場合は、速やかに連絡・相談している。	A・B・C	A・B・C	A・B・C	A・B・C	A・B・C
指示されたことは実施後、必ず報告している。	A・B・C	A・B・C	A・B・C	A・B・C	A・B・C
内線電話（PHS同様）では、フロア（ユニット）名と個人名を言っている。	A・B・C	A・B・C	A・B・C	A・B・C	A・B・C
ケアサービス姿勢					
利用者には、お客様・人生の大先輩として、尊厳ある言動で丁寧に対応している。	A・B・C	A・B・C	A・B・C	A・B・C	A・B・C
利用者を「さん」付けで呼んでいる。	A・B・C	A・B・C	A・B・C	A・B・C	A・B・C
居室をプライベート空間と認識し、入室時はノック後「失礼します」と言い、退室後は「失礼しました」と言っている。	A・B・C	A・B・C	A・B・C	A・B・C	A・B・C
「～してください」などの指示的な声かけをしていない。	A・B・C	A・B・C	A・B・C	A・B・C	A・B・C
つぶやきを傾聴し、できる限りの対応を行い、守秘義務を厳守している。	A・B・C	A・B・C	A・B・C	A・B・C	A・B・C
業務姿勢					
引き継ぎが適切にできている。	A・B・C	A・B・C	A・B・C	A・B・C	A・B・C
専門用語を理解できている。	A・B・C	A・B・C	A・B・C	A・B・C	A・B・C
必要時には、メモをとっている。	A・B・C	A・B・C	A・B・C	A・B・C	A・B・C
提出物の期限を守っている。	A・B・C	A・B・C	A・B・C	A・B・C	A・B・C
一度同意し任された仕事は、最後まで責任を持って遂行している。	A・B・C	A・B・C	A・B・C	A・B・C	A・B・C
居室の整理整頓、後片付けができている。	A・B・C	A・B・C	A・B・C	A・B・C	A・B・C
不要な電気・エアコンは消し、常にコストを意識できている。	A・B・C	A・B・C	A・B・C	A・B・C	A・B・C
時間内に仕事を終え、30分以内に退勤できている。	A・B・C	A・B・C	A・B・C	A・B・C	A・B・C
PHSやマスターキーは、指示されたとおりに使用している。	A・B・C	A・B・C	A・B・C	A・B・C	A・B・C

資料8-1 プリセプティ評価表

プリセプティ評価表

項目　プリセプターシップ
評価基準　A：よくできた（80％以上）　B：大体できた（80〜50％）
　　　　　C：あまりできなかった（50〜10％）　D：要改善（10％未満）

項目	自己評価	月 他者評価	自己評価	月 他者評価	自己評価	月 他者評価
プリセプティの気持ち						
不安や恐れを抱かずに安心できたか		A・B・C・D		A・B・C・D		A・B・C・D
ほかのスタッフに自然に打ち解けられたか		A・B・C・D		A・B・C・D		A・B・C・D
自主的に行動できたか		A・B・C・D		A・B・C・D		A・B・C・D
精神的な疲労はなかったか		A・B・C・D				
責任感を持てたか		A・B・C・D		A・B・C・D		A・B・C・D
介護士としての自覚を持てたか		A・B・C・D		A・B・C・D		A・B・C・D
介護実践（内容）						
指導されて基本的介護技術を経験することができたか		A・B・C・D		A・B・C・D		
業務内容は必要な回数行えたか		A・B・C・D		A・B・C・D		
簡単なことから複雑なことへ段階的にアプローチし、理解できたか		A・B・C・D		A・B・C・D		
業務の時間配分や優先順位のつけ方を理解できたか		A・B・C・D		A・B・C・D		A・B・C・D
好感の持てる電話対応（PHS）の方法を示され、それを生かして実践できたか		A・B・C・D		A・B・C・D		A・B・C・D
チームケアの意識を持って、行動できたか		A・B・C・D		A・B・C・D		A・B・C・D
組織体系を踏まえたかかわり方を示され、実践できたか		A・B・C・D		A・B・C・D		A・B・C・D

プリセプターの他者評価
プリセプターの直属の上司が評価することが望ましいでしょう。

資料8-1の続き

学習				
学習意欲が向上したか	A・B・C・D	A・B・C・D	A・B・C・D	A・B・C・D
学習目標の立案が1人でできたか	A・B・C・D	A・B・C・D	A・B・C・D	A・B・C・D
礼儀作法を習得できたか	A・B・C・D	A・B・C・D	A・B・C・D	A・B・C・D
自己学習に必要な参考書や本などを紹介され、活用できたか	A・B・C・D	A・B・C・D	A・B・C・D	A・B・C・D
指導された内容を復習しながら学習できたか	A・B・C・D	A・B・C・D	A・B・C・D	A・B・C・D
コミュニケーション				
プリセプターに素直に気持ちを表現できたか	A・B・C・D	A・B・C・D	A・B・C・D	A・B・C・D
プリセプターに悩みや不満を相談できたか	A・B・C・D	A・B・C・D	A・B・C・D	A・B・C・D
プリセプターとの関係で安らぎを感じられたか	A・B・C・D	A・B・C・D	A・B・C・D	A・B・C・D
プリセプターは健康管理に注意を払ってくれたか	A・B・C・D	A・B・C・D	A・B・C・D	A・B・C・D
プリセプターは質問しやすい雰囲気であったか	A・B・C・D	A・B・C・D	A・B・C・D	A・B・C・D
プリセプターの声かけでやる気が持てたか	A・B・C・D	A・B・C・D	A・B・C・D	A・B・C・D
プリセプターは誠意と感心を持って接してくれたか	A・B・C・D	A・B・C・D	A・B・C・D	A・B・C・D
プリセプターと良好なコミュニケーションが図れたか	A・B・C・D	A・B・C・D	A・B・C・D	A・B・C・D
プリセプターは自信を持って接してくれたか	A・B・C・D	A・B・C・D	A・B・C・D	A・B・C・D
プリセプターは一番の理解者であることを示し、理解してくれたか	A・B・C・D	A・B・C・D	A・B・C・D	A・B・C・D
課題設定				
プリセプターやスタッフから評価・意見を言われ、反省・改善できたか	A・B・C・D	A・B・C・D	A・B・C・D	A・B・C・D
プリセプターやスタッフから評価・意見を言われ、自信を持てたか	A・B・C・D	A・B・C・D	A・B・C・D	A・B・C・D
マニュアルを活用して、仕事にフィードバックできたか	A・B・C・D	A・B・C・D	A・B・C・D	A・B・C・D

※C、Dの項目については、プリセプターと話し合い、修正・改善が必要。

資料8-2 プリセプター評価表

プリセプター評価表

項目	プリセプターシップ							
評価基準	A：よくできた（80%以上）　B：大体できた（80〜50%） C：あまりできなかった（50〜10%）　D：要改善（10%未満）							

		月		月		月		
		自己評価	他者評価	自己評価	他者評価	自己評価	他者評価	
プリセプターの気持ちを配慮した指導								
	プリセプティの抱く不安や恐れを理解し、適切に対応できたか		A・B・C・D		A・B・C・D		A・B・C・D	
	プリセプティがほかのスタッフに自然に打ち解けられるように配慮ができたか		A・B・C・D		A・B・C・D		A・B・C・D	
	プリセプティが住民さんに受け入れられるように配慮できたか		A・B・C・D		A・B・C・D		A・B・C・D	
	プリセプティの努力や成長をほかのスタッフが理解できるように伝達できたか		A・B・C・D		A・B・C・D		A・B・C・D	
	プリセプティの失敗をフォロー、勇気づけ、自信を失わないよう配慮したか		A・B・C・D		A・B・C・D		A・B・C・D	
	プリセプティが自主的に行動できるように働き掛けたか		A・B・C・D		A・B・C・D			
	プリセプティに精神的な疲労を与えないように支援できたか		A・B・C・D		A・B・C・D			
	プリセプティが責任を持てるように支援できたか		A・B・C・D		A・B・C・D			
	プリセプターの成長と努力を理解できたか		A・B・C・D		A・B・C・D			
介護実践（内容）								
	基本的介護技術を示し、プリセプティにそれらを経験させる機会を与えたか		A・B・C・D		A・B・C・D		A・B・C・D	
	業務内容はぶ必要な回数行えるよう配慮したか		A・B・C・D		A・B・C・D		A・B・C・D	
	簡単なことから複雑なことへく段階的にアプローチしたか		A・B・C・D		A・B・C・D		A・B・C・D	
	業務の時間配分・優先順位の選択方法を示したか		A・B・C・D		A・B・C・D		A・B・C・D	
	好感の持てる電話対応（PHS）の方法を示したか		A・B・C・D		A・B・C・D		A・B・C・D	
	チームケアの意識付けをもって、実践行動する方法を示したか		A・B・C・D		A・B・C・D		A・B・C・D	
	組織体系を踏まえたかかわり方を示したか（医務・相談員・栄養課との連携）		A・B・C・D		A・B・C・D		A・B・C・D	
学習								
	プリセプティの学習ニーズを査定し、向上するよう指導したか		A・B・C・D		A・B・C・D		A・B・C・D	
	能力に適した達成目標を立てられるように指導したか		A・B・C・D		A・B・C・D		A・B・C・D	
	礼儀作法を指導したか		A・B・C・D		A・B・C・D		A・B・C・D	
	自己学習に必要な参考書・本などを紹介し、活用できるよう指導したか		A・B・C・D		A・B・C・D		A・B・C・D	
	指導された内容を復習しながら学習できるよう指導したか		A・B・C・D		A・B・C・D		A・B・C・D	

CD収録

資料8-2の続き

コミュニケーション				
プリセプティが素直に気持ちを表現できるよう配慮したか	A・B・C・D	A・B・C・D	A・B・C・D	A・B・C・D
プリセプティに悩み・不満を聞くように努めたか	A・B・C・D	A・B・C・D	A・B・C・D	A・B・C・D
プリセプティとの関係で，安らぎを感じられるよう対応したか	A・B・C・D	A・B・C・D	A・B・C・D	A・B・C・D
プリセプティが健康管理に注意しているか確認していたか	A・B・C・D	A・B・C・D	A・B・C・D	A・B・C・D
プリセプティに質問しやすい雰囲気をつくっていたか	A・B・C・D	A・B・C・D	A・B・C・D	A・B・C・D
プリセプティにやる気を持たせるよう声かけを行ったか	A・B・C・D	A・B・C・D	A・B・C・D	A・B・C・D
プリセプティは誠意と感心を持って接したか	A・B・C・D	A・B・C・D	A・B・C・D	A・B・C・D
プリセプティと良好なコミュニケーションが図れたか	A・B・C・D	A・B・C・D	A・B・C・D	A・B・C・D
プリセプティに自信を持って接していたか	A・B・C・D	A・B・C・D	A・B・C・D	A・B・C・D
プリセプティに一番の理解者であることを示し，理解に努めたか	A・B・C・D	A・B・C・D	A・B・C・D	A・B・C・D
フィードバック				
プリセプティがほかのスタッフから評価・意見を言われた際，反省・改善できたか	A・B・C・D	A・B・C・D	A・B・C・D	A・B・C・D
プリセプティがプリセプターやほかのスタッフから言われた評価・意見を積極的に伝え，反省・改善させたか	A・B・C・D	A・B・C・D	A・B・C・D	A・B・C・D
ほかのプリセプターやスタッフから評価・意見を言われ，自信を持てたか	A・B・C・D	A・B・C・D	A・B・C・D	A・B・C・D
マニュアルを活用して，仕事にフィードバックできたか	A・B・C・D	A・B・C・D	A・B・C・D	A・B・C・D
役割と達成度と課題設定				
指導のための学習ができたか	A・B・C・D	A・B・C・D	A・B・C・D	A・B・C・D
各期の目標は達成できたか	A・B・C・D	A・B・C・D	A・B・C・D	A・B・C・D
プリセプティのパーソナリティに適した指導方法を選択できたか	A・B・C・D	A・B・C・D	A・B・C・D	A・B・C・D
時間の有効利用を考慮して指導できたか	A・B・C・D	A・B・C・D	A・B・C・D	A・B・C・D
指導上の経過を上司や同僚に適時報告できたか	A・B・C・D	A・B・C・D	A・B・C・D	A・B・C・D
支援したことを評価できたか	A・B・C・D	A・B・C・D	A・B・C・D	A・B・C・D
マニュアルやチェックリストを生かした指導ができたか	A・B・C・D	A・B・C・D	A・B・C・D	A・B・C・D
プリセプター委員会（主任）とのコミュニケーションは図れたか	A・B・C・D	A・B・C・D	A・B・C・D	A・B・C・D
自分の知識・不足部分を発見できたか	A・B・C・D	A・B・C・D	A・B・C・D	A・B・C・D
今後の研修課題を見いだせたか	A・B・C・D	A・B・C・D	A・B・C・D	A・B・C・D

資料9　基本介護チェック表

氏名

認知症介護

評価基準　A：よくできた（80%以上）　B：大体できた（80〜50%）
　　　　　C：あまりできなかった（50〜10%）　D：要指導・要改善（10%未満）　空欄：未経験

	月		月		月		月	
	自己評価	プリセプター評価	自己評価	プリセプター評価	自己評価	プリセプター評価	自己評価	プリセプター評価
基礎理解								
認知症状は脳の病気であることを理解している								
中核症状：記憶障害・見当識障害など（回復・改善が不可能な領域）								
周辺症状：意欲低下・幻覚・妄想・徘徊など（適切な介護により回復・改善が可能な領域）								
接し方								
自尊心を傷つけない（間違った行動や理解できない行動を取っても否定しない）	A・B・C・D	A・B・C・D	A・B・C・D	A・B・C・D	A・B・C・D	A・B・C・D	A・B・C・D	A・B・C・D
視野に入ってゆったり、楽しく話す（"安心してください、あなたと話しています"ということを表す）	A・B・C・D	A・B・C・D	A・B・C・D	A・B・C・D	A・B・C・D	A・B・C・D	A・B・C・D	A・B・C・D
「安心」「うれしい」「楽しい」などの感情に働き掛ける（記憶はなくても、気持ちは残る）	A・B・C・D	A・B・C・D	A・B・C・D	A・B・C・D	A・B・C・D	A・B・C・D	A・B・C・D	A・B・C・D
簡潔に伝えている（一度にいくつものことを話すと混乱を招く）	A・B・C・D	A・B・C・D	A・B・C・D	A・B・C・D	A・B・C・D	A・B・C・D	A・B・C・D	A・B・C・D
本人の分かる言葉を用いる（ゆっくり、やさしく、丁寧に）	A・B・C・D	A・B・C・D	A・B・C・D	A・B・C・D	A・B・C・D	A・B・C・D	A・B・C・D	A・B・C・D
呼び捨て・あだ名・幼児扱い（大人であり、人であることを忘れずに）・ため口禁止	A・B・C・D	A・B・C・D	A・B・C・D	A・B・C・D	A・B・C・D	A・B・C・D	A・B・C・D	A・B・C・D
介護のプロとして「いつでも・どこでも・誰にでも」同じ声かけができている	A・B・C・D	A・B・C・D	A・B・C・D	A・B・C・D	A・B・C・D	A・B・C・D	A・B・C・D	A・B・C・D
専門性								
なじみのある、安心できる存在になる（「よく見る顔」から「この人なら大丈夫」へ）	A・B・C・D	A・B・C・D	A・B・C・D	A・B・C・D	A・B・C・D	A・B・C・D	A・B・C・D	A・B・C・D
できることを大切にする（家事や仕事など習慣動作は残りやすいできる部分に注目する）	A・B・C・D	A・B・C・D	A・B・C・D	A・B・C・D	A・B・C・D	A・B・C・D	A・B・C・D	A・B・C・D
自分の心身の安定に努める（体調が悪ければ誰でも嫌な気分になる健康がケアの第一歩）	A・B・C・D	A・B・C・D	A・B・C・D	A・B・C・D	A・B・C・D	A・B・C・D	A・B・C・D	A・B・C・D
その人に興味を持つ（排泄サインなどいさな変化を知るのにおいても「なぜだろう？」を大切にする）	A・B・C・D	A・B・C・D	A・B・C・D	A・B・C・D	A・B・C・D	A・B・C・D	A・B・C・D	A・B・C・D
利用者の前で優しくなるために、自分のイライラを溜めず、時々発散させる場をつくる	A・B・C・D	A・B・C・D	A・B・C・D	A・B・C・D	A・B・C・D	A・B・C・D	A・B・C・D	A・B・C・D
見当識を強化する場所づくり（目印や案内、家具の配置など、その人の「こうすればできる」を考える）	A・B・C・D	A・B・C・D	A・B・C・D	A・B・C・D	A・B・C・D	A・B・C・D	A・B・C・D	A・B・C・D

資料9の続き

食事

食事前					
手洗い（おしぼりで拭く）を行う	A・B・C・D		A・B・C・D	A・B・C・D	A・B・C・D
エプロンをつける際は、説明・声かけを行う	A・B・C・D	A・B・C・D	A・B・C・D	A・B・C・D	A・B・C・D
献立を説明して食欲を引き出す	A・B・C・D	A・B・C・D	A・B・C・D	A・B・C・D	A・B・C・D
配膳する時は、皿を正しい位置、または食べやすい位置にする	A・B・C・D	A・B・C・D	A・B・C・D	A・B・C・D	A・B・C・D
「○○さん、お待たせしました」と声をかけ、配膳する	A・B・C・D	A・B・C・D	A・B・C・D	A・B・C・D	A・B・C・D
介助者は手を洗いエプロンを着用する	A・B・C・D		A・B・C・D	A・B・C・D	A・B・C・D
食事中					
できるだけお茶や汁物といった水分から勧める（喉の通りを良くするため）	A・B・C・D	A・B・C・D	A・B・C・D	A・B・C・D	A・B・C・D
利用者のペース・一口量に合わせて介助する	A・B・C・D	A・B・C・D	A・B・C・D	A・B・C・D	A・B・C・D
介助者は利用者に適した位置でいすに腰掛け、目線を合わせる。足を組んだりしない	A・B・C・D	A・B・C・D	A・B・C・D	A・B・C・D	A・B・C・D
最後にお茶を飲んでもらい、口腔内を清潔にする	A・B・C・D	A・B・C・D	A・B・C・D	A・B・C・D	A・B・C・D
口の回りや手に汚れがある場合は、放置せず優しくそっと清拭している	A・B・C・D	A・B・C・D	A・B・C・D	A・B・C・D	A・B・C・D
食後					
下膳時、「お下げしてよろしいでしょうか？」などの確認の声かけをする	A・B・C・D	A・B・C・D	A・B・C・D	A・B・C・D	A・B・C・D
口の回りや手に汚れがないか確認し、必要に応じて介助・声かけをする	A・B・C・D	A・B・C・D	A・B・C・D	A・B・C・D	A・B・C・D
口腔ケアを行う	A・B・C・D	A・B・C・D	A・B・C・D	A・B・C・D	A・B・C・D
衣類に汚れがあれば、随時交換する	A・B・C・D	A・B・C・D	A・B・C・D	A・B・C・D	A・B・C・D
必要者の食事・水分量の記録を行う	A・B・C・D	A・B・C・D	A・B・C・D	A・B・C・D	A・B・C・D
事故予防					
食事前は随時、姿勢の確認を行う	A・B・C・D	A・B・C・D	A・B・C・D	A・B・C・D	A・B・C・D
入れ歯を入れ忘れていないか確認する	A・B・C・D	A・B・C・D	A・B・C・D	A・B・C・D	A・B・C・D
利用者の状態に合った食形態・温度であるか確認してから配膳する	A・B・C・D	A・B・C・D	A・B・C・D	A・B・C・D	A・B・C・D
体調を把握した上で介助する	A・B・C・D	A・B・C・D	A・B・C・D	A・B・C・D	A・B・C・D
嚥下を確認してから介助する	A・B・C・D	A・B・C・D	A・B・C・D	A・B・C・D	A・B・C・D
配薬時は名前、袋が重なっていないかなど確認する	A・B・C・D	A・B・C・D	A・B・C・D	A・B・C・D	A・B・C・D
吸引機の位置を確認し、必要時正しく使用できる	A・B・C・D	A・B・C・D	A・B・C・D	A・B・C・D	A・B・C・D
異食の心配がある方のそばに、ティッシュペーパーや薬の袋などを置きっぱなしにしない	A・B・C・D	A・B・C・D	A・B・C・D	A・B・C・D	A・B・C・D

資料9の続き

排泄

準備					
手を洗ってから介助を始める	A・B・C・D				
必要物品をそろえてから介助にあたる（急な時を除く）	A・B・C・D				
清潔・不潔の区分をし、予防着を適正に使用する（予防着のままケアワーカー室に入らないなど）	A・B・C・D				
介助時					
動作ごとに声かけを行う（介助することの説明や声かけを行う）	A・B・C・D	A・B・C・D	A・B・C・D	A・B・C・D	
トイレ介助の際、立ちやすい位置や（麻痺などによって）向きなどを考えて介助する	A・B・C・D	A・B・C・D	A・B・C・D	A・B・C・D	
車いすのブレーキをかける	A・B・C・D	A・B・C・D	A・B・C・D	A・B・C・D	
清拭・陰部洗浄を適切に行う（前から後ろ・臀部）	A・B・C・D	A・B・C・D	A・B・C・D	A・B・C・D	
皮膚の観察を行う	A・B・C・D	A・B・C・D	A・B・C・D	A・B・C・D	
横になっていただく際、柵が体に当たらないように気をつける	A・B・C・D	A・B・C・D	A・B・C・D	A・B・C・D	
カーテンや扉などを閉め、プライバシーへの配慮をする	A・B・C・D	A・B・C・D	A・B・C・D	A・B・C・D	
おむつがきちんと当たっているか確認する（きつすぎないか、はみ出していないか、位置など）	A・B・C・D	A・B・C・D	A・B・C・D	A・B・C・D	
衣類を整え不快感がないか確認する	A・B・C・D	A・B・C・D	A・B・C・D	A・B・C・D	
残存能力を引き出すような介助を行う	A・B・C・D	A・B・C・D	A・B・C・D	A・B・C・D	
介助後					
排泄物の状態を排泄チェック表に記入し、必要に応じて看護師に連絡する	A・B・C・D	A・B・C・D	A・B・C・D	A・B・C・D	
必ず手洗いを行う（アルコール消毒でも可）	A・B・C・D	A・B・C・D	A・B・C・D	A・B・C・D	
終了の際は声かけを行う	A・B・C・D	A・B・C・D	A・B・C・D	A・B・C・D	
その他					
忙しさを感じさせないよう配慮する	A・B・C・D	A・B・C・D	A・B・C・D	A・B・C・D	
利用者に合った排泄方法を考える	A・B・C・D	A・B・C・D	A・B・C・D	A・B・C・D	
においによる配慮を行う（換気・消臭スプレーの使用など）	A・B・C・D	A・B・C・D	A・B・C・D	A・B・C・D	
「くさい」「うわー」など、相手が言われて嫌なことは言わない	A・B・C・D	A・B・C・D	A・B・C・D	A・B・C・D	
ほかの利用者に分からないように誘導する	A・B・C・D	A・B・C・D	A・B・C・D	A・B・C・D	

資料9の続き

入浴					
入浴前					
入浴拒否の方に対して、個人に合った声かけをしている	A・B・C・D	A・B・C・D	A・B・C・D	A・B・C・D	A・B・C・D
衣類準備は季節や気候に配慮している（利用者の意向を聞くことも大切）	A・B・C・D	A・B・C・D	A・B・C・D	A・B・C・D	A・B・C・D
バイタル・気分や体調について看護師と連携が取れている	A・B・C・D	A・B・C・D	A・B・C・D	A・B・C・D	A・B・C・D
残存機能を生かした介助をしている（袖を抜く、ボタンを外すなど）	A・B・C・D	A・B・C・D	A・B・C・D	A・B・C・D	A・B・C・D
入浴中					
湯の温度を本人に確認し、足先からかけている	A・B・C・D	A・B・C・D	A・B・C・D	A・B・C・D	A・B・C・D
皮膚や全身の状態を観察している（異変があれば看護師に報告）	A・B・C・D	A・B・C・D	A・B・C・D	A・B・C・D	A・B・C・D
安全ベルトを使用している（着用の際はベルトが冷たくないよう配慮する）	A・B・C・D	A・B・C・D	A・B・C・D	A・B・C・D	A・B・C・D
入浴後					
服を着た後、着心地を確認している	A・B・C・D	A・B・C・D	A・B・C・D	A・B・C・D	A・B・C・D
整容ができている（手足の爪切り・整髪・車いすの掃除など）	A・B・C・D	A・B・C・D	A・B・C・D	A・B・C・D	A・B・C・D
事故予防					
介助者の身支度を整えている（爪は短く、ポケットの中のペンなどを外す）	A・B・C・D	A・B・C・D	A・B・C・D	A・B・C・D	A・B・C・D
皮膚剥離予防に努めている	A・B・C・D	A・B・C・D	A・B・C・D	A・B・C・D	A・B・C・D
停止時は、ストッパーをかけている（車いす・ストレッチャー・リフトチェア）	A・B・C・D	A・B・C・D	A・B・C・D	A・B・C・D	A・B・C・D
浴室内の利用者の安全を確認している（長湯・転落・傾き・手足の位置）	A・B・C・D	A・B・C・D	A・B・C・D	A・B・C・D	A・B・C・D
転落予防への配慮ができている（浴室内歩行時・車いす移乗時・衣類着脱時）	A・B・C・D	A・B・C・D	A・B・C・D	A・B・C・D	A・B・C・D
感染症の把握と、対応方法を知り、対応できている	A・B・C・D	A・B・C・D	A・B・C・D	A・B・C・D	A・B・C・D
その他					
声かけ・音楽・入浴剤など、ゆったりと入浴していただける演出をしている	A・B・C・D	A・B・C・D	A・B・C・D	A・B・C・D	A・B・C・D
タオルを掛けるなど、プライバシー、羞恥心に配慮している	A・B・C・D	A・B・C・D	A・B・C・D	A・B・C・D	A・B・C・D
入浴後はお茶などで水分補給を行っている	A・B・C・D	A・B・C・D	A・B・C・D	A・B・C・D	A・B・C・D
プリセプター追加事項					
	A・B・C・D	A・B・C・D	A・B・C・D	A・B・C・D	A・B・C・D
	A・B・C・D	A・B・C・D	A・B・C・D	A・B・C・D	A・B・C・D

資料9の続き

移乗・移動

移乗				
声かけを行いながら介助している	A・B・C・D	A・B・C・D	A・B・C・D	A・B・C・D
ベッドの高さが移乗しやすい高さか確認している（必要に応じて調整する）	A・B・C・D	A・B・C・D	A・B・C・D	A・B・C・D
介助後のベッドを適切な高さにしている	A・B・C・D	A・B・C・D	A・B・C・D	A・B・C・D
麻痺などに応じ、車いすの角度を合わせる（進行方向に健足）	A・B・C・D	A・B・C・D	A・B・C・D	A・B・C・D
利用者の足をフットレストにぶつけたり、巻き込んだりすることによるけがの防止に努めている	A・B・C・D	A・B・C・D	A・B・C・D	A・B・C・D
残存機能を活用している	A・B・C・D	A・B・C・D	A・B・C・D	A・B・C・D
腰痛予防に努めている	A・B・C・D	A・B・C・D	A・B・C・D	A・B・C・D
移乗リフトは適正に使用できる	A・B・C・D	A・B・C・D	A・B・C・D	A・B・C・D
移乗後は安楽な姿勢をとってもらう（車いすでの姿勢・ベッド臥床位置）	A・B・C・D	A・B・C・D	A・B・C・D	A・B・C・D
移乗時柵を外す場合、そばを離れる際には必ず戻している（立てかけたままにしない）	A・B・C・D	A・B・C・D	A・B・C・D	A・B・C・D
利用者の前で「重い」などの言葉を使わない	A・B・C・D			
移動				
声かけをしてから介助を行っている	A・B・C・D	A・B・C・D	A・B・C・D	A・B・C・D
足がフットレストに乗っているか確認している	A・B・C・D	A・B・C・D	A・B・C・D	A・B・C・D
麻痺側がタイヤなどに巻き込まれないか確認している	A・B・C・D	A・B・C・D	A・B・C・D	A・B・C・D
車いす上の姿勢に注意し、必要に応じて体勢を整えている	A・B・C・D	A・B・C・D	A・B・C・D	A・B・C・D
車いすを押しながら走らない	A・B・C・D	A・B・C・D	A・B・C・D	A・B・C・D
停止時はストッパーをかける	A・B・C・D			
利用者がほかの利用者の車いすを押し介助する場合、安全確認をしている	A・B・C・D	A・B・C・D	A・B・C・D	A・B・C・D
プリセプター追加事項				
	A・B・C・D	A・B・C・D	A・B・C・D	A・B・C・D
	A・B・C・D	A・B・C・D	A・B・C・D	A・B・C・D

資料10　プリセプターシップ計画書

目標（課題）				
第1期		記入ポイント		月
短期目標	何ができるようになるか ・施設目標と結びついている。 ・目標は最大3つ程度。 ・無理な目標は立てない。			
具体的行動計画	目標達成に必要なこと プリセプティができるだけ具体的に記入する。			
具体的指導計画	プリセプターができるだけ具体的に記入する。			

短期目標
- プリセプティが記載。
- 何ができるようになるかを設定。
- ペアミーティング開催5日前までにプリセプターに提出。

具体的行動計画
- プリセプティが記載。
- 短期目標を達成するために，必要な具体的な日常行動を示す。
- ペアミーティング開催5日前までにプリセプターに提出。

具体的指導計画
- プリセプターがペアミーティング前に記載しておく。
- 自身の指導についての計画を具体的に示す。

CD収録

◉プリセプターシップ計画書（資料10）

プリセプティとプリセプターが毎月「短期目標」と目標に基づく「具体的行動計画」を設定し，具体的な行動指針を持って日常の業務に就きます。「短期目標」と「具体的行動計画」はペアミーティング開催の5日前にプリセプティが素案を記入し，プリセプターに提出します。

◉プリセプターシップ評価表（資料11）

プリセプター計画立案1カ月後に，計画に対する評価を記入します。この用紙についても，ペアミーティングの5日前にプリセプティがプリセプターに提出します。

◉プリセプターミーティング

プリセプターと直属の上司（役職者）が，月1回ミーティングを開催し，プリセプターシップがうまく機能しているかを確認していきます。ミーティング時間は15～30分以内で十分な内容を議論できます。プリセプターは，上司と協議した内容を，直後に行われる「ペアミーティング」でプリセプティに伝えていきます。

▶プリセプターミーティングで確認する事項
・役職者から見てプリセプティができていないところをプリセプターに伝える。
・指導方法や計画達成に向けての悩みや不安を確認し，助言・指導を行う。

▶プリセプターミーティングにおける役職者が注意すべき点
・プリセプターはプリセプティを育成・指導することに必死になっており，きつい口調で役職者が指導すると追い詰めることになる。

資料11　プリセプターシップ評価表

©Copyright Takayuki Hiroaka All rights reserved.

自己評価	**自己評価欄** ・プリセプティが記載。 ・プリセプター計画書の短期目標が達成できていたかを検証，評価する。
プリセプター総評	**プリセプター総評欄** ・プリセプターが記載。 ・プリセプター計画書の短期目標が達成できていたかを検証，評価する。

（CD収録）

・役職者は，ポジティブな指導を心掛ける。プリセプターの指導について良いところを見つけ褒める。また，課題については具体的に内容を指導して，プリセプターの背中を押す。

例：プリセプティがなかなか業務内容を覚えられない。→メモの具体的な取り方や，日課表をプリセプティに作らせるなどをレクチャーする。

●ペアミーティング

　プリセプターとプリセプティも月1回ミーティングを行います。前述したように，プリセプターミーティングの直後に開催します。最初の数カ月はほとんど毎日顔を合わせて一緒に日常業務に入るわけですが，日常業務とは別に，2人で話し合う機会をもちます。ペアミーティングを行うことで，プリセプターの指導教育の一環にもつながりますし，ペアリングの信頼感が増すことにもなります。次の点を押さえながら実践していきましょう。

・ペアミーティング開催5日前までに，プリセプティは「チェック表（モラル・ルール／基本介護）」をプリセプターに提出しておく。
・ペアミーティング開催5日前までに，プリセプティは「短期目標」と「具体的行動計画」を記載し，プリセプターに提出しておく。
・あらかじめ提出されたチェック表および計画書をプリセプターは事前に確認しておき，「課題」と「改善点」を押さえた上でミーティングでプリセプティに伝える。
・プリセプターは，評価表の総評欄を記載してミーティングに臨む。
・提出されたチェック表と計画の進展状況を確認し，プリセプティからの悩みを聞くだけではなく，プリセプターが方向性を示していく。

●修了証の配布

　前述した流れを繰り返し，1年経過すれば晴れてペアリングは卒業となります。この時に，双方のスタッフの労をねぎらい，修了証（**資料12**）を交付することで，大

資料12　プリセプター／プリセプティ修了証

プリセプティ修了証
Edel tutiyaMa preceptor program
プリセプティ

あなたは，ここにエーデル土山施設福祉部・プリセプターシップにおいてプリセプティを修了したことを証明します。

平成　　年3月　　施設長

プリセプターからのメッセージ

この1年間本当に一生懸命頑張り努力され，良い方向に成長されました。
プリセプターとして力不足な部分が多く申し訳なかったですが，○○さんと1年間一緒に頑張れて本当に良かったと思います。時に厳しく指導したこともありましたが，いつも素直に聞き入れ直そうと努力されていました。介護に対する思いをしっかり持っていて，利用者のことをまず考え，いつも頑張っておられたように思います。また，どんな時でも笑顔で明るく誰に対しても接しておられ本当に良い部分だと思います。良い部分をたくさん持っておられるので，大切にしていきながら，これからも○○さんらしく頑張っていってほしいと思います。
　2年目となりプリセプターは終了しますが，仕事で悩んだ時や困った時はいつでも相談してきてくださいね。そして，今度は○○さんも先輩になるので，後輩のお手本になるように頑張っていってください。プリセプターをさせてもらい，私も○○さんから学んだことが沢山ありました。
　また，夜勤時に悩んで落ち込んだ時に，すごく優しい一言をかけてくれてフォローをしてくれたのを今でも覚えています。
　この1年間，自分自身の成長にもつなげられました。
　本当に1年間一緒に頑張ってくれてありがとう。これからもよろしくお願いします。

プリセプター　　○○○○

> プリセプター，プリセプティのそれぞれに交付します。1年間の労をねぎらいましょう。それぞれからのコメントを記載しておくことで，達成感を感じることができ，今後も良い関係性の中でチームワークを図ることができます。

CD収録

きな達成感を得ることができます。プリセプティへの修了証にはプリセプターからのメッセージを，プリセプターへの修了証にはプリセプティからのメッセージをそれぞれ記載することで，良い思い出にもなるでしょう。修了証を作成する手間が取れない場合は，簡単なメッセージカードでもよいので，2人の1年間の働きと成長をねぎらいましょう。

未経験者をプロへと成長させる必要性

　これだけ労働力不足が深刻化してくると，有資格者や経験者を獲得することが難しく，どうしても未経験者や無資格者を採用せざるを得ません。これからの介護事業所は，「介護の素人」を雇用する機会がますます増えていくため，「介護を全く知らない者を，プロに育成する力」がより求められていきます（**図5**）。ある程度介護の知識がある者と，全く知識がない者では，一人前に育つ成長速度も異なります。いち早く素人をプロへと成長させるために，当施設では次のポイントに絞り，育成をしています。

図5　介護の経験・資格の有無によって育成方法は異なる

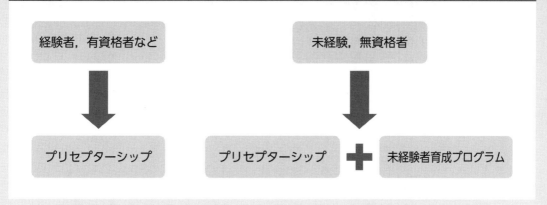

●未経験者育成プログラム

　未経験者をより早く戦力とし，定着化させるための育成手法です。専門学校を卒業したスタッフらと異なり，通常のプリセプターシップとあわせて「未経験者育成専門のプログラム」を行います。特に入所系の施設では，交代勤務で複数の勤務形態があり，それぞれ業務内容が異なることから，未経験・無資格者は業務をなかなか覚えられず，定着しないことがあります。

▶一業務特定シフト

　経験者や有資格者は複数の勤務の業務形態を覚えていきますが，未経験・無資格者はまず「特定の勤務」を7回程度連続で勤務し，その業務を覚えてから次の勤務内容を覚えることにしています。

【例】

経験者：早出→遅出→日勤→早出…（日替わり勤務）

未経験・無資格者：早出→早出→早出…（7回連続で入り，覚えてから）→遅出

▶業務詳細表の配布

　通常の業務表よりもさらに詳細な内容を記した業務詳細表を配布しています（**資料13**）。個別ケアが進んでくると，利用者ごとに対応が異なってきます。詳細表を確認することで，どの利用者にどういった対応が必要かを把握することができ，結果的にケア内容を円滑に覚えることにつながります。

▶ビデオ検証（写真）

　より早く戦力として成長してもらうため，ビデオを使ったトレーニングを実践しています。未経験者は自分が思っている以上に介護技術が未熟なことが多いため，ビデオでケア内容を撮影し検証することで，多角的に自分のケアを振り返ることができます。

■ビデオ検証の視点

・自分のケアのどこに不備があるかを見てもらう。

・プリセプターが具体的なアドバイスを行う。

・ケアを撮影する場合は事前に利用者に許可を取る。

・職員同士でケアを撮影することももちろん可。

資料13　業務詳細表

2015年12月1日	9:00～19:00	23:00の排泄時のみ	19時の排泄	入浴時	備考
利用者1	おむつカバーLL+布2+500	おむつカバーLL+布2+900		おむつカバーLL+布2+500	臀部に軟膏を塗布する。
利用者2	紙パンツM+500	紙パンツM+900		紙パンツM+500	3:00に仮眠する夜勤者がパッド交換する。
利用者3	布パンツ	布パンツ		布パンツ	定時と本人希望時にトイレ誘導する。
利用者4		布パンツ		布パンツ	ポータブルトイレは19:00に設置し、21:00に破棄する。日中13:00にトイレ誘導し、清拭で陰部を拭く。
利用者5	おむつカバーM+布2+500（陰部洗浄）	おむつカバーM+布2+500		おむつ+布+500	入浴時のみ褥瘡処置あり。1:00（後に仮眠する夜勤者）と5:00（夜勤者どちらか）にパッド交換する。
利用者6	布パンツ+300（19時何でもパッド使用）	布パンツ+300（パッドのテープを剥がす）		布パンツ+300（テープ剥がす）	トイレ誘導時にナースコールを促す。未経験・無資格者が、より早く業務やケア内容を覚えられるように一覧表にして情報を集約しています。個別ケアを進めていくと、排泄用品などより詳細になっていき、未経験・無資格者が覚えることは容易ではありません。用品を使用する場面やそれに付随する留意ポイントなどを掲載しておくことで、戦力化につながります。定時誘導以外に自力で行くことがあり、注意する。
利用者7	テーナパンツ（茶）+500	テーナパンツ（茶）+900		テーナパンツ（茶）+500	パッド外し・下半身脱衣行為あり、巡視時に注意する。
利用者8	紙パンツL+500	紙パンツL+アテントM+900		紙パンツL+アテントM+500	日中はトイレ誘導。夜間帯はパッド交換する。13:00にアテント装着する。
利用者9	おむつカバーL+布2+500（19時何でもパッド使用）	おむつカバーL+布2+900		おむつカバーL+布2+500	13:00に900パッドに変更。下痢翌日の16:00にパッド交換する（遅出）。
利用者10	テーナパンツ+500（19時何でもパッド使用）	テーナパンツ（茶）+900+何でもパッド		テーナパンツ+500	13:00にポータブルトイレに誘導する（洗浄日以外）。3:00に先に仮眠する夜勤者がパッド交換する。
利用者11	紙パンツ+300	紙パンツ+300		紙パンツ+300	パウチ内の排便・ガスは都度確認、必要に応じて破棄する。※自力で破棄することあり、注意する。
利用者12	紙パンツM+500	紙パンツM+500		紙パンツM+500	日中は一人介助でトイレ誘導。19:00も日中と同様に一人介助でトイレ誘導後におむつを装着する。
利用者13	紙パンツM+400	紙パンツM+500		紙パンツM+400	定時に声掛けを行う。夜間帯はパッド交換のみ行う。
利用者14		布パンツ		布パンツ	夜間帯のみ自力排泄可能。21時は介助は行わない。
利用者15		布パンツ		布パンツ	夜間、居室に汚染パンツを干していることの確認をする。
利用者16	紙パンツM	紙パンツM		紙パンツM	夜間パッドは自力排泄する（19時含む）。巡視時に都度ポータブルトイレ内でトイレ誘導する。尿取りが多ければ、ケアワーカーがパッド交換する。
利用者17	紙パンツL+400	紙パンツL+900		紙パンツL+400	下剤服用時の起床時にトイレ誘導をする。トイレ誘導に拒否あり。ポータブルトイレはベッドに横づけ。
利用者18	紙パンツL+400+陰部（500）	紙パンツL+400+900+陰部（500）+フラット		紙パンツL+500	下剤時のみ500円にする。23:00にトイレ誘導する。23:00にパッド交換する。
利用者19	テーナパンツ+400	テーナパンツ+900+何でもパッド		テーナパンツ+400	おむつ内に排泄の意思の確認をする。
利用者20	紙パンツM+400	紙パンツM+900		紙パンツM+400	起床時はケアワーカー二人介助でトイレ誘導する。23:00のみパッド交換する。いずれもケアワーカー二人介助でトイレ誘導する。

+数字はパッドの吸収量を示す。（色）はパンツの色を示す。

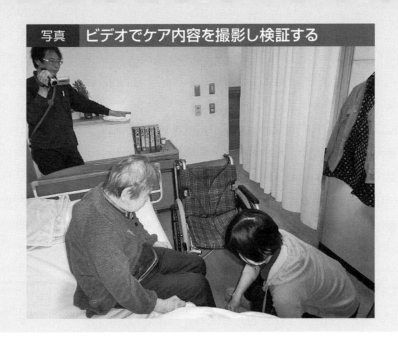

写真　ビデオでケア内容を撮影し検証する

廣岡はこう考える！　人材育成にバランス感覚が必要なわけ

　人材育成に関して，私たちはかつて休日出勤や時間外労働を惜しまず励んだ過去があります。とにかく介護技術や知識を向上させるんだという強い思いで緻密なプログラムを組み，さまざまな研修を自施設のスタッフに施しました。一定のレベルまでは向上しましたが，すべてのスタッフがレベルアップを望んでいるわけではなく，不調に終わりました。また，研修システムをいくら確立しても，自分の思いが相手に完全に伝わることはありませんでした。人材育成についても何度も何度も試行錯誤を重ね，挫折を繰り返しました。

　その経験で得たものは，人材育成は「バランス感覚」が必要だということです。研修は特に資料が多すぎると，職員の負担増に確実につながります。これは，業務についても同じことですが，細かくやろうとすればどこまででも際限なく細かいシステムになってしまいます。分かりやすい例で言うと，ある業務についてスタッフがミスをする。ミスをしないためにチェック表をつける。そのチェックを忘れてしまうためチェック表をつけたかチェックをするといった具合で，どんどんボリュームが増えていくのです。確かに研修は完璧に深くした方が育成につながるのかもしれませんが，スタッフの心身の疲労を考慮しなければなりません。

　研修が細かくても，退職はおろか介護業界から離れられては，何のための育成なのか本末転倒です。限られた時間内で最大の育成効果が出るように研修の中身を見直し，また研修日を分散させるなどの方法で，スタッフの負担と育成のバランスを見極めるようにしています。スタッフを貴重な労働資源と考えた時，ますます今後バランス感覚が重要になっていくでしょう。

育成ノウハウ その2：リーダー編

　介護現場で人材を育成するというのは，本当に大変な労力を要します。介護は人が人を支えていくサービスであり，慢性的な人材不足や業務の多忙が重なり，**「人材育成まで考える時間がない」「人材育成の手法が分からない」**などの声が非常に多く聞かれます。介護現場のリーダーというのは，営業職のように数字など目で見える形での評価がなかなか現れないポジションです。つまり，**「どういった能力が必要なのか」**という部分が非常に分かりにくく，それが，介護現場でのリーダー職を育てる難しさにつながっていると考えられます。

介護現場におけるリーダーとは一体何なのか？

　そもそも，介護現場におけるリーダーとは一体何なのでしょうか？　これを理解していないと，本物のリーダーは育てられません。まずは，そのポイントを押さえておきましょう。
　介護現場の特徴として，次に示すようなものが挙げられます。
①慢性的な人手不足
②評価が数字などの分かりやすい形で出てこない
③誰もが専門資格を有しているわけではない
④施設系では24時間，365日稼働している
⑤交代勤務である
⑥対人関係で他業種よりも強いストレスを感じている

　何が言いたいかというと，上記のような特徴があるが故に，他業界と比較して介護現場では**「スタッフ同士がかかわりにくい，疲れている，定着しない」**という特徴があるのです。だからこそ，リーダーを育てることが難しく，リーダーになったとしても，すぐに潰れてしまうということがよくあります。
　つまり，**介護現場においては，他業種よりもリーダーや役職者を育てにくいということが言えます**。もし，管理職であるあなたが「うちの施設にも有能なリーダーがほしい」と思ったなら，それは簡単に天から降ってくるものではなく，**「覚悟して育成しなければならない」**ということを，まず押さえておいてください。人材育成は「金も労力も気力もいる」のです。まさに「人材育成は1日してならず！」です。

人材育成がうまくいくコツ

　皆さんには，すでに優秀な部下がいる場合もあるでしょうし，いない場合もあると思います。では，この「優秀」というのは，何をもって優秀と言うのでしょうか？「理解が早い」「行動が適格」「スタッフのマネジメント能力に優れている」など，優れたリーダー像を挙げればキリがないのですが，私が思う優秀な部下の絶対的最低条

件は…「**自分と一緒に戦える人間かどうか**」です。部下がいくら高い能力，技術，知識などを有していたとしても，苦しい時に一緒に戦ってくれる人間なのかという部分が非常に大きなウエイトを占めると思います。逆に言えば，いくら高い能力があったとしても，一緒に戦えないような人材はリーダー候補に選定してはいけないということです。介護事業所にはさまざまな困難が立ちはだかります。まさに山あり，谷ありです。仕事は楽しいことよりも困難なことの方が多いでしょう。天気で言うなら，晴れの日よりも雨，いや嵐に巻き込まれることの方が多いのです（少なくとも私の場合はそうです）。

　どんなに優れた人間でも，一人の能力では限界があります。絶対に一人の力だけでは乗り切れないケースが出てきます。そんな時に自分の手となり足となり支えてくれる部下がいれば，どれだけ心強いでしょう。私も仕事を進めていく上で，さまざまな困難が襲いかかってきますが，必ず私の部下は身体を張って自分を助けてくれます。それも一人の部下だけではなく，何人もの部下に支えてもらっています。この部下たちは，いわば私の宝物でもあるのですが，ここまでに部下を育てるには，実は「**ある一定のコツ**」があるのです！　そのコツを今から順番にステップ①〜④で教えていきたいと思います。

● **ステップ1　リーダー，役職者を選ぶ時は慎重に考えろ！**

　厳しいことから言いますが，リーダーを育てる前に，「**誰をリーダー，役職者として選ぶのか**」ということを十二分に検討する必要があります。誰でもリーダーになれるわけではありませんし，たとえ一定のレベルまで到達していたとしても，自分と一緒に戦ってくれる覚悟を持った同志になれるかまでは分かりません。人材育成と一言で言っても，自分の信頼できるリーダーや役職者を育てることと，一般スタッフの全体的なレベルを上げることでは，全く違う次元の話なのです。リーダーや役職人事で間違った人選をしてしまうと，次のような結果となってしまいます。

・育つ前に潰れてしまう
・下手をすると離職してしまう
・何かにつけて反抗ばかりしてくる
・思いどおりの人材に育たなければ，支えどころか上司にとって大きなストレスとなる

　このような結果は，自分や組織を支えるべきリーダーをせっかく育成するはずだったのに，逆にマイナスの効果が表れてしまうという不幸なケースと言えます。リーダーや役職者の人選を間違ってしまうと，選ばれた方も組織を去ることになるなど，双方が不幸なことになりかねませんので，まず育成する前段階の「人選」は非常に重要なポイントと言えます。

・誰もが，リーダーや役職者になれるわけではない！
・いったんリーダー，役職者に選んでしまうと，簡単には外せない！　だからこそ人選は慎重に！

資料14　リーダー適正チェックシート

©Copyright Takayuki Hirooka All rights reserved.

①自己評価（一般スタッフ）と他者評価（管理職等の上司）を行ってください。②右のランク表に基づきランクを出してください。③どの部分を意識して強化していくのかが明確になります。④総評は，管理職などの上級職が自由記述してください。

		いいえ		普通		はい	トータル
	①精神的な強さ	1	2	3	4	5	
1	仕事のことでクヨクヨ悩むことは少ない						
2	負けず嫌いである						
3	自分をあまり責めることはしない						
4	物事を前向きに考えることができる						/30
5	自分の意思を時には強く言える						
6	他者にどう思われようがあまり気にならない						
	②体力，体調管理	1	2	3	4	5	トータル
1	スタミナには自信がある						
2	夜勤明け，入りにはしっかりと休息をとっている						
3	休日は夜更かしをしていない						
4	腰痛やその他の痛みや病気があれば早めにケアしている						/40
5	偏食はしていない						
6	体重は適正である						
7	定期的に運動をしている						
8	喫煙はしていない						
	③自分に対しての厳しさ・向上心	1	2	3	4	5	トータル
1	仕事に関して甘えがない方だと思う						
2	遅刻や早退がない						
3	業務中に無用な私語は慎んでいる						
4	ミスした場合，自己反省と再発防止について真摯に考えられる						/35
5	介護以外の知識も貪欲に吸収したいと思っている						
6	どんな業務でも物事に責任を持ってやっている						
7	もっと成長したいと思っている						
	④ケアについての探究心	1	2	3	4	5	トータル
1	介護に関する勉強を継続的にしている（資格勉強可）						
2	ケアプランにより利用者満足度を上げた実績がある						
3	『こういうケアをしたい！』という思いや具体的構想がある						/30
4	介護をするということについて深く考えており，自己の考えが確立している						

自己評価	ランク
①精神・メンタル	
②体力面	
③自分への厳しさ	
④ケア・探究心	
⑤業務速度・精密	
⑥発言力	
⑦文章力	
⑧組織理解	

他者評価	ランク
①精神・メンタル	
②体力面	
③自分への厳しさ	
④ケア・探究心	
⑤業務速度・精密	
⑥発言力	
⑦文章力	
⑧組織理解	

総評：

①精神・メンタル
- Aランク　26点〜30点
- Bランク　21点〜25点
- Cランク　16点〜20点
- Dランク　11点〜15点
- Eランク　10点未満

②体力面
- Aランク　36点〜40点
- Bランク　31点〜35点
- Cランク　21点〜30点
- Dランク　11点〜20点
- Eランク　10点未満

③自分に対しての厳しさ
- Aランク　31点〜35点
- Bランク　26点〜30点
- Cランク　21点〜25点
- Dランク　11点〜20点
- Eランク　10点未満

- Aランク　
- Bランク　
- Cランク　〜20点
- Dランク　11点〜15点

（CD収録）

- ・苦しい時に自分と一緒に戦える人間，同志を選定すべき！
- ・一度選んだら，失敗しても言い訳はできない！
- ・人選を失敗すると，選んだ方も選ばれた方も不幸になる。

※すでにリーダーを選任してしまっているが，思いどおりの人材に育っていない場合は，ステップ2以下をご覧ください。

◉廣岡が考える介護現場におけるリーダーの必須「8大能力」

「次代の役職者候補を選ぶことが難しい」「どのスタッフを選べばよいのか迷ってしまう」といった場合は，介護現場におけるリーダーの必須「8大能力」を基準に選定する方法があります。介護現場でのリーダーや主任には，**ある共通の求められる能力があります**。その共通能力を大きく分けて8つに分別し，トータル的に能力のある者が，介護現場でのリーダーとしての適正力があると私は考えています。

「リーダー適正チェックシート」（**資料14**）を使用し，どのスタッフの能力が秀でているかを確認しましょう。また現在，すでにリーダーや主任といった役職についているスタッフにもチェックをしてもらうことで，8大能力の中で，今自分に何が足りないかを確認することもできます。

▶その1　精神的に強いスタッフ

役職者やリーダーたるもの，精神的なタフさは必須です。それは，主任やリーダーは一般スタッフより，難問に立ち向かう場面が数多く存在するからです。したがって，細かいことにとらわれて前進できないのでは話になりません。

▶その2　体力にも自信がなければならない

精神力もさることながら，体力的なスタミナも必須です。いつ部下の体調が悪くな

り，勤務の穴を埋めることになるかもしれません。また，体力に少し自信のない人であっても，体調管理をしっかりしているのであれば，プロフェッショナルとしての心構えは強いと言えます。

▶その3　自分に厳しく，向上心がなければならない

　人間は楽をしたがる生き物です。仕事をしていても楽な方へ，楽な方へ逃げようとしてしまいます。常に自分との葛藤です。仕事の手を抜かず自分を律することができるかも，主任やリーダーとしての必要な能力と考えられます。

　また，向上心がなければ成長は望めません。役職者ともなれば，介護の専門知識以外のことも広範囲にわたって理解しておく必要があります。普段から幅広い知識を吸収しようという意欲があるかどうかが問われます。

▶その4　ケアについて深く考えられること，真摯でなければならない

　介護に対する知識があることはもちろん，日常の業務中も他者よりしっかりと意思を持って深く考えていることが求められます。適当な考えや理論，知識に基づいていない発言は，部下の信頼を裏切ることにつながるからです。スタッフは，普段からの利用者に対する何げない声かけや態度を見ています。些細な接遇などに，普段からの仕事やケアに対する考え方が現れます。

▶その5　業務が早く的確である

　介護は丁寧に行うにこしたことはありませんが，時間勝負の業務もあります。利用者に直接かかわっていない記録入力や業務の調整などには，スピードが求められます。実際，要領の良いスタッフは，常にどうすれば早く業務をこなせるかを考えているものです。それは手を抜くということではなく，仕事を達成する上で必要な能力です。主任になると，一般スタッフの時より仕事が格段に増えます。しっかりと業務のポイントを押さえ，効率的に仕事にあたる意識，スキルが必要です。

▶その6　しっかり発言しなければならない

　よく「人前で話すことが苦手だ」「会議などで，ものを言っても言わなくても一緒だ」ということを平気で言うスタッフがいますが，しっかり発言するということは主任やリーダーの必須条件です。申し送り時や会議の時，また一般スタッフに対しての個人的な指導，チームへの周知など，発信，伝達能力は必須です。

▶その7　しっかり文章がつくれなければならない

　日々の記録や連絡事項の申し送りなど，しっかりとした文面は時として大きな武器にもなります。しかも現在は，メールやSNSなどのツールも発達し，いかに文章を駆使し，分かりやすく相手に伝えるかが非常に重要なポイントです。

▶その8　組織，事業所の方向性と自分の役割を重々，理解しておかねばならない

　リーダーや役職者というポジションは，一般スタッフよりも「組織の中での役割」が求められます。つまり，「自分や自分が受け持っているチームの目標＝事業所の目標」でなければなりません。いくら優れた能力や知識，技術を有していても，事業所

や組織が求めている方向性を理解していなければ，単なるスタンドプレーで終わってしまいます。組織の中で自分が今，何を求められているのか，どうすれば事業所に貢献できるのかを考えられる能力が必要です。

そして，前述しましたが，必要な能力として「自分と一緒に戦える人間かどうか」という点が最も重要だと思います。しつこいようですが，自分と共に苦しい状況を一緒に乗り越えてくれるか，支えてくれるのかというこの基準は絶対必要条件です。この見極めについては，明確な基準はありません。日常の働く姿勢や態度などを観察し，見極めるほかありません。自分の目を信じるという決断力が必要なのです。

●ステップ2　自分の弱点やフォローしてほしい部分を分析せよ！

リーダー，役職者の選定には慎重を期すべきことは前述しましたが，リーダー候補を選定したならば，次は**「どういった役割を担わせるのか」「どのような仕事を任せるのか」**という部分に着目することが重要です。その部分が明確でなければ，「ただ単に役職者やリーダーに任命しただけ」という中途半端な形で終わってしまいます。部下も「何で自分が選ばれたのか…」「一体何をすべきなのか…」とやる気も起こりません。

だからといって，「一体どんな役割を持たせてよいのか分からない」と悩んでいる上司もたくさんいるでしょう。そこで，一番考えやすいのが，「管理職である自分を分析する！」という視点です。自施設や自分の弱み，これからどういった方向で法人を運営していくかということをまず知り再確認することから始めます。これを「何となく分かっている」ということではなく，「しっかりと分析し，把握する」ことが重要です。「一体，管理職である自分や事業所には，どういう弱点があるのか？」「どこに向かおうとしているのか？」ということを真剣に知ろうとする作業が必要なのです。

「足りないところがたくさんある」「分からないことがたくさんある」という声が聞こえてきそうですが，大丈夫です。「自己分析シート」（**資料15**）を使用すれば，大まかな弱点や自分が理想としているものが見えてくるはずです。まずは，現在の立ち位置を確認するという軽い気持ちでよいので，分析してみましょう。

●ステップ3　自分たちの弱点や理想が分かったら，リーダーに必要不可欠な能力を探れ

「自分たちの弱み＝補強する」「自分たちの理想像＝近づける」作業が必要です。おそらく，自己分析シートで上がってきた自分たちの弱みや理想像は，一朝一夕で解決できる問題ではないはずです。しかしながら，その問題について手をこまねいていてはいけません。組織のマネジメントとして，弱い部分には人的資源などを積極的に活用し，対応していかねばならないからです。

では，自己分析シートで把握した弱点を，どのように人材育成につなげていけばよいのでしょうか？　これは，「リーダー育成目的シート」（**資料16**）を活用して，どのような人材が今，自分や事業所にとって必要かを考えていきましょう。

資料15　自己分析シート

©Copyright Takayuki Hirooka All rights reserved.

①まずは自己分析を行います（○：問題なし　△：少々心配　×：かなり深刻）。②次に，自分の部下に支えてもらいたい項目にチェックをつけましょう。③部下に支えてもらいたいもの，自分が対処すべきものを併せて✓することもOKです。④A～C欄の空欄のチェックボックスは自由記述です。法人独自や個人問題を書き込んでください。⑤D欄[その他の問題]は，すべて自由記述です。法人独自や個人問題を思いのままに書き込んでください。

		A：人に関すること	評価結果 ○	△	×	自分の部下に支えてもらいたいもの	管理職（自分）が対処すべきもの
①管理職が個人的に困っている問題	1	後継者が育たない（育っていない）					
	2	信頼できる部下、役職者がいない					
	3	業務量が多く、自分一人に過重に負担がかかっている					
	4	業務速度が遅く、たびたび不備を起こす					
	5	ある特定の問題職員がいる（個人的に思う人間）					
	6	任せたい仕事があるが任せられない					
	7	情報が自分に集まってこない					
	8	相談できる者がおらず孤独感がある					
	9	自分一人でいつも頑張っており孤立している					
	10	自分の指示、命令が全体に伝わらない					
	11	指導しにくいなど、苦手な人物がいる					
	12						
	13						
	1	人間関係のトラブルが多い					
	2	セクシュアルハラスメント、パワーハラスメントの問題がある					
	3	人材確保で非常に苦慮している					
	4	人材募集しても人が集まらない					

CD収録

資料16　リーダー育成目的シート

©Copyright Takayuki Hirooka All rights reserved.

自己分析シートで抽出した部下に支えてもらいたい項目	理想・目標	目標期日	リーダーに担ってもらいたい役割／必要な能力	能力をつけるための研修など
例　問題職員を指導するスタッフがいない	・問題職員を指導することで、トラブル回避	○月まで	・問題発生前のマネジメント ・問題発生した際の適格な指導 ・就業規則、服務規律を理解した指導	
①				
②				
③				
④				

↓ この部分がリーダーに担ってもらうべき項目

CD収録

●ステップ4　リーダー養成研修に入る前に，リーダー候補者にビジョンと思いを示せ！

　リーダー候補者を慎重に選定し，自分や自施設の問題点を分析し，リーダーや役職者に何を担ってもらいたいのかを大まかに把握できれば，次は，「リーダー，役職に育てていく」ということを候補者に説明する必要があります（**資料17**）。実は，この説明にもポイントがあり，実際の育成に入る前に説明するのとしていないのとでは，今後の伸びしろに大きく影響を及ぼします。説明すべきポイントを**表4**に示します。

上司とリーダー・役職者候補の意思統一と共通理解

　上司とリーダー・役職者候補は「同じ方向」を向いて，互いが成長していかなければなりません。リーダー候補者を選定したら，**「上司と部下が一緒に，どの方向を向**

資料17　リーダー/役職者を育成する前の個別説明シート

©Copyright Takayuki Hirooka All rights reserved.

- ポイント①　これから新しくリーダーや役職者を育てたい時の事前説明資料として活用してください。
- ポイント②　これを説明する際は，必ず管理者とリーダー候補者が個別面談形式で行ってください。
- ポイント③　説明する際は，上手に説明しなくてもよいので，思いが通じるよう心をこめてください。
- ポイント④　説明する順番は上から①〜⑥の順で行うと効果的です。

説明①	説明例／ポイントチェック
あなたをリーダー候補に選任した意図	□誰もが，リーダーや役職者になれるわけではない。 □多くのスタッフの中から，なぜ君をリーダー／役職者候補に選んだのかの理由を説明。 □結論から先に言うが，君に○○のポジションを任せたいと考えている。
説明②	説明例／ポイントチェック
現在の事業所の弱み	□現在の事業所は，○○の部分が弱い。 □現在把握している弱みについて，対策を講じる必要がある。 □弱みを補強するには，人材育成と適正な役職者配置，組織改編が必要。 □今のウチの事業所には，○○の部分が必要だ。
説明③	説明例／ポイントチェック
これからの事業所の方向性と理想	□これから先，『　　　　』のような事業所を目指している。 □今後○年後には，増設，新規事業参入を検討している。 □○○において地域No.1を目指そう。 □正直，私は○○を目指している。
説明④	説明例／ポイントチェック
これからのリーダー／役職者に求められる能力	□今までとは違い，今後の役職者には○○の部分を担ってもらう。 □そのために，○○の能力が大切になってくる（リーダー育成目的シート参照）。 □そのために，研修やトレーニングを重ねていく（内部研修だけでなく外部研修や書籍購入なども進めていく）。
説明⑤	説明例／ポイントチェック
中間職員の重要性	□管理職，経営層だけでは，組織運営はできない。 □リーダー／役職者と管理職が同じ方向性を向いていなければ，事業所という船はうまく動かない。 □リーダー，役職者が経営層と一丸になれば，組織が格段に強くなる。
説明⑥	説明例／ポイントチェック
一緒に同志として戦っていく覚悟	□介護事業所は，先の見えないマラソンのようなもので，一寸先は闇だ。だからこそ，一人では戦っていけない。 □リーダー／役職者になれば業務量も増えるが，その分，人間的にも社会人としても成長につながる。 □自分（管理職）があなたをリーダー／役職者候補として選んだのだから，何があっても（失敗しても）責任は自分にある。 □一緒に同志として戦ってほしい。

表4　リーダー・役職者候補に選んだ時に説明すべきポイント

- あなたをリーダー候補に選任した意図
- 現在の事業所の弱点
- これからの事業所の方向性と理想
- これからのリーダーに求める能力
- 中間職員の重要性
- 一緒に同志として戦っていく覚悟

リーダーを養成する前に丁寧に説明すると効果大！

いて歩いていくのか」という共通理解，目標設定が大切です。よくある目標設定で，「上司の目標設定はなく，リーダー・役職者候補のみが目標設定している」ということがありますが，この手法ではリーダー候補者は，上司がどこに向かっているのか，どういうことを考えているのかを全くつかめず，一方的な評価で終わってしまいます。

そこで，私が自施設においてリーダー養成を行う際には，上司とリーダー・役職者

候補が意思統一をして同じ方向を向いて共に成長していくために,「共通目標シート」(**資料18**)を活用しています。このシートの最大の特徴は,上司から部下への一方通行の評価ではなく,上司と部下が共通目標を持って共に歩んでいけるということです。

リーダーに必要な精神力アップ！ 目標設定の重要性

　前述したリーダーに必要な8大能力に,「精神力の強さ」という項目を挙げましたが,そもそも「精神力を強くする」ということが本当に可能なのかと思う人がたくさんいたのではないでしょうか？　精神力を強くするということは,何も,「つらいことや悲しいこと」を何度も経験させて,這い上がらせるというような過酷な訓練ではありません。身体はトレーニングをすれば強くなりますが,精神力を強くするには,一体どうすればよいのでしょうか？

　精神力を鍛えるという言い方が,正しいかどうかは別として精神力を強くするための一番の近道は**リーダー・役職者として「高い意識を持つ」**ということです。高い意識とは,言い換えれば目標を高い地点に設定するということです。

　例えば,A高校の野球部は県大会ベスト8を目指しています。B高校は甲子園で全国制覇を目指しているとします。この場合,どちらのチームの方がモチベーションが高く,つらい練習にも耐えられるでしょうか？

　答えは明白です。無論,高い目標設定を掲げるB高校の方がハードな練習に耐えられますし,強いハートで試合に臨めるわけです。つまり,**高い意識を持った人間は,つらいことにも耐え得る精神力を持てる**ということです。ちょっとやそっとでは挫けません。

　これは私の経験上でも同じことが言えます。たいてい,目標を定めていないスタッフや,どこに向かってよいのか分かっていないスタッフは,すぐに弱音を吐き,責任や批判を周囲に転嫁する傾向にあります。精神力が弱いというのは,「すぐにへこたれてしまうという脆弱さ」だけではなく,道半ばで挫折したり,やる気をなくしたりするなど,自分のミスや弱さを認めないという「未熟さ」も含まれるというのが私の持論です。

　介護現場におけるリーダーや役職者は,一般スタッフよりも精神的な強さを求められます。介護現場ではさまざまなトラブルが発生します。前述したとおり,天気で言えば「晴天よりも嵐の日の方が多い」のです。そんな中で,リーダーは強いハートとリーダーシップで困難を乗り切らねばなりません。精神的なタフさを身につけるためにも,共通目標シート(**資料18**)で「高い目標設定」を掲げましょう！

共通目標シートの「評価」

　共通目標シートで定めた目標については,一定期間が経過したら,必ず「見直す」ことが必要です。上司と部下の互いの思いがぶれていないか,方向性に誤りがないか

資料18　共通目標シート

共通目標シートで2人の共通ゴール（最終到達地点）を決めましょう。目標設定と言えども、あまり厳格に、きちんと記入する必要はありません。ただし、リーダーになったら『これだけはやり遂げたい』という項目部分の記載は怠らないでください。サンプルとして記載例を記入した共通目標シートを紹介します。
※このシートは、[育成者（上司）とリーダー・役職者候補（部下）]が共通で記載するものです。

育成者名（上司） 所属：	リーダー・役職者候補（部下） 所属：	共通目標シート記載日 H　年　月　日 [　　回目]	実施期間 H　年　月　日　～　H　年　月　日

部下記載欄　①リーダー・役職者候補になった『正直な初心』を書こう

こんな僕でリーダー・役職者候補に選んでもらい、本当にうれしく感じています。今の自分の実力では、まだまだ足りないところがたくさんありますが、絶対にこの方のため、利用者のため、そして自分の向上のためにも、必死になって頑張りたいと思います。つらいにことや挫けそうな時もあるけど、今このの初心を忘れず、前を向いていきたいと思います！

部下記載欄　②リーダー・役職者となって、これだけはやり遂げたいこと（絶対目標・具体的な数値、文言を記載）

①デイサービス稼働率を平成26年度は『95%』達成する。
②感染症対策予防研修の実施（年2回以上）と、感染症マニュアルの全面改訂
③実践対策予防研修に参加、出展する（全国大会規模の大会・年1回）
④衛生管理者の資格取得
⑤主任ケアマネジャーの資格取得

部下記載欄　③実力向上するために、必要なスキルや研修　※［リーダー養成計画シート］にリンクします。

①提携病院に感染対策における提携研修・当直護師とのプロジェクト開始
②提携病院に感染対策における提携研修・当直護師とのプロジェクト開始
③法人外研修（発表参加）および法人内発表での実技トレーニング
④衛生管理者受験学習
⑤主任介護支援専門員研修参加

上司記載欄　①リーダー・役職者候補に選んだ理由
①一緒に戦える、信頼できる人間だから。
②自分の指示について忠実であるところ。
③新しい場地に立った時にも、支えてくれる。
④仕事は決して早くはないが、粘り強く地道にコツコツと最後までやり抜く力がある。
⑤他スタッフからの人望が厚く、まだユーモアで優れコミュニケーション能力が高い。
⑥問題点を前向きにとらえ、意見としてとして上げることができる。

上司記載欄　②リーダー候補者に担ってもらいたい仕事　[資料16]参照
①感染症対策全般
②現場の人間関係を円滑にするような取り組み
③在宅サービスの稼働率向上
④設備トラブルに関する知識をつけ、対応できるようにする
⑤特定の問題職員の指導管理

上司記載欄　③部下を育成するために大切にしていきたいポイント
①外部研修参加に本人の希望を反映させ、積極的に参加にさせる（予算確保と体制整備）。
②オーバーワークにならないよう、法人内研修時間は月10時間以内に抑える。
③毎月、『共通目標（評価シート）』を用いて、方向性を共有、意見統一を図る（思いの相違があった場合は、放置せず議論、話し合う。
④自己に研修課題を持ち帰らせない。
⑤厳しいことでも、言わなければならないことは必ず言う。それが本人の成長につながる。

共通記載欄	上司と部下の共通目標　具体的な共通目標でなくてもよい。必ず上司と部下が相談して『共通目標』を設定すること。
私たちの目指すところ①	当事業所の事業拡大を進める。
私たちの目指すところ②	介護スタッフの離職率『0%』を目指す。
私たちの目指すところ③	介護スタッフの『働きやすさ』と『実力』の2つの項目において地域圧倒的ナンバー1を目指す。
私たちの目指すところ④	当事業所が防災拠点となり得るよう、防災機能を強化する。
私たちの目指すところ⑤	広報やホームページ、課外授業などをさらに活用、福祉や介護の情報をどんどん発信していく。

CD収録

160

を定期的に「共通目標 評価シート」(**資料19**)を使って再確認していきましょう。

特に「上司と部下の共通目標」の評価については,コミュニケーションをとりながら,本当に目標に近づいているのかを確認していく作業が重要となります。人間というものは,相手に対し「これくらいのことは分かっているだろう」と思い込みがちですが,実は相手側は全く分かっていないことが多々あります。また日々,業務でコミュニケーションがとれていたとしても,将来的な目標や方向性については,「それだけを振り返る時間」を持たないと,いつの間にか心が離れてしまうということもあり得ます。そういった観点からも,評価については,ただ単にできた,できないということを評価するだけではなく,「現在位置の確認」や「方向性の共有」を定期的にしておくことが非常に大切です。

リーダー養成計画

リーダー候補者の目標が決まり,上司と部下の共通理解が図れたら,そこから逆算して「どんな力が必要」なのか,「力をつけるために,どんなトレーニングが必要」なのかを考えなければなりません。「人材育成は一日にしてならず!」です。楽して力がつけばよいのですが,実力アップには上司と部下の双方の時間と労力が必要です。

介護施設に限ったことではありませんが,1日24時間×365日という1年間を無駄にしないために,年度初めにはリーダー養成計画を立案することを強くお勧めします。「計画なんて立てなくても大丈夫だ」と言う人もいるかもしれませんが,計画を立案することは決して無駄ではありません。計画を立案することで,どういう道筋で学んでいくかが把握できますし,たとえ研修が計画どおりにいかなくても,どこがいけなかったのかを見直すことができ,次回に活かすことができます。

資料20に,当施設で実際に使用している「リーダー養成計画シート」を掲載しますので,もし現在,研修を行っているけれども,計画表には落とし込んでいないという施設があれば,活用してください。

リーダー育成研修で問題解決能力を高める

●問題解決対策の考え方

問題が発生すると,起こってしまった問題に対して目が行きがちですが,実は問題解決の一番の基本は,「問題が起こる前に未然に防ぐこと」だと言えます。火事で例えるなら,「火が出てから消し止める」のではなく,「出火を未然に防ぐ」という取り組みが一番重要なのです。

残念ながら火事が起こってしまった場合は,すぐに消し止めることがポイントとなります。当初は小さなトラブルであったとしても,適切な対応をとらなかったばかりに,大火事に発展してしまうことがあるからです。最悪の場合,時間や労力を非常に

資料19　共通目標　評価シート

単なる評価だけで終始せず、意思疎通の場としてとらえましょう。評価シートの記載は、面談形式で行うと非常に効果的です。評価シートで変更のあった部分は、速やかにリーダー、役職者目標設定シートに反映させましょう。
※このシートは、『育成者（上司）』と『リーダー・役職者候補（部下）』が共通で記載するものです。

CD収録

育成者名（上司名）		リーダー・役職者候補（部下）			評価日			実施期間		
所属：		所属：			H　年　月　日 [　　回目]			H　年　月　日　～　H　年　月　日		

	自己評価	部下評価	上司記載欄	自己評価	共有評価	上司評価
上司記載欄			リーダー・役職者になって、これだけは成し遂げたいこと。		A 達成	
リーダー候補者に担ってもらいたい仕事			①デイサービス稼働率を平成26年度は「95%」達成する。		D 不足	
①感染症対策全般			②感染症対策予防研修の実施（年2回以上）と、感染症マニュアルの全面改訂		B 実施中	
②近隣の人間関係を円滑にするような取り組み			③実績発表で大会に参加。出展する（全国大会規模の大会・年1回）		B 実施中	
③在宅サービスの稼働率向上			④衛生管理者の資格取得		C 実施予定	
④設備トラブルに関する知識をつけ、対応できるようにする			⑤主任ケアマネジャーの資格取得			
⑤特定の問題職員の指導管理						
上司記載欄			実力向上するために、必要なスキルや研修			
部下を養成するために大切にしていきたいポイント			①外部研修参加に自ら希望を反映させる。積極的に参加に促進させる			
①外部研修参加に本人の希望を反映させ、積極的に参加に促す			②提携病院における感染対策への残業時間・当看護師とのプロジェクト開始			
②オーバーワークにならないよう、研修時間は月に○○時間以内に抑える。			③法人内研修（発表者研修）および法人内発表での実践トレーニング			
③毎月、『評価シート』を活用して、方向性を共有、意思統一を図る。			④衛生管理者受験学習			
④自宅に評価課題を持ち帰らせない。			⑤主任介護支援専門員研修参加			
⑤厳しく叱っても、言葉などは使わないことは必ず守る。それが本人の成長につながる。						

共通記載欄　上司と部下の共通目標

私たちの目指すところ①	当事業所の事業拡大を進める。	
私たちの目指すところ②	介護スタッフの離職率「0%」を目指す。	
私たちの目指すところ③	介護スタッフの「働きやすさ」と「実力」の2つの項目においてナンバー1を目指す。	
私たちの目指すところ④	当事業所が防災拠点となり得るよう、防災機能を強化する。	
私たちの目指すところ⑤	広報やホームページ、課外授業などをさらに活用し、福祉や介護の情報をどんどん発信していく。	

評価基準

A 達成	B 実施中	C 実施予定	D 不足	E 変更の必要性あり

- それぞれの項目について、自己評価と他者評価（上司 or 部下）を行ってください。
- この評価を基に、『共通目標シート』を更新します。
- 評価でA／Eになった項目は、2回目以降の共通目標シートには記載しないでください。
- 『共通目標』の項目は、上司と部下が話し合って共有評価を行うことで、再度、思いを共有していきます。

© Copyright Takayuki Hirooka All rights reserved.

資料20　リーダー養成計画シート

事業所や法人のイベントも記載することで、研修計画に無理がないか、またイベントと研修が関連づけられるなどのメリットがあります。1年間を「3期」に区切り、期末ごとに計画が順調に実行できているかをチェックしましょう。完璧な計画でなくてもよいので、立案してください。

※このシートは、『育成者（上司）』と『リーダー・役職者候補（部下）』が共通で記載するものです。

CD収録

育成者名（上司）：				リーダー・役職者候補（部下）：				計画策定日			絶対目標項目		
所属：				所属：				H　年　月　日 [平成25年度]			①デイサービス稼働率を平成26年度は「95％」達成する。 ②感染症対策予防研修の実施（年2回以上）と、感染症マニュアルの全面改訂 ③実践発表で大会に参加、出展する（全国大規模の大会・年1回）。 ④衛生管理者の資格取得 ⑤主任ケアマネジャーの資格取得		

	第1クール						第2クール				第3クール			備考
	4月	5月	6月	7月	8月	9月	10月	11月	12月	1月	2月	3月	
事業所・法人・個人イベント	新人学卒入職	理事会（決算）			サマーフェスティバル		慰労一泊旅行	研究全国大会 敬老祝賀会 文化祭	実地指導 理事会 ソフト会社選定	入札	理事会 衛生管理者試験	理事会（予算）	
リーダー・役職者候補 [内部研修／OJT]	共通目標シート策定	問題解決実践トレーニング	アサーティブトレーニング	評価シート作成 感染マニュアル改訂プロジェクト開始	発表者研修			評価シート作成 発表者研修 新感染マニュアル完成	チームワーク強化研修	情報管理・伝達研修	対人向上トレーニング	評価シート作成 共通目標シート策定	
リーダー・役職者候補 [外部研修]		通所介護向上研修		提携病院感染対応視察		主任ケアマネジャー			主任ケアマネジャー		衛生管理者受験		
共通研修	共通目標シート策定			評価シート作成				評価シート作成			事業報告策定	評価シート作成	

©Copyright Takayuki Hirooka All rights reserved.

表5　危機意識向上トレーニング研修で使用する設問

以下の設問には，どんな問題が隠れているか，また注意点は何か考えましょう。

［設問1］あるスタッフに声をかけたが，元気がない。

［設問2］スタッフ同士の仲が良く，呼び方を「○○さん」ではなく「○○ちゃん」などと言い合っている。

［設問3］定時に業務が終了しなかったため，業務改善をした。

［設問4］同じ家族から何度も，ケアの希望が出されている。その都度，リーダーとして自分が受け答えし，納得して帰ってもらっていた。

［設問5］部下からケアの質問があり，時間がなかったのでメールで返答した。

［設問6］利用者のスペースは清掃できているが，チーム全体が業務に追われ，スタッフの休憩場所や机，ロッカーの片付けまではなかなか手が回らない。

［設問7］今年の行政からの実地指導は大きな指摘なく無事終わった。日々の実践に間違いはなかったと自信がついた。

［設問8］家族から利用料の請求について問い合わせがあったので，自分で処理して事なきを得た。軽微なことだったが上司にはしっかりと報告した。

［設問9］自分の部下であるスタッフAが，同僚のBについて「Bは業務が遅く困っている」と問題点のみ報告してきた。

［設問10］自分はリーダー職として，人一倍つらいこともあるが，上司も忙しく相談すると迷惑がかかるので何も話していない。

要する事態に発展することも考えられます。

　問題は表面化すれば対処できるのですが，今，問題が起こっていないように見えても，目に見えないところで問題が深刻化している可能性もあります。一番やっかいなのは，問題が深刻になって大きくなってから表面化することです。そうならないためにも，介護現場のリーダーは次のような力を身につける必要があります。

▶問題解決の基本

・問題が起こらないような「未然対策」
・問題が起こった時の「早急かつ適切な対策」

　問題解決というと問題が起こってからの対応に目を奪われがちですが，問題解決において重要なことは，トラブルがまだ発生していない時点での「平常時の対策」です！

◉リーダーに必要な問題解決能力

　それでは，介護現場におけるリーダーは，どういった問題解決能力を身につける必要があるのでしょうか。ここでは「問題発生前」と「問題発生後」のそれぞれにおいて必要な解決能力を説明します。

▶問題発生前

　組織のマネジメントを行う経営層やリーダーは，「今，何をするべきで，何から手をつけるべきか」ということが分かっていなければなりません。つまり，「今どういっ

た問題が起こる可能性があるのか」を予測し，準備する力が必要なのです。

■リーダーに必要とされる力
- 常に起こり得る問題を想定してアンテナを張っておく力（問題予知力）
- 想定した問題に対して平穏時から準備，対策を練っておく力（対策準備力）

▶問題発生後

問題が発生してしまったら，迅速に対応することが求められますが，対応策や対策のポイントを間違っていると「無意味・無策」になってしまうので，まずは問題の原因を分析し，解決に結びつく対応策を練り，実行する力が求められます。

■リーダーに必要とされる力
- 起こった問題の根本を冷静に分析する力（分析力）
- 問題を解決するために，あらゆる方法を実行する力（実行力）

◉危機意識向上トレーニング

ここからは，問題に発展しそうなアンテナを張っておく力を養うために，**表5**に示す設問を役職者候補に提示し，問題に発展する前に，対応できる意識を高めましょう。**表5**に示した設問のような実際に現場であるような事例を活用し，トレーニングすると非常に有効です。

▶危機意識向上トレーニング研修の進め方

設問（**表5**）を配布し，リーダー候補者（研修受講者）に考えてもらいましょう。
解答と解説は，本章の最後（P.191）にお伝えします。

◉問題解決実践トレーニング

次に，問題発生後の実践トレーニングについて説明します。このトレーニングでは，「問題分析／解決ノート」（**資料21，22**）を使用しながら研修を進めていきます。問題解決事例を問題資料として渡し，どこが問題なのか，どうすれば問題解決に至るのかということをトレーニングしましょう。

▶問題解決実践トレーニング研修の進め方

問題解決実践トレーニング研修は，次に示す流れで行います。
① 「問題解決事例問題」（次ページ）を配布し，リーダー候補者（研修受講者）に読んでもらいます。
② 「問題分析／解決ノート［分析編］」（**資料21**）を使用し，問題分析について，リーダー候補者（研修受講者）に考えてもらいます。
③ 「問題分析／解決ノート［解決編］」（**資料22**）を使用し，対応策と解決方法について育成者とリーダー候補者が一緒に考えていきます。
※問題解決の考え方として「問題分析／解決ノート」の記載例（**資料21，22**）を参照してください。ここでは，「スタッフ間のトラブル」に特化した事例を挙げます。

資料21 問題分析／解決ノート [分析編]

※トラブル発生に関する考え方 →①迅速、②分析、③対応策構築、④実行を基本に解決すること。

発生した問題・トラブル

いつ	○○年○月○日 / ○時○分頃
誰が	介護職員、B君が
どこで	ケアワーカー室で
どうして	ケアプラン委員会の西田さん（女性、23歳〈仮名〉）が、元木君（男性、24歳〈仮名〉）に対して、書類の管理が徹底できていないことを指摘したところ、元木君が「なぜ、一般スタッフの西田から指摘を受けなければならないのか、言い方自体が気にくわない」ということを野島さん（女性、35歳〈仮名〉）に訴えていた。大体、野島さんから主任に報告があり。

問題・トラブルの分析（データ管理につなげる）

緊急性　1. 高い　2. 普通　3. 低い　4. 様子観察

種類　1. 利用者　2. 家族　3. 苦情　4. スタッフ　5. 設備　6. その他.

想定される問題の拡大（最悪のケース）

今回の一件で、デイサービス内のチームワークが乱れ、スタッフ間の人間関係がギスギスすることで仕事が行いにくくなるばかりか、好き嫌いのグループに分別しないか。また、離職につながる可能性がある。

相関図を記入しよう

問題・トラブルの分析 [相関図]

- ケアプラン委員会にて書類の整備について徹底するよう各委員に指示あり。
- ケアプラン委員会
- B：関連人物・物① [西田さん]
  - 入職2年目
  - 責任感が強い
  - 委員として毅然と対応
  - 元木君が反発していることは未だ知らない。
- 指導
- 委員として毅然と指導した
- 反発
- 元木君は直接、西田さんに反発したわけではない。
- A：問題を発生した人・物 [元木君]
  - 入職2年目
  - まだ勤務に余裕なし
  - 精神的に未熟な部分あり
- 西田さんへの不満を伝える
- C：関連人物・物② [野島さん]
  - ケアプラン委員会に所属
  - ケアプラン委員会、西田さん、元木君と同期
- 報告
- D：主任（私）
- 本来、主任である私に問題を提起するべき。

相関図の記載手順

ステップ1 相関図を記入する。
・問題を発生した人・物（A）は図の中心に記載する。
・関連人物や物は必要に応じて追加する。

ステップ2 問題の背景や関連要素を書き込んでいく
・予測で書かず、事実を吹き出し部分に箇条書きで記載する。

ステップ3 問題の原因と思われる部分を抽出する
・吹き出し部分の中で問題が起こった部分について赤線や赤文字でチェックを入れる。
・役職者（育成者）やリーダー候補者（研修受講者）が相談しながら記入する。

©Copyright T.Sakayuki Hirooka All rights reserved.

資料22 問題分析/解決ノート［解決編］

※トラブル発生に関する考え方 →①迅速、②分析、③対応策構築、④実行を基本に解決すること。

問題点の抽出［分析編（相関図の吹き出し内の赤字線、赤字部分を転記）］	問題点のポイント	問題点の解決方法 ※具体的に対応可能な方法を記載	対応時に注意すべき点	担当者など	期間	問題分析/解決ノート（解決編）の記載ポイント
①ケアプラン委員会にて書類の整備について指示あり。	・各委員からの指示に一任し、委員会から全体への周知はなかった。	①ケアプラン委員会から、プランに関する書類整理および書類のファイル保存方法などについて、全体に書面などで周知したり、各委員のチェック体制を整えたりする。	主任私（私）からケアプラン委員長に打診、今後の委員会活動に関しても委員会から周知を行うことが望ましい。	主任（私）→委員長	○月○日～	※このシートは、リーダー研修で使用するシートです。 ※問題分析/解決ノート［分析編］を基に作成、記入していきます。 ※現役職者（育成者）とリーダー候補者（研修受講者）が相談しながら記入してください。
②西田さんが委員として毅然と指導した。	・指導方法や手法に問題があった可能性あり。	②西田さんの指導方法について、再度確認をとる。また、西田さんと元木君と同年齢であることを鑑み、指導方法について助言を行う。	西田さんが指導したことについては、委員会としての責務を実行しており、褒める。	主任（私）	明日	
③元木君が、まだ勤務にも余裕なく、精神的に未熟な部分があった。	・23歳と若く、経験も浅いため、精神的に余裕がない。	③元木君について、今回の案件について指導を行う。 指導内容 ・今回の件や批判は、必ず問題提起として意見を主任（私）にあげる。 ・精神的に未熟であることが、業務が出来ない言い訳には当然つながらない。社会人としての甘えがあることを厳しくする。 ・今後も同様のケースが務めった場合、就業規則の服務規律違反に該当するため、懲罰も含め各事業所として対応する。	・指導記録を必ず残しておく。 ・ポイントをまとめ、指導する。また、パワーハラスメントに注意する。	主任（私）	次回、元木君出勤時	
④元木君が西田さんではなく、同期の野島さんに今回の不満を伝えており、野島さんを経由して、主任（私）に情報が入った。	・元木君が同僚に不満を感情的にぶつけている。 ・もし西田さんへの不満が納得できない部分があるなら、本人と議論するか、もしくは、それができないなら、直属の上司に連絡すべき。	④連絡体制についてスタッフ間の問題があった場合は、正規のルート［スタッフ→当該主任］での連絡ルートを再度全体に周知する。	・連絡ルートは、[ルール]であり、徹底遵守させる。 ・愚痴や批判として問題を挙げるのではなく、改善要望として自体の意見として挙げるよう併せて周知する。	主任（私）	明日のミーティング～	

©Copyright Takayuki Hirooka All rights reserved.

> **問題解決事例問題① スタッフ間のトラブル編**
> ※解決実践例は，**資料21，22**を参考にしてください。
>
> 　私（女性，30歳）はデイサービスで主任をしています。以下のような問題が発生して困っています。
> 　ケアプラン委員会の西田さん（女性，23歳〈仮名〉）が，同僚の元木君（男性，24歳〈仮名〉）に対して，書類の管理が徹底できていないことを指摘したところ，元木君が「なぜ，一般スタッフの西田から指摘を受けなければならないのか，大体，言い方自体が気にくわない」と言っていたと野島さん（女性，35歳〈仮名〉）から報告を受けました。
> 　今回の一件で，デイサービスのチームワークや雰囲気が悪くならないか心配しています。スタッフ間のトラブルは今回に限らず，結構頻発していますが，人間関係が極端に悪いというわけではないと感じています。西田さんと元木君は，入職して2年程度です。

▶ここが解決ポイント！

・スタッフ間のトラブルは，絶対に放置せず早めに対処する
・西田さんの言い方，指摘態度について確認をとる
・元木君へは，毅然とした態度で厳しく指導する

　現実問題として，ほとんどの介護スタッフは，「自分のことで精いっぱい」で，できていないことを指摘されると反発することがあります。特に，年下や，同じ一般スタッフという立場の者から指摘されると，正当な内容であっても納得できないものです。だからこそ，スタッフ間のトラブルは絶えることはありません。これらの人間関係のトラブルは，介護現場のリーダーであれば多くの時間と労力を割かれる問題であり，チームワークがうまく機能するかどうかの大きなポイントとなります。

　今回の問題のようなケースでは，ただ単にスタッフの指導をするということではなく，「指導＝成長」につながるよう支援していきたいところです。具体的には，ルールを遵守する重要性や，西田さんの元木君への態度に問題がなかったのかなどを，本人たちと一緒に考えるという視点が必要だと思います。スタッフにとって，同僚とのトラブルは上司が思う以上に過敏に考えているものです。問題が発生したら研修の一環として教育，指導していく視点を持ちましょう。

> **問題解決事例問題② 問題スタッフ**
>
> 　例題となりますので，皆さんも一緒に考えてください。
> 　私（男性，40歳）は介護施設で介護主任をしています。現在，以下のような内容で悩んでいます。
> 　フロアの介護スタッフたちのやる気が感じられず，ことなかれ主義で困って

います。私の立場からすると，もっと介護を深く，熱く考えていき，どうすればより良いサービス提供につなげていけるかということに取り組んでいかねばならないのですが，どうしてよいか分かりません。

　そんな中で，先日，新人の山田君（男性，23歳〈仮名〉）が私のところにやって来ました。山田君の話では，「僕たち新人は，頑張っていきたいという気持ちがあるが，ベテランスタッフの古木さん（仮名）が，「こんな施設で頑張っても同じだよ。力を入れすぎていたら，身がもたないよ」などの話を若いスタッフにしてくるため，モチベーションが上がりません。また最近では，新人が前向きな発言をすると，古木さんは露骨に嫌な顔をして機嫌が悪くなるので，仕事がやりにくくて仕方がありません」と伝えてきました。

▶ ここが解決ポイント！
- スタッフのやる気が感じられない理由を冷静に分析する。
- 古木さんが話したことについて「時間，場所，内容，聞いていたスタッフ」を記録しておく。
- 古木さんの発言については，明らかに職場の風紀を乱しており，就業規則などの服務規律に照らし合わせ毅然と対応する。
- 指導後も古木さんが同様の否定的な発言を繰り返していれば，処分も視野に入れる。
- 辞めさせることを目的とせず問題行動の是正を図り，しっかりと業務を行うことに主眼を置く。

　このケースで注意したい点は，「フロアの介護スタッフたちのモチベーションが下がっているのは，古木さんの発言だけが原因なのか？」という点です。リーダーがチームをまとめていく上で最も難しいことの一つに，チームの士気を高めることが挙げられます。リーダーは，チームの士気を高めなければならないという精神状態に陥るあまり，古木さんのみに責任を転嫁してしまいがちですが，それでは冷静な分析ができているとは言えません。なぜなら，古木さんのようにネガティブ発言を繰り返すスタッフは，どの事業所にも少なからず存在するからです。にもかかわらず，全体的にモチベーションの高い事業所を私はたくさん知っています。そういう事業所に共通している点は，問題スタッフの発言に左右されず「自分」というものを強く持っているスタッフが多いということです。

　つまり，古木さんの発言は法人としていけないことだということははっきり示さなければなりませんが，より大切なポイントとして，古木さんの発言に影響を受けている一般スタッフ自身にもプロとしての自覚が足りないということを指導し自覚を促すことが，この問題の最大のポイントでもあるのです。

> **廣岡はこう考える！** 👉 **ノウハウを提供する理由**
>
> 「ノウハウを外部に出すことのメリットは？」とよく聞かれます。確かに，当方の人材確保対策が他施設に活用されることによるデメリットもないわけではありません。しかし，何度も言うように，介護現場の人材確保対策は待ったなしです。少しでも今いる人材を大切にしていくこと，良い業界にしていくことが日本の安心につながります。虐待のニュースをはじめ，さまざまにネガティブな報道がなされており，３K職場であることも一部事実です。一方で，人材確保について一体どこから手をつければよいのか分からないという意見も多々聞きます。皆，現場を変えていきたい気持ちがあるのに，その具体的な手法が分からないという根本的なところで人材確保がうまく機能しないことは，残念と言うか，もったいないと常々感じていました。
>
> 一法人，一事業所ができることなどたかが知れていますが，当方の手法を広く知ってもらうことで，多くの悩みを抱えた現場の一助になればという気持ちが何よりありました。人材確保対策に限らず，多くの有益な情報を提供することは，我々ができる社会貢献の一環でもあります。ノウハウを提供することのデメリットを考えるよりも，業界全体にとってのメリットの方が何倍も大きく，そして意味のあることだと思っています。

説明力・伝達を向上させるリーダー育成研修

●リーダーに必要な伝達力は２種類ある！

　物事を説明・伝達する時，対象を「個人」と「団体（組織やチーム）」に分けて考えることが必要です。しかし，個人，団体どちらに説明するにせよ，物事をうまく伝える必要があります。うまく話が伝わるかどうかに影響しているものとして，以下のような「環境因子」が挙げられます。

▶物事を伝達・説明する時に影響する環境因子（図６）
①視覚的要因：表情，仕草，感情，文書，説明を受ける場所など
②聴覚的要因：声，話し方，話の内容など
③関係性要因：物事を伝える側・伝えられる側の立場，パワーバランスなど（役職，上下関係，業務上の関係，親密性など）

　人は無意識のうちに，上記の①～③の環境因子を感じながら，他者からの情報を得ています。研修や会議などで「この人の話は聞きやすいな」と感じる場合は，前述の環境因子が大きく影響していると考えられます。人に物事をうまく伝えるには，「環境因子を伝える側が意識し，説明・伝達する」必要があると言えます。

　①～③の環境因子のうち，**①視覚的要因と②聴覚的要因については，トレーニング**

図6　物事を伝達・説明する時に影響する環境因子

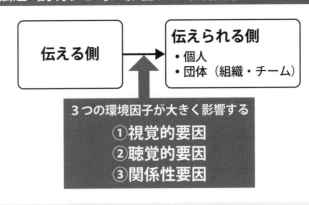

によりレベルアップすることが十分可能です。ここでは、この2つの環境因子のレベルアップにつながる実践トレーニングを説明します。

●説明力・伝達力向上トレーニング

それでは実際に、現場によく起こりそうな問題を用いて実践トレーニングを紹介します。

▶トレーニングの手法

①まず「伝える側1人」「伝えられる側1人以上」に分かれます。
②「伝える側」が、次に紹介する「説明力・伝達力問題①②」を読みます。
③問題を読んだ「伝える側」は、問題の内容を「伝えられる側」にできるだけ分かりやすく伝えてください。
④説明を聞いた「伝えられる側」は、「説明評価表」（**資料23**）にて「伝える側」の説明がどうであったか評価してください。
⑤「伝えられる側」は説明評価表に基づき講評します。
⑥「伝える側」は同じ問題について、内容を改善して再度説明します。

必要に応じてビデオ撮影などをして講評・振り返りができると、より効果的なトレーニングとなります。

説明力・伝達力問題① 対チーム向け説明演習

「伝える側（私）」になった人は、以下の文章をまず読んでください。

伝える側（私）：役職者（主任）

現在私たちの事業所では、通所サービスの利用率低下に悩んでいます。一体何に原因があるのか分かりませんが、とにかく利用率が低いのです。今日も利用率は50％です。このままでは、職員の賞与にまで影響が出る可能性があります。どうやら危機感を持っているのは私だけで、一般スタッフについては、そこまで危機感を持っていないようです。もしかして、賞与が出なければ退職するスタッフも出てくるかもしれません。そうなってくると、余計に人材不足が進み、事業が立ち行かなくなる可能性だってあります。

したがって，私のミッションは何としても稼働率を向上させることです。そのことを現場の一般スタッフにも伝えなければなりません。ちなみに，利用者アンケートを近日中に取って，低利用率の原因を探ることや稼働率向上についてのミーティングをしていこうと思っています。

▶説明に盛り込むポイント！

以下のポイントを「伝えられる側（通所サービスの一般スタッフ）」に伝わるよう説明してください。

資料23　説明評価表

評価基準のポイントに留意し，該当項目に✓を入れる

評価者 （伝えられる側）	氏名：	評価基準のポイント
表情	□話の内容に適した表情か □自信のない表情をしていないか	伝える側の表情を伝えられる側は注意深く観察している。「険しい・怒っている・厳しい」などの固い表情なのか、柔らかい表情なのか、伝達事項にマッチしているかどうかを見る。
仕草	□腕組みをしていないか □机上の場合、ひじをついていないか □ため息を交えていないか	表情と同様に、仕草も伝達事項に及ぼす影響が大きい。難しい話に腕組みをすればより「強固」なイメージになるし、肘をつくことは「期待していない」ことととらえられる。
目線	□下を向いていないか □キョロキョロしすぎていないか	下を向いたりキョロキョロと視線を動かしたりすることは、自信がないように見える。
声量	□声量は適正か □声は震えていなかったか	個室であるのに無用に声が大きすぎたり、またホールなのに声が小さいと、当然話が伝わりにくい。
話し方・話の中身内容	□ポイントを押さえているか □早口ではないか □遅すぎるトーンではないか □たとえを出した場合は分かりやすく適正か □無用な言葉が多くないか □話が長すぎないか □話の冒頭に今回伝達する話の趣旨説明があったか	ダラダラと長く話したり、聞き取りにくい、トーンが遅いと伝わりにくい。また、たとえ話をすることも有効だが、かえって分かりにくくなることもあり注意する。 「えー、あー」などの言葉が多いと伝わりにくい。
思い	□形式的でなく思いが伝わったか □当事者意識を持たせるような質問などを交えていたか	他人事のように話に集中しないことがないよう、危機感や当事者意識を持たせる工夫が必要。
全体の印象	□分かりやすかったか □何が言いたいか分かったか □危機意識を持つことはできたか □当事者意識を持つことはできたか □具体的な対応策、改善策は理解できたか □最終目的に指すべき方向性は理解できたか	全体的な印象として、話の趣旨が理解でき、「やらなければいけない」という前向きな気持ちで聞くことが終えられたかを判定する。
その他感じた点 （自由記述）		
講評	講評のポイント ①上記のチェックボックスで☑されていない箇所を抽出します。 ②☑されていない理由を「伝える側」に説明します。 ③全体的な内容が伝わったかどうかを講評します。 ④一番伝わった部分はどこだったか言いましょう。 ⑤伝わりにくかった部分はどこだったか言いましょう。	

CD収録

Copyright Takayuki Hirooka All rights reserved.

①現状の事業所の状況
②一般スタッフに危機感を持ってもらう
③今後どうしていけば稼働率が上がるのかを考えてもらう
④私のミッション，今後の方向性を話す

　この事例のように，「ネガティブな状況を打破すること」を伝える際には，まず真実を分かりやすく説明することが肝心です。まずチーム全員に状況を理解してもらい，困難な事態であるという危機感を持ってもらう必要があります。真実が理解され，危機感が共有できたら，次のステップとして当事者意識を持たせましょう。他人や環境のせいにするのではなく，あくまで自分たちが問題の当事者であることを強く言いましょう。

　最後のステップは，「今後の方向性」を具体的に示すことになります。今後の方向性については，思いだけではなく「具体的な対応策」を説明することが重要です。目標設定に「数値（○％，○月まで，○人利用など）」を盛り込むと目標が明確になり有効です。模範解答例は本章の最後（P.194）に示します。

> **説明力・伝達力問題② 対個人向け説明演習**
> 　「伝える側（私）」になった人は，以下の文章をまず読んでください。
>
> **伝える側（私）：役職者（主任）**
> 　私は老人福祉施設で働いている介護主任です。私が受け持つフロアの利用者は30人で，15人のスタッフが働いています。現場はいつも慌ただしいですが，特に大きな問題もなく利用者間でのトラブルもあまりありません。また，スタッフの退職も少ないため，私は介護主任として一定の充足感を感じていました。
> 　そんなある日，一人のスタッフAさん（女性，40代，経験5年目）が，私に対して「このままのケア内容で，主任は満足しているのですか」と強い口調で聞いてきました。Aさんは大変熱心なスタッフで，ケアのことに対しては妥協がなく，非常に丁寧な介護をします。しかしながら，業務速度はマイペースで，直接介護にかかわらない業務や段取りについては要領が悪く，ほかのスタッフからはAさんの業務が遅いので一緒に勤務すると大変だと不満が出ていました。Aさんの訴える気持ちも分かりますが，ほかのスタッフからの不満の声も理解できます。私は介護主任として，ケアの充実を考慮しつつ，一定の業務速度をAさんにも求めていきたいと考えています。

▶説明に盛り込むポイント！
　以下のポイントを「伝えられる側（スタッフAさん）」に伝わるよう説明してください。
①現在の施設の状況で私が感じていること
②当事者意識を持たせる

図7　チームワークとは

リーダーや管理職が積極的に介入しないと，個人（スタッフ）の方向性はバラバラになる。

チームワークとは，個人がチームとしてまとまり，目標に向かって協働することを言う。

リーダーの役割は…①チームをまとめる　②目標を立てる　③目標に向かって協働させる
つまり「チームワーク」を機能させること！

③Aさんの良いところ，改善すべきところ
④今後の方向性

　この事例のように，「個人単位」での説明・伝達はマンツーマン指導になることが多く，一言一句に重みが増し，相手に与える影響力が大きいということを念頭に置いて説明することが重要です。この事例では，Aさんというスタッフがケアに熱心になるあまり，ほかのスタッフから苦情が出たという内容で，いずれの事業所でもあり得る問題だと思います。主任に対して「これでよいのか」と迫ってくるスタッフについては，問題に対する批判意見だけではなく**必ず「具体的改善策」を併せて報告させる**など，当事者意識を持たせましょう。また主任（私）は，スタッフの良いところをしっかり見ているということを説明したり，チーム全体としての方向性を具体的に分かりやすく説明し，その方向性に沿うよう指導したりすると，抵抗感が少なく改善につながりやすくなります。

チームワーク実践研修
～組織・チームで仕事をするという意味

　リーダーは常に組織の中で自分に求められている役割を理解し，チームを引っ張っていくことが重要です。そこで，「組織（チーム）を動かす力」をつけるトレーニングを紹介します。

　事業所が行うケアは「チームケア」が基本です。たとえ優れたスタッフが一人だけ頑張っても，ほかのスタッフが適当なケアをしていれば，優れたケアを提供しているとは言えません。よって介護現場のリーダーには，チームを「ケアの専門集団」として動かしていく力が強く求められます。役割や方向性を定めた上で，単独ではなく組織としてどれだけ機能するかが問われます。

　「チームワーク」という言葉をよく耳にすると思いますが，チームワークは単なる仲良しクラブとは意味合いが大きく異なります。チームワークの本質は，**個人をチームとしてまとめ上げ，一つの方向性に向かって協働していくこと**です（図7）。「仲が良いこと＝チームワークではない」ということを，まず理解しておきましょう。

◉チームがうまくまとまらない理由

「チームがうまくまとまらなくて困るんだよな」「部下が全然自分についてこないよ」と嘆いているリーダーが多くいると思いますが、チームがまとまらない理由は必ずあります。ここでは、その主たる理由を探っていきましょう。

▶リーダー・管理職が方向性を示していない

リーダーや管理職がチームワーク構築について積極的に介入しなければ、メンバーはバラバラになります。積極的に介入するとは、「チームの方向性を示す。目標設定を行う」ということです。目標設定もなく、ただ闇雲に「仕事を頑張ろう」と言っても、チームとしては機能しません。

■改善ポイント

- 目標設定がされていない場合、可能な限り早くチーム目標を立てる。
- 誰が見ても「分かりやすい」目標を設定する。
- キャッチフレーズや数値目標で示すことが理想的。

▶方向性の示し方、目標設定が甘い

いくらチームとしての方向性や目標を示しても、チームがまとまらない時は多々あります。目標が具体的でなかったり、途方もなく現実からかけ離れていたりすると、各スタッフには理解されません。

また、文字ばかりで難解な文章ばかりが続く周知文書もNGです。こういったスタッフにうまく伝わっていない目標設定は、方向性を示していないということと等しいのです。

■改善ポイント

- 現実的な目標を立てる。
- 目標設定は「少し頑張れば手が届く程度」が理想的。
- 難解な周知方法はNG（後述の「目標の内容」参照）。

▶スタッフ同士が不仲で対立している

介護はストレスとの闘いでもあります。ストレスや疲労が蓄積されると、ほかのスタッフのできていない部分への不満が大きくなり、関係性が改善されないとやがて不仲となり、周囲を巻き込むなどの大きな対立に発展しかねません。不仲はチームワーク構築を阻害する大きな要因だと言えます。

■改善ポイント

- スタッフ同士の対立を「個人間の問題だから」という理由で放置しない。
- 明らかに一方に否がある場合は（業務怠慢など）、組織として厳しく指導する。
- 不仲の原因を追究する。意外に人間関係のもつれが、対人関係以外のところから発生している可能性があり（業務の多忙や著しい疲労など）、原因を特定、除去する。
- 人間関係の対立が大きくなる前の早目の段階で、指導や面談を入れ対応する。

▶チームワークを阻害する第三者がいる

　どこの職場でも「方向性に否定的なスタッフ」「いちいち反発するスタッフ」はいます。これらの問題のあるスタッフが，時には目標に向かうチームの足を引っ張るということがあります。大多数のスタッフに影響しなくとも，数人が否定的になることで，チームのパフォーマンスは著しく低下します。

■改善ポイント

・問題のあるスタッフに個人面談を行い，まずは反発する理由を確認した上で指導を行う。
・離職を恐れず，指導すべきことは毅然と指導する。
・自分だけの指導だけでは従わない場合や，多数のスタッフを巻き込むなどの悪質な場合は，就業規則に基づき（服務規律違反）懲罰処分を検討する。
・反発するスタッフのみならず，「意欲が低い」「業務を全うすることができない」スタッフについても，チームワークを阻害する要因になるので注意が必要。

●目標設定，周知，実行のポイント

　チームワークを高めるために，チームの目標設定は非常に重要なポイントと言えます。介護現場では，営業成績のように数値目標や具体的目標が立案しにくいという特性があります。また，目標設定をしても，交代勤務や現場の業務に忙殺されることで共有されにくく，チーム目標を誰も知らないという事態に陥りやすいのです。

　しかし，よく見てみると，実はその目標設定の方法や内容に問題があることが多々見受けられます。

▶目標の決め方

　目標設定には次の2つの方法があり，どちらを選ぶかは各事業所によって異なるところです。しかし，どちらの方法をとるにせよ，最終目標は「チームが一つの目標を持ち，一丸となって行動する」というチームワークの向上ですので，その事業所の風土に合った方法を選択することがベストでしょう。

■ボトムアップ方式（チームのメンバーで協議して目標を決める方法）

メリット：スタッフ同士で合議がとれるので，目標に対する理解度や共有性が高い。
デメリット：リーダーが思っている方向性や理想と異なった目標設定がなされることがある。

　チームの合議制といっても，発言力や影響力の強いスタッフが主導し，新人や大人しいスタッフの意見が反映されないことがあるため，事前にアンケートをとるというのも一つの手法です。

■トップダウン方式（経営陣・役職者・リーダーで決める方法）

メリット：役職者の意向を，直接目標に反映することができる。
デメリット：現場スタッフの理解度，目標への浸透度を高めることが容易ではない。

　あまりにも事業所の理念とかけ離れた経営層の意見が目標に設定されると（収益の

みを目標とするなど），どれほど具体的な目標であっても現場スタッフには浸透しないため注意が必要です。強引に進めすぎると，現場は反発したり退職者が出たりするリスクがあります。

▶目標の内容
よくある目標設定で，「分かりにくい」「難しい」などの事案が見受けられます。

■失敗する目標設定
- 文字がやたら多い（多忙のため現場スタッフはまず読まない）
- 文字しかない（イラストやグラフ，カラー刷りの方が伝わる）
- 目標や計画書に「難解」なフレーズが多い（現場スタッフは文字慣れしていない）
- 目標になっていない（例：楽しい介護，安全，安心，安楽など）
- 目標設定が高すぎて，現実離れしている（例：軽微な事故ですら絶対に起こさない）
- 目標設定が低すぎて，日常的に到達している（例：レクリエーションを行う）
- 目標設定が法人の理念から外れている，リンクしていない（例：収益のみを目標とするものなど）

▶効果的な周知方法
せっかく時間をかけて立案した目標も，チームメンバーが誰も知らない，理解していないでは，絵に描いた餅です。チームが目標を共有し行動に移すことで，初めて「チーム」が機能すると考えましょう。そういう意味でも，目標を「周知」し理解力を高めることは，非常に重要です。
- 目標を書いた文書はなるべく分かりやすいよう（読むのが簡単）にする。
- パワーポイントを使用する際は，文字が多く詰め込まれたスライドは使用しない。
- 事務的な話に終始するのではなく，感情を込めて相手を「その気」にさせる。
- 時間が許すなら，個人面談で個別に伝える方が効果的（特に非協力的，ネガティブなスタッフ）。
- 周知は1回だけではなく定期的に行う。
- 目標達成度の中間報告をする。

●チームワーク実践トレーニング
ここからは，当法人が実際にリーダー研修で実践している「チームワーク実践トレーニング」を紹介します。

▶トレーニングの目的・趣旨
- リーダー候補者がチーム（組織）の動かし方を学びます。
- チームの目標の立て方や方向性の示し方を学習します。
- 評価する際は，チームワークを阻害した要因を検証し，どのようにすればより効果的にチームが機能するかを考えます。

▶トレーニングの手法
①チームワーク実践トレーニングシート（以下，トレーニングシート）（**資料24**）の

資料24　チームワーク実践トレーニングシート

リーダー候補者 氏名	管理者（評価者）氏名	チームワーク実践対象セクション名	トレーニング実施期間（目標実施期間）
			平成　年　月　日　～　年　月　日

ステップ	ステップチェック項目【リーダー候補者記載】	リーダー候補者 検証欄	管理職 検証欄
ステップ① 現状把握と改善 （現在のチーム状態を分析しよう）	目標設定をする前にチェック □現在のチームの雰囲気は悪い □不仲なスタッフがおり険悪な状態である □チームのモラルが乱れている ※上記の事項に1つでも✓があった場合は、ステップ②に進む前に対応をとること。	問題があった場合の改善策 ① ② ③ ④	改善策を講じた場合 良かったポイント 改善・是正ポイント
		ステップ⑤【目標実施期間終了、アンケート集計（ダウンロード資料④）後に記載】	**ステップ⑤**【目標実施期間終了、アンケート集計（ダウンロード資料④）後に記載】
ステップ② 目標設定 （チーム一丸となって取り組む目標を設定しよう）	「チーム目標シート」（資料ダウンロード②）記載後にチェック □目標はインパクトのあるキャッチフレーズになっているか。 □達成可能な具体的な目標になっているか。 □目標は過大なものでないか。現実的なものになっているか。 □グラフや表を使っているか。 □数値化されているか。	目標設定適正度 [Q1～3集計参照] ％	難しかったポイント 学習したポイント	良かったポイント 改善・是正ポイント
ステップ③ 周知方法 （目標の伝え方・意識の持ち方）	「チーム目標シート」にて周知後にチェック □1回周知したから終わりではなく、毎朝のミーティングなどで繰り返し定期的に周知しているか。 □チーム目標シートを張り出しているだけではなく、口頭での周知を行ったか。 □理解力の乏しいスタッフや非協力的なスタッフについては、個別面談での周知を行ったか。	周知達成度 [Q4～7集計参照] ％	難しかったポイント 学習したポイント	良かったポイント 改善・是正ポイント
ステップ④ チームの在り方 （チームが一丸となって目標に向かえたか）	「チームワーク達成度アンケート」（資料ダウンロード③）集計後にチェック □管理者と共にチームワーク達成度アンケートを確認しながら、チームワークがこのトレーニング期間中に強化されたか検証し、右欄に検証結果を記入していく。	チームワーク達成度 [Q8～10集計参照] ％	難しかったポイント 学習したポイント	良かったポイント 改善・是正ポイント

©Copyright Takayuki Hiraoka All rights reserved.

CD収録

ステップ①の「現状把握と改善」について対応する（リーダー候補者・管理者が共に協議して進める）。

②チーム目標シート（**資料25**）にて目標を設定する（トップダウン・ボトムアップどちらでも可）。

③トレーニングシートのステップ②の目標設定に関してチェックする。

④チームに目標を周知し，トレーニングシートのステップ③をチェックする。

⑤目標実施期間が終了したら，チームメンバーに「チームワーク達成度アンケート」（**資料26**）を実施し，「アンケート集計表」（**資料27**）にて達成度を算出する。

⑥トレーニングシートのステップ④をチェックする。

⑦トレーニングシートのステップ⑤にリーダー候補者・管理者が「難しかったポイント」や「学習したポイント」などを記載していき，今回の目標設定とチームの在り方について振り返る。

●チームをうまくまとめるリーダーシップ

チームを一つにまとめるために，リーダーはどうすることがよいのでしょうか。これは，リーダーの人格やチームメンバーの性格も事業所によって異なるので，一概にこれが正しいという手法はありませんが，王道の手法は次の2点です。

①方向性を定め，チームが求めるべき姿や理想を構築する。

②方向性が定まったら，その方向性に沿うよう指導していく。

この2点を着実に実行することが，チームのまとめ方の基本だと思います。チームがバラバラだという事業所があれば，それは方向性を構築していないか，方向性を共

資料25 **チーム目標シート**

有できていないという公算が高いでしょう。

　リーダーシップというのは「理屈なんてよいから俺についてこい」という単純なものではなく（中には理屈など関係なく，皆がついていくようなカリスマ的なリーダーもいますが），方向性を示して先導していくということが重要です。さまざまなタイプのリーダーがいますが，チームが向かうべき方向性を決められないようでは，一番困るのはスタッフであり利用者です。

資料26　チームワーク達成度アンケート

※このアンケートは、スタッフ全員（リーダー候補者・管理職を除く）に配布するものです。

所　属	氏　名
	無記名でも可

	質問項目	回答欄
Q1	チームの目標を把握していますか。	YES ／ NO
Q2	チームが何を目指しているのか分かっていましたか。	YES ／ NO
Q3	チームの目標を日々意識しながら業務についていましたか。	YES ／ NO
Q4	リーダー候補者からの目標に関する説明は分かりやすかったですか。	YES ／ NO
Q5	チーム目標を実施期間の途中で忘れませんでしたか。	YES ／ NO
Q6	チームの目標は達成できたと思いますか。	YES ／ NO
Q7	チームの目標の内容は具体的で分かりやすかったですか。	YES ／ NO
Q8	チームの目標に向けて頑張ろうという思いはありましたか。	YES ／ NO
Q9	チームの目標は、あなた以外のスタッフも理解して動いていたと思いますか。	YES ／ NO
Q10	チーム目標周知後にチーム力が強化したと思いますか。	YES ／ NO
	質問項目	記述回答
Q11	チームが連携や協力をよりできるようなるには、何が必要だと思いますか。	
Q12	あなたは今後、個人としてチームに貢献するために、具体的にどういう行動をとろうと思いますか。	
Q13	あなたが今後、チームとして取り組んでいきたい目標や方向性を記入してください。	
Q14	あなたの考えるチームワークとは何ですか。	
Q15	あなたが今このチームの良いと思う部分を記入してください。	

©Copyright Takayuki Hirooka All rights reserved.

資料27　アンケート集計表

※この様式はアンケート集計をリーダー候補者がとりまとめるものです。

	質問項目	YESと回答した人数	設問別達成度	領域別達成度
Q1	チームの目標を把握していますか。	人／　　人中	％	目標設定
Q2	チームが何を目指しているのか分かっていましたか。	人／　　人中	％	％
Q3	チームの目標を日々意識しながら業務についていましたか。	人／　　人中	％	[Q1～3 平均値]
Q4	リーダー候補者からの目標に関する説明は分かりやすかったですか。	人／　　人中	％	周知達成
Q5	チーム目標を実施期間の途中で忘れませんでしたか。	人／　　人中	％	
Q6	チームの目標は達成できたと思いますか。	人／　　人中	％	％
Q7	チームの目標の内容は具体的で分かりやすかったですか。	人／　　人中	％	[Q4～7 平均値]
Q8	チームの目標に向けて頑張ろうという思いはありましたか。	人／　　人中	％	チームワーク達成
Q9	チームの目標は、あなた以外のスタッフも理解して動いていたと思いますか。	人／　　人中	％	％
Q10	チーム目標周知後にチーム力が強化したと思いますか。	人／　　人中	％	[Q8～10 平均値]

	記述回答集計　[出てきた意見を箇条書きでまとめる]
Q11	チームが連携や協力をよりできるようなるには、何が必要だと思いますか。
Q12	あなたは今後、個人としてチームに貢献するために、具体的にどういう行動をとろうと思いますか。
Q13	あなたが今後、チームとして取り組んでいきたい目標や方向性を記入してください。
Q14	あなたの考えるチームワークとは何ですか。
Q15	あなたが今このチームの良いと思う部分を記入してください。

CD収録

©Copyright Takayuki Hirooka All rights reserved.

| 廣岡は こう考える! | 👉 **現場から発信していく意味** |

　最近になって有識者とお話しする機会が増えてきました。有名な方であっても，こと「人材確保の具体策」を聞いて明確に回答できる方はそうはいません。本当に人材確保の深刻さや苦労を知っているのは，紛れもなく「現場」で介護に従事している者たちだと実感することが多々あります。多くの場合，現場の最前線にいなければ，具体策は分からないものなのです。いくら肩書きや経歴が素晴らしく，高名であったとしても，「理想論」しか言えないようなら，実際の現場では何の役にも立ちません。そういう意味でも，現場から生まれてきた具体策をいかに発信し，広げていくかが重要であり，求められていると感じています。

　残念ながら，肩書だけを見て，話の内容をそこそこに，何でも正しいと思い込んでしまう人たちが多いのもまた事実です。肩書きで人を見るのではなく，その人がどういう「具体策」を持っているかが重要です。難しい話を難解な言葉でまくしたてられても，実現できない絵空事では意味がありません。あくまで現場で現実に起きている事実から目をそらさず出来上がった具体策の方が，理想論より有益だと断言します。そういう意味でも，現場からどんどん役立つ情報が発信されることが望ましく，それに勝るものはありません。過去の福祉政策の中には，現場から発信されて制度化されたものも多々あります。現場から発信していくことには大きな意味があるのです。

人心掌握術を身につけろ

●人心掌握とは何なのか？

　人心掌握術とは読んでその字のごとく，「人の心をつかむ」ことです。しかし人の心をつかむということは，口で言うほど簡単ではありません。なぜなら，他者の心理が自分の心理と100％同じだということはあり得ないからです。

　どうすれば人心を掌握できるのかというと，「人の心を自分の方へ動かす」ことだと私は思っています。人の心を動かすということは，「感動させたり衝撃を与えたりすること」です。部下や同僚の心を動かすことができれば，こちらの味方や支えになってくれます。リーダーとしては，ぜひとも身につけたいスキルだと思います。

●人の心を動かすということ

　まず，心理状態の**図8**を見てください。我々の感情は，常に天気のように変化しています。例えばある映画を見ていて，初めは「つまらない」と思っていてもクライマックスを迎えると「面白い」と感じるのは，感情の波が動いているからと言えます。この感情の波が大きければ大きいほど，「心が大きく動いている」状況だと言えます。

図8　心理状態の波

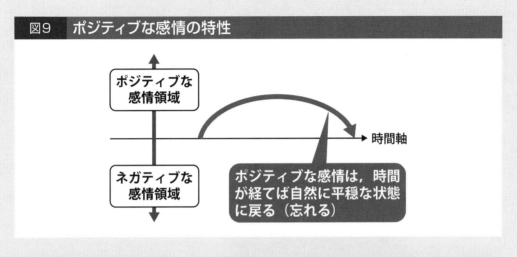

図9　ポジティブな感情の特性

図10　ネガティブな感情の特性

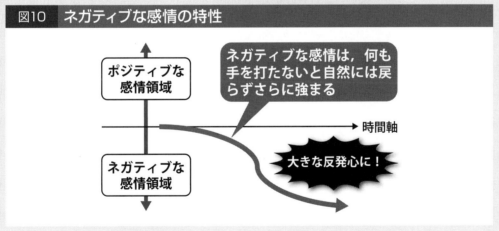

●それぞれの心の特性

　人間は，「楽しい，うれしい」といったポジティブな感情については，放っておいても比較的早い段階で忘れてしまいます（平穏な状態に戻る，**図9**）。しかし，「悲しい，つらい」といったネガティブな感情については，何も手を打たなければ時間が経過しても戻らず，どんどん強まっていく傾向にあります（**図10**）。

　例えば，リーダーから褒められたり認められたりしたスタッフは「うれしい」というポジティブ感情になりますが，数日経てば褒められた良い印象は消えてしまいます（忘れてしまう）。逆に，リーダーから厳しく指導されて納得できなかった時の「不信

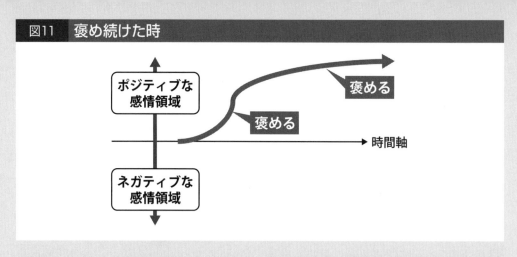

図11　褒め続けた時

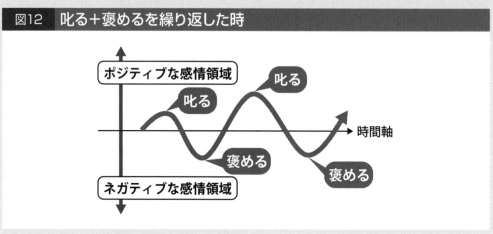

図12　叱る＋褒めるを繰り返した時

感」や「不満」といったネガティブな感情は，日が経過しても消えず，むしろ増大していきます。

つまり，褒めた時よりも「指導した後」のネガティブな感情にこそ，早めのフォローをしておくことが重要であると言えるでしょう。

●なぜ感情を大きく動かすことが効果的なのか

ジェットコースターと同じで，人間の心も大きく動く方が刺激が大きいと言えます。例えば，図11のように毎日リーダーが「褒め続けた時」と，図12の「叱る＋褒めるを繰り返した時」とを比べると，感情の波がより大きいのは「叱る＋褒めるを繰り返した時」となります。ジェットコースターのように上下への変動が大きければ大きいほど，人間はスリルを感じ，より感情的に揺さぶられます。

●部下を褒めるだけでは心は動かない

部下を褒めているだけでは，感情の波は動きません。毎日「よくやってくれてるね」という感謝の言葉をかけるよりも，部下のできていないことを注意し，その後できていれば思いきり褒める方が，感情の波が大きく動き，より「自分は認められている」という気持ちが大きくなります。いわゆる「アメとムチ」の効用です。

褒めてばかりいると，一時的に「うれしい」という気持ちにはなっても，すぐに忘れてしまうため感情の波の変動はごく小さいものになります。

資料28　人心観察シート 対象者記載分

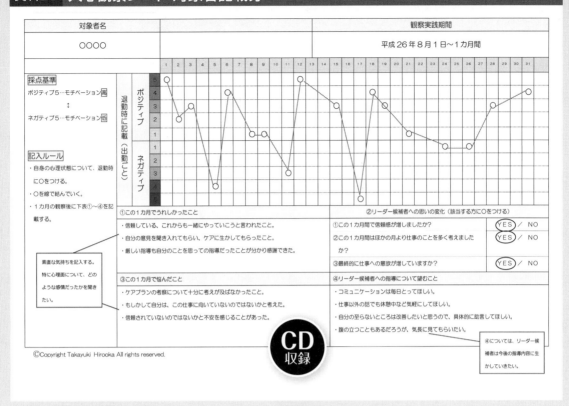

●人心掌握向上トレーニング

　人の心をつかむということは難しいことですが，トレーニングをして「コツ」を覚えることは，決して無理なことではありません。

▶トレーニングの目的・趣旨

・人心掌握向上トレーニングを1カ月かけて行います。
・リーダー候補者の指導により，人の心がどう動き，どう変化するのかを観察していきます。
・1カ月後，リーダー候補者への信頼感が増すことを目的とします。

▶トレーニングの手順

①リーダー候補者がスタッフの中から，1人「対象者」を選定します。
　対象者には，リーダー候補者と共に頑張っていける［前向きなスタッフ］を選んでください。
　対象者への研修の趣旨は，第三者（研修指導者など）からの観察終了後（1カ月後）に伝えてください。それまで対象者には「モチベーションの確認」だけだということを伝えます。
②対象者に選ばれた者は，「人心観察シート　対象者記載分」（**資料28**）で日々のメンタル状況を記載していきます。
③リーダー候補者は，対象者が記載した「人心観察シート　対象者記載分」（**資料28**）を日々確認し，心理状態を把握し，状況に応じて指導，称賛，評価を行います。

資料29　人心観察シート　リーダー候補者記載分

リーダー候補者名	対象者名	トレーニング実践期間
○○○	○○○○	平成26年8月1日〜1カ月間

ポイント
- リーダー候補者は毎日対象者の記載した人心観察シートを確認し、対象者の心理状態を確認しておく。
- 対象者の心理がネガティブ領域に入ったら可能な限り早い段階でフォローし、ポジティブ領域にもっていく。
- 棒線の上下幅が大きいほど大きいほど感情が大きく動いていると考える。
- 最初の段階からあまり大きな波は立てず徐々に大きな波を立てていく。
- 月末は必ずポジティブ領域で終了する。

記載の注意点
- 何について、指導/称賛/評価などをしたか完結に記載。
- 何もアクションを起こさなかった時は無記入でもよい。

指導・褒めたことなどを記載（日付1〜31）

- モチベーションの状況把握を1カ月行うことを伝える。
- 5分程度、笑顔で談笑（休憩時）。
- ケアプランの考察が不十分であることを強く指導。
- 仕事に対する対象者の姿勢について称賛。
- あえて深く接しない。
- あえて強く接しない。
- 個室で業務について強く指導。今後に期待。
- 別室にて昨日の件についてフォロー。信頼感を伝える。
- 観察1カ月後、どの部分が難しく、どのような点が学習できたかを振り返る。アクションとモチベーションがリンクしているかに着目したい。
- 利用者A氏のケアについて対象者の意見を聞き取り入れる。
- これからも、一緒に頑張っていきたいという気持ちを伝える。

対象者の心理状態をチェックしながら、指導や評価をしていく。アクション内容でどのように心理状態が変動したか確認。

観察1カ月後　リーダー候補者記載

① 観察最終日、対象者の心理状況はポジティブ領域になっていますか？　（なった）・なっていない　※なっていなかった場合至急アクションを起こす。
② 対象者が記載した人心観察シートグラフのモチベーションと指導、称賛したタイミングがリンクしていますか？　（した）・していない　（しなかった理由：　　　）
③ 対象者のモチベーションの上下幅が大きかったのはどういうアクションを起こした時ですか？　指導・称賛内容等（8月18日　アクション時）
④ こちらがアクション（指導、称賛、評価など）を起こさなかった時、対象者の心理はどう変化していましたか？　ポジティブになった・（ネガティブになった）・変化しなかった
⑤ 1カ月経過後、最終的に対象者とリーダー候補者の信頼関係は増したと思いますか？　（増した）・変化しなかった・低下した

⑥ 人心掌握トレーニングの感想
- 学んだ点：指導と称賛を繰り返すことによりモチベーションの変動が大きくなった。
- 難しかった点：意識的に感情の波を起こす点。特にアクションを起こしても何も変化がない時は困った。

CD収録

©Copyright Takayuki Hirooka All rights reserved.

---

④リーダー候補者は，対象者に対して行ったアクション（指導，称賛，評価など）を「人心観察シート　リーダー候補者記載分」（**資料29**）に記録していきます。

⑤第三者による観察の1カ月後，リーダー候補者は対象者の心理状況と自分の行ったアクションがリンクしているかなどを確認し信頼関係が増したかどうかを検証して，「人心観察シート　リーダー候補者記載分」（**資料29**）に結果を記載します。

▶**トレーニングによりリーダー候補者への信頼感がより増すポイント**

このトレーニングでは，リーダー候補者への信頼感が増すことを目的としていますが，具体的には次のポイントを念頭に置いてトレーニングしていけば，リーダー候補者へのより大きな信頼につながっていくと考えています。

■**指導や注意をする時にも「親身」になっていることを伝える**

例：目を見て話す。指導の最後は前向きなフレーズを入れる（前を向いて行こう。もっと良くなるよなど）

■**常に対象者の心理状態を観察しておく習慣をつける**

対象者の心理状況は変化するため，心理に応じたアクションが必要になります。対象者の心理状態を見誤ると，落ち込んでいる時に厳しい指導を行ってしまうなど，関係性が修復不能になるほどの深刻な事態にも発展しかねません。対象者の精神状態を常に観察，把握しておくことが，円滑なコミュニケーションへとつながっていきます。

■**対象者がピンチの時にはリーダー候補者が率先して助ける**

突発的なトラブルで対象者が窮地に追い込まれている時や苦しい時は，リーダー候

補者は迷うことなく対象者を助けましょう。人は誰でも，助けてもらったり支えてもらったりする時には，ポジティブな感情を抱きます。トラブルが大きければ大きいほど，助けてもらった時（ピンチを脱した時）は安心感につながるため，対象者の「感情の波」が大きく動き，信頼感が増すことにつながるのです。

逆に一番いけないのは，ピンチの際にリーダー候補者が逃げてしまうパターンです。これは，ネガティブへの影響が大きすぎてリカバリーすることは容易ではありません。信頼感を完全に失うほどの大きなダメージは絶対に避けましょう。

■**明らかに対象者が間違った考えの場合は，毅然と厳しい指導を！**

利用者の生命にかかわる重大なミスや，組織のチームワークを乱すような言動については多少厳しくても，毅然と指導しましょう。対象者が間違ったことをしているのに，うやむやにして指導しないことは，優しさでも何でもありません。長い目で見た時，必ず対象者にとってマイナスに影響するようなことは，「嫌われても構わない」ぐらいの強い気持ちで指導することが必須です。結果として，そのことで対象者が道を誤らなければ，厳しい指導も優しさだと言えます。

◉指導時の注意点

▶直接指導や注意の場以外でネガティブ感情が芽生えることもある！

人は，何も指導を受けた時のみネガティブになるのではありません。次のように，直接指導や注意を受けていなくても，ネガティブな感情を覚えることがあります。

・挨拶をされなかった
・冷たい態度や表情だった
・質問に対して適当に回答された
・電話，内線の対応が冷たく感じた（声質やトーン）
・メールの返信がなかった

このような要因によっても人の心がネガティブになることを知っておくことは，無駄ではないでしょう。

▶大きな感情の波は，部下との人間関係ができてから！

感情の波が大きければ大きいほど，人間の心理は揺さぶられているということになりますが，注意しなければならないポイントがあります。

・部下との人間関係があまり構築できていない段階から，いきなり大きな感情の波を立たせないこと。
・最初から「過剰に」褒めたり指導したりすると，そのアクションに慣れてしまい，継続的に感情の波を起こすことが難しくなる。
・最初は小さな波から起こしていき，だんだんと大きな波にしていくと効果的。
・部下との人間関係が構築できた後も，定期的に感情の波を意識して起こしていくとモチベーションが下がらない。

図13　あなたは，どのリーダータイプ？

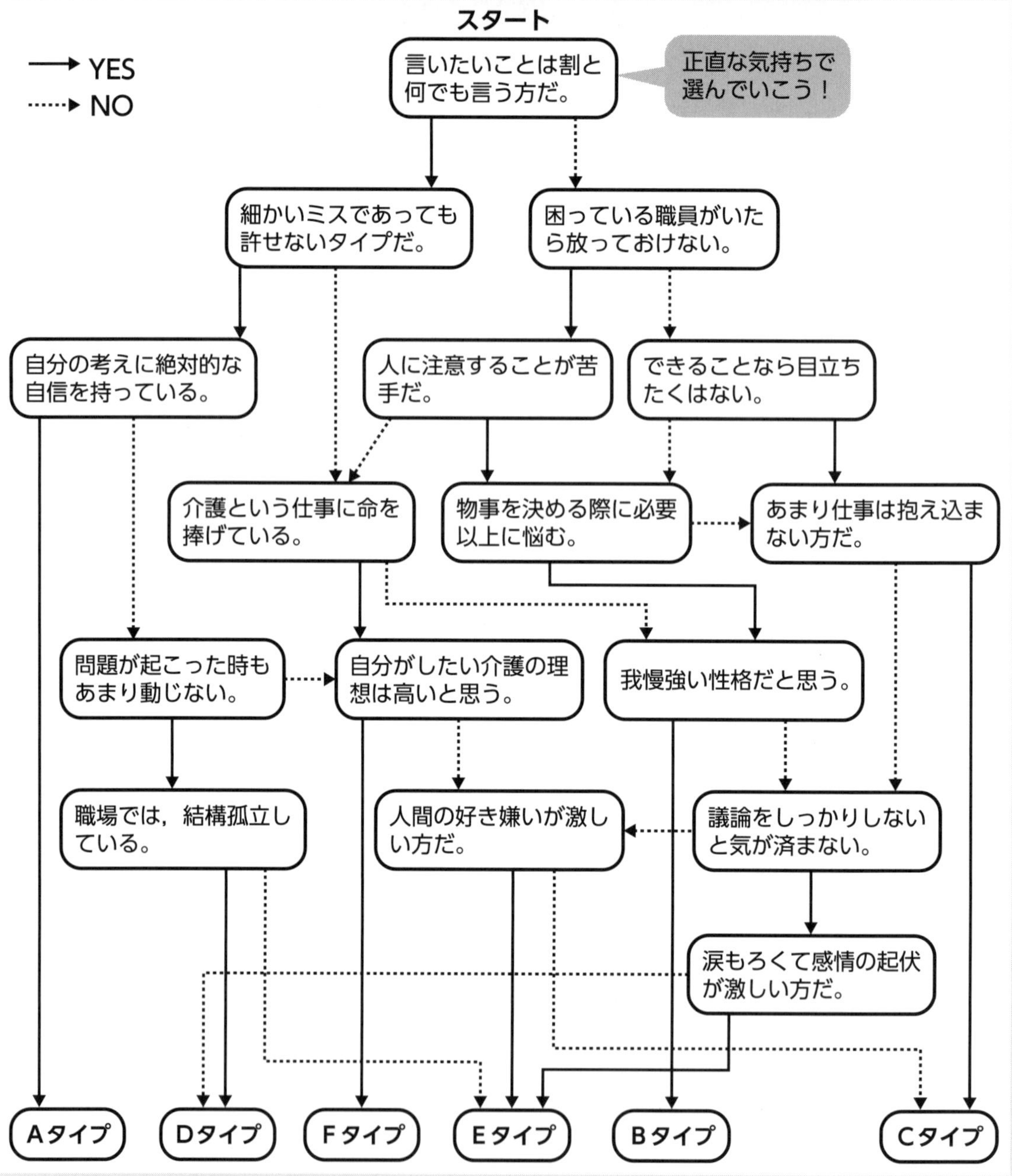

スタート

→ YES
┄→ NO

正直な気持ちで選んでいこう！

- 言いたいことは割と何でも言う方だ。
- 細かいミスであっても許せないタイプだ。
- 困っている職員がいたら放っておけない。
- 自分の考えに絶対的な自信を持っている。
- 人に注意することが苦手だ。
- できることなら目立ちたくはない。
- 介護という仕事に命を捧げている。
- 物事を決める際に必要以上に悩む。
- あまり仕事は抱え込まない方だ。
- 問題が起こった時もあまり動じない。
- 自分がしたい介護の理想は高いと思う。
- 我慢強い性格だと思う。
- 職場では，結構孤立している。
- 人間の好き嫌いが激しい方だ。
- 議論をしっかりしないと気が済まない。
- 涙もろくて感情の起伏が激しい方だ。

Aタイプ　Dタイプ　Fタイプ　Eタイプ　Bタイプ　Cタイプ

あなたはどのタイプのリーダー？

　これまで，リーダーの育成について説明してきました。すでにリーダーとしてスタッフの指導に当たっている読者もいることでしょう。最後に，リーダーの特徴を理解するという意味で，リーダーのタイプ別診断表を紹介します（**図13**）。自身の強み・弱みをご確認ください。

●リーダーのタイプ

　世の中には向き・不向きというのがあり，実際リーダー的な性格というのはあるでしょう。それは，どういったリーダーを目指すかということとリンクしています。人

それぞれ顔が違うように，リーダーのタイプもいろいろなタイプに分かれます。自分の性格を見て，自分がどのタイプかということを考えるということもポイントです。以下にいくつかのリーダータイプを提示しました。

▶A：ハードタイプ（別名「自分にも他人にも厳しく，俺について来い！」タイプ）

　このタイプは実直剛健型。基本的に頭が固く，秩序やモラルの少しのほころびも許さないタイプです。ただ自分の仕事もハードにこなしているので，誰も文句を言えないパターンが多いです。自分の意思を貫くために，上司や他部署にもガンガン強気で勝負します。

■良い点
・どんどん自分の考えを現場に反映させる。
・性格的に攻撃型なので，部下が他部署から責められた場合は頼もしく守ってくれる。
・判断力に優れ，問題解決への対応が早い。

■悪い点
・自分の意見が第一なので，現場に受け入れられにくく孤立する。
・敵が多く常に恨みを持たれている。
・自分の意見を批判されると激怒する。

▶B：ソフトタイプ（別名「母性本能をくすぐってしまう放っておけない」タイプ）

　このタイプは優しく，温和な性格を持っています。あまり人を引っ張っていくタイプではないですが，人望がある人が多いので，一見頼りなさげに見えても部下からの信望が厚く，フォローしてもらって支えてもらえるタイプです。

■良い点
・基本的に辛抱強く怒らないため，スタッフからするとプレッシャーがなく仕事に就ける。
・人間的に好かれるので，一生懸命支えようとするスタッフが結構いる。

■悪い点
・本当に悪いことをしているスタッフにも注意できない。そういうスタッフに舐められる。
・問題が起きそうな時，または起こった時への対応が異様に遅い。

▶C：シャドータイプ（別名「影の番長」タイプ）

　このタイプは，まさに影のリーダーと言えます。表に出るタイプではなく，裏で指揮をとるタイプです。頭がきれ，自らが目立つことを嫌います。部下や周囲も影でこの人間が動かしていることを知っているのですが，決して矢面に立たないのでなかなか批判しづらいことが特徴と言えます。

■良い点
・影で人を動かすので負担が少ない分，自分の思ったように意思を反映させていく。
・頭脳明晰であり，決して無理はしない。

■悪い点
・負担から逃げているように思われるので，人間性の評判は極めて悪い。
・自分は決して無理をしないので，こなす仕事量は少ない。

▶D：クールタイプ（別名「アイスクリームリーダー」タイプ）
　このタイプは，冷静沈着で落ち着いています。常に冷静であり，他者からの批判があった時も声を荒げて怒るようなことはありません。ケアについても冷静に判断し，データなどを重宝します。常に冷静であるため，スタッフからは冷徹人間だと揶揄されます。

■良い点
・何か問題が起こった時にも，冷静に分析し落ち着いて処理できる。
・データなどに基づいて客観的にケアを行うため非常に合理的であり，無駄が省かれている。
・他部署や他職種にも冷静に交渉できる。

■悪い点
・時に，その冷静さ故に冷徹人間とか，人情の薄い人間だと思われてしまう。特に女性からは慕われない。
・ターミナルや離職など，スタッフの感情が大きく揺らぐ時でも一人冷静であり孤立する。

▶E：ホットタイプ（別名「人情浪花節」タイプ）
　やたらと熱い，熱意を持ったタイプです。介護に対しても人情に対しても熱いため，スタッフからの信望も厚いタイプです。しかし時として，人情論だけが先行してしまい，冷静さに欠け感情的に暴走してしまうのが特徴です。また，その優しさが仇となり，部下が甘えてしまうこともあります。

■良い点
・とにかくケアに対して熱く，精神論を中心にグイグイ押していく。
・人間関係のトラブルに敏感で，自分が何とかしたいと思い実行に移す。
・このタイプを好きな人はトコトン好きであり，カリスマに映ることもある。

■悪い点
・とにかく熱いが現実離れしているので，ほとんどの人間がついていけない。
・部下の好き嫌いが激しく，好きな人間を甘やかしてしまう。
・さまざまな人間関係に顔を突っ込むので，余計にトラブルが大きくなる。

▶F：ビッグマウスタイプ（別名「言うことだけならナンバー1」タイプ）
　このタイプは，とにかく良いことを言います。利用者に良いこと，スタッフにとって良いことと，きれい事や理想論を語ると天下一品です。現実離れした考えはホットタイプと一緒ですが，ホットタイプのように人情はあまりありません。とにかく大きいこと，できもしないことを言ってしまいます。理想は高く，知識も有しているのが特徴です。

■良い点
・理想が高くスタッフを常に鼓舞する。
・サービスを重視するため，利用者にとっては最高の考え。
・限りなく正論に近いので，家族や新人スタッフはうっとりする。

■悪い点
・とにかくきれい事のオンパレードなので，実際現場で働いている者にとっては口やかましいだけにとられる。
・模範的な回答はするが，根拠も現実味もないので実行されることはほとんどなく，きれいごとだけで終わってしまう。

＊　＊　＊

　以上，さまざまなタイプを提示しました。もしかして，あなたは上記のタイプにないニュータイプかもしれませんが，概ね自覚するタイプはあったはずです。自覚したタイプの悪い点は反省し，良い点は伸ばしていくことが求められます。

危機意識向上トレーニングの解答例

[設問1] 表情，目を合わさない，下を向いている，ふて腐れている，挨拶を省略する。

ポイント たかが挨拶，されど挨拶

・挨拶は毎日，全スタッフが行うもので，スタッフの状態を確認できる「サイン」である。
・挨拶ができていない場合，2つの危険が潜んでいる。
　①メンタル面で不調であったり，悩みがあったりするケース。
　　　この場合は，欠勤や休職，最悪は退職も想定されるなど，悩みを抱えていることがある。
　②組織や役職者に対して不満や批判心を高めているケース。
　　　ふて腐れた挨拶や，「ウイッス」などと挨拶を省略している場合は，リーダーとして指導する必要がある。放置しておくと，態度を増長させる可能性がある。指導した後は記録を残しておく。

[設問2] 職場での馴れ合いは，業務怠慢につながる可能性がある。

ポイント プライベートと仕事は区別する

　当たり前の話であるが，仕事とプライベートは別物である。特にスタッフ同士が馴れ合いの関係になると，仕事上で言うべきことが言えなかったり，私語が増えたりと，業務に支障が出ることも考えられる。

　また，プライベートで悩みを共有したり，励まし合ったりする関係性は良いが，一緒に退職するということにもつながりかねない。仲が悪いというのもリーダー職にとっては頭の痛い問題だが，仲が良すぎることで業務に支障が出るということも忘れてはならない。仕事で馴れ合いの関係を見つければ，その都度，プライベートと仕事

は別物であるということをしっかりと指導することが大切。

[設問3] 事前説明を十分に行うことと，業務削減する際には，利用者にとっての影響も考慮する。

> **ポイント** 人間は変化を望まない

- よほどやる気のある人間ならともかく，大抵のスタッフは大きな業務などの改革を進んでやりたがらない。
- またスタッフによっては，利用者のケアを最重要視する者もおり，業務の削減について反発する者もいる。

　　上記の2点を鑑み，対応のポイントとしては以下の点を押さえておくと円滑な業務改善が可能となる。
　　①事前説明については，業務改善の「必要性」を丁寧に説明すること。
　　②業務改善を行うことによって，どういった「メリット（利用者・スタッフ双方）」があるのかを説明すること。

※当然，業務を大幅に改善する際は，詳細までプランを練っておくことが重要。

[設問4] 問題は，1人で対応していることと，何度も同じ家族から訴えが出されていること。

> **ポイント** クレーム処理をイージーに扱わない

- リーダー職になると当然，家族対応もこなす場面が多々あるが，クレーム処理は家族からのサインであり，トラブルのシグナルでもある。
- クレームには明らかに不満をぶつけられる苦情とは別に，この質問のように，冷静に意見を言ってくるパターンもある。明らかに苦情と分かる場合は，クレーム対応を当然行うことになるが，冷静な意見や希望については対応を見過ごしがちになるため注意する。
- 苦情に対してはできるだけ2人以上で対応することが望ましい。また，何度も同じ家族から訴えが出されている場合は，全体的に事業所のケアに満足していないというサインの可能性があり，大きな怒りや不満につながる可能性があるためしっかりとした対応が必要となる。

[設問5] メールや文章での返答でも基本的に問題ないが，「内容が伝わりにくい」ことと，真意が伝わらず「ドライ」に見えてしまうことに注意が必要。

> **ポイント** メールは簡潔かつ分かりやすく

- 介護現場は交代勤務であるため，部下からの質問もメールでのやり取りになることがある。
- メールでは，相手の表情や感情などが伝わらないため，部下からすると文章の内容によっては，冷遇されているなどのネガティブな感情で受け止められる可能性があるので注意が必要。
- そういう意味でも，「簡潔」に「分かりやすく」箇条書きでポイントをまとめて伝

えることが有効。余計な文章はあえて打たない方が，伝わる。
・メール回答が適していない「悩み」などは，直接会話することが基本であるが，その際も返信を放置せず，「後日，話をします」などと返信しておくと，誤解が生じにくい。

[設問6] **整理整頓ができていないと，書類や必要物品を探すのに時間を要したり，スタッフのけがにつながったりする。また，スタッフルームは面会者などの外部者も見ることがあるため，事業所の印象が悪くなる。**

 ポイント 整理整頓は仕事の基本，絶対に手を抜くな！

・清掃や整理整頓は，通常のケアと比べて軽視されがちだが，絶対に手を抜いてはいけない。
・書類や物品を探すことは，非常に「無駄」な時間であることを自覚する。

※棚，ロッカー，机上，机内，水回り，書類の整理などは毎日行うこと。
※ホワイトボードに添付書類をマグネットなどで張る時にも，まっすぐに張ること。
※パソコン内の整理も定期的に行う。デスクトップに何個もフォルダを設けない。
※家族などの外部者が乱雑なスタッフルームを目にすることで，「この事業所は大丈夫か」「きちんとケアしてくれているのか」という疑心につながり信用度に影響する。

　スタッフの使用しているロッカーやパソコンは，事業所からの「支給品」であることをスタッフ教育で徹底して自覚させる。また，リーダー職が率先して清掃に努め，乱雑であればすぐに整頓する（させる）という「整理整頓のアンテナ」を張っておくことが重要。

[設問7] **実地指導でのチェックはごく一部にすぎない。これで安心してしまえば，次回の実地指導でより大きな指摘をされることがある。**

 ポイント 法令遵守を徹底，ルールを熟知せよ

・実地指導は，あくまで加算項目や配置基準などのチェックが大多数で，ケアの本質やシステムの中身までは確認しきれない。
・今回の実地指導で大きな指摘がなかったことは，偶然だっただけの可能性もあるので，常に基準などをしっかりと確認し，法令遵守に則って書類や対応方法を整備しておく必要がある。
・特に加算などの項目については，行政職員が確認していなかったというだけのこともあり，数年後の実地指導でミスが発覚するなどミスが眠っている可能性がある。

[設問8] **上司だけではなく，部署全体で情報を共有する。**

 ポイント 問題点の共有

　この設問のように，大きな問題が発生する前に，対処できて事なきを得たというケースがある。しかし，ミスや問題は自分以外のスタッフにも降りかかってくる可能性がある。
　そのため，上司への報告だけではなく，チームへの情報共有を行い，同様の問題が

起こった時に，誰でも対処できるよう努めることが重要となる。問題解決をチーム全体で共有することで，個人の問題が発生した際に，「チーム全体の問題」として共有することがリスクヘッジにつながる。

［設問9］部下には，問題点だけではなく「具体的な改善案」も併せて報告させるよう徹底させる。

> ポイント　批判や問題指摘だけなら誰でもできる

- よくリーダー職となってストレスがたまるのが，部下からの問題指摘が「リーダー職に丸投げ」というパターンである。
- 「私は，リーダー職に報告したんだから，あとはそっちで解決してくれ」と言わんばかりのスタッフが存在した場合は，問題点や批判報告だけで終わらせるのではなく，必ず「具体的な改善案」も問題点と併せて報告させること。
- 評論家気取りで，批判だけをすることは誰だってできるという価値観で，無責任な意見は最初から聞かないというくらいの毅然とした態度も，時にはリーダー職に必要である。

［設問10］リーダー１人で負担と悩みを抱えこんではいけない。

> ポイント　辞めるぐらいなら，弱音を吐け！

- リーダー職は確かに一般職よりもストレスはかかるが，１人で悩みを抱え込み，弱音や愚痴を吐かないことは美学ではない。なぜなら，リーダーが悩んでいる問題は，「個人的な問題」ではなく，「組織としての問題」でもある。
- たとえ，その悩みがプライベートな問題でも，信頼できる上司や同僚には相談（報告）しておくことが大切。
- 苦しさや問題に対し「私はリーダーだから」という理由だけで耐え，結局，心身を崩し退職することは，何の問題解決にもならず，かえって事業所にとっては迷惑となる。

説明力・伝達力問題の模範解答例

問題①の模範解答例

> ステップ1　趣旨・現状説明，危機感の共有

- 今回，皆と一緒に考えていきたいのは，当事業所の稼働率向上についてである。
- 私たちの事業所の稼働率は「50％」である。
- この数字は，近隣の他事業所と比較しても低い数字である。
- 「50％」という数字は，利用者から私たちへの評価である。つまり50％しか評価してもらっていないということ。
- 当事業所の50％は社会資源として活用されていないということ。
- このままの利用率で推移すると，賞与など私たちの収入にも影響が出てくる可能性が十分ある。

ステップ2　当事者意識を持たせ考えさせる
・今後どうしていけば稼働率が上がると思う？　真剣に考えよう。
・周囲の環境や，人のせいにするなどは誰でもできる。「自分たち」がどうしていくのかが重要。

ステップ3　今後の方向性，具体的対応策
・近日中に利用者，家族に対してアンケートを取り，どの部分に問題があるか検証する。
・毎日のミーティングで稼働率向上について協議していく。
・具体的な数値として稼働率「〇％」を目標に設定する。
・せっかくの皆の頑張りを利用率に反映させよう。そのために私は尽力する。

その他
・チーム全体のモチベーションを向上させるため，あらかじめ自分の意見に同調できるスタッフに，説明の趣旨を伝え，実際の説明時に賛同してもらい，説明に説得力を持たせるという手法もある。
・文書による資料を提示するということも有効である。文書は「箇条書きでポイントを絞ったもの」で長文でない方が伝わる。

問題②の模範解答例

ステップ1　趣旨・現状説明
・今回Aさんに伝えたいことは，Aさんの業務に関する内容である。
・現在の施設運営に大きな問題はなく，利用者間でのトラブルや職員の退職は少なく安定していると感じている。
・私としては，一定の充足感を感じている。
・今の人員ではこのケア内容が適当だと思う。

ステップ2　当事者意識を持たせる
・Aさんとしては，現在のケアに満足していないということですね。
・どこの部分について不満を感じているのですか。
・不満を感じている部分について，どうすれば改善できると思いますか。
・実際にできる具体策を考えてください。
・Aさんがかかわることで改善できる部分を考えてください。

ステップ3　Aさんの良いところ，改善すべきところ
・Aさんの良いところは，ケアに妥協がなく非常に丁寧な介護をするところ。
・そのことについては，私もしっかりと見ている。
・Aさんの良い部分と，一方で改善してもらいたい部分がある。
・具体的な改善点として，チームケアを意識すること。業務の段取りを考えること。全体的な視点に立つこと。
・Aさんの業務速度を速める必要がある。

ステップ4 今後の方向性

- 理想的な介護というものは，一人の利用者に対して可能な限り寄り添うことであるが，限界があることも事実。
- 限られた人員と時間の中でベストのパフォーマンスを続けていくことが理想であると考えている。
- Aさんの業務速度改善については，私も主任としてフォローしていくし，一緒に改善に向け努めていく。

その他の配慮すべきポイント

- 説明に影響を与える環境因子として，「説明する場所」も重要な要因となる。説明・伝達する内容に応じて個室で行うのか，スタッフルームで行うのかなどを配慮する。

追補

人材定着・獲得・育成に関する Q&A

ここでは，

実際に私が他事業所のスタッフから受けた

相談に対して回答します。

介護現場ではさまざまな問題が生じ，

皆さん日々苦労されています。

現場の最前線で働く介護職の悩みについて，

私なりの仕事案内をしていきます。

仕事案内1　介護リフト導入に反発するスタッフ

●相談内容（介護管理職，40歳，男性）

　介護事業所で現場の管理をしている者です。当事業所では，介護リフトを導入することに対して反発するスタッフがおり，いくら導入のメリットを説明しても理解を示そうとしません。反発するスタッフの言い分は，「リフトを導入することは，利用者を機械で吊るすということにほかならず，非人道的だ」「リフトを使用するより，従来までの抱えた介助の方が早い。ただでさえ忙しいのに…」というものです。恥ずかしながら当事業所では，慢性的な腰痛を抱えているスタッフもたくさんいますし，腰痛による離職もあります。強引に導入を進めることでスタッフが離職する可能性もあり，強くリフト導入を進めることができません。どうすれば円滑にリフトを導入できるでしょうか？

●回答

　介護リフトを導入することに対して反発するスタッフがいても全く不思議ではなく，むしろどの事業所においても，介護リフトのような機械に頼ったケアに対して，少なからず異を唱えるスタッフがいることは自然なことだと考えられます。そもそも，この相談に限らず，人間は長年自分で培ってきた技術や業務内容を変更されることを，否定されているととらえてしまうものです。

　このようなスタッフの気持ちを変えることは並大抵ではありませんし，時間も要します。反発するスタッフの理解を待っていれば，それだけ職場の業務負担は増していき，長期的な視点に立てば，人材定着において相当問題があります。リフトは，今後の介護業界においてなくてはならないもので，導入は早ければ早いほど良いというのが私の考えです。したがって，反発する職員がいても，トップダウンで実行することが望ましいでしょう。

　その時問題になるのが，導入に対する説明の仕方です。相談内容からすると，「リフトは非人道的」「リフトは非効率」ということをスタッフは問題にしているようなので，実際にリフト移乗を体験してもらうことをお勧めします。リフトだけではなく，移乗介助も同時にやってもらい，どちらが安定感があるか利用者の視点になって実際に体験してもらいます。また，非効率という部分については，裏返せば「ゆっくりな分，安心感がある」ということでもありますし，「移動中にコミュニケーションを図れる」というプラスの面に視点を向けさせましょう。早ければ良いという考えの方が，よほど「非人道的」です。

　また，リフトには何より職員の負担を大幅に軽減する最大の利点があり，反発するスタッフも含め「リフトはスタッフの強い味方」であるという価値観を教育していきましょう。恐らくデモ機を導入するだけでも，反発するスタッフ以外の者は一定の理解を示す可能性もあります。注意事項として，デモ機は最低でも1カ月は使用してく

ださい。身体負担の緩和が必ず実感できるはずです。

　最後に，これだけは押さえてもらいたいのは，役職者のリフト導入に関する理解です。役職者は必ず事業所の方向性を理解し，同じベクトルで進まなければなりません。役職者の理解を一定得られていれば，反発する一般スタッフの理解を必要以上に待つことは不要です。

> **まとめ** 必要以上の理解を待たず，まずはリフトを導入しましょう。デモ期間は1カ月は必要です。役職者だけは同じ方向性で考えましょう。何をしても文句を言うスタッフはいます。説得するより効果を実感してもらいましょう。

仕事案内2　何度もミスを繰り返すスタッフ

●相談内容（管理職，40代，男性）

　私の事業所では，何度もイージーミスを繰り返すスタッフがおり，何度指導しても効果がありません。ミスをすることで業務上何も問題がなければよいのですが，間違った情報をご家族に伝えてしまい，ご家族が混乱されたり，散髪のキャンセルを業者に伝えずに散髪をしてしまったりと，実際に苦情につながっているので頭を抱えている次第です。こういうスタッフに何か効果的な指導はあるのでしょうか。ほとほと指導することに疲れてきました。

●回答

　このように何度もミスを繰り返すスタッフは，どこの事業所にもいます。何度指導しても効果がないということなので，恐らくは反省していないか，指導の意味を理解していないかのいずれかでしょう。もし反省していないということであれば，就業規則に基づいて処分も辞さない構えで臨みましょう。組織で働く以上，ミスを連発することは利用者の安全を脅かす重要案件です。毅然とした対応が必要です。繰り返し事業所に金銭的な損害を与えた場合は，損害賠償請求することも必要です（規則に明記し，妥当な額に留める）。結果，退職を希望されてもやむを得ないでしょう。

　一方で，指導の意味を理解していない場合は，非常に対応が困難です。そもそも指導を理解していない場合には，正規職員としてのレベルに達していないということも考えられますし，ミスを起こさない真面目なスタッフの心的ストレスも蓄積されていきます。こういう場合に効果的な指導はありません。指導よりも，査定により賞与に差額をつけることや，本人に合わせた業務内容や職域に変更する（本人の合意を得て）などが必要です。一見，ミスを繰り返すスタッフに厳しいと思われるかもしれませんが，問題の本質はミスを連発するスタッフにあり，組織の対応ではありません。何度も丁寧に指導しても改善が見られなければ，前述したような対応は必要です。

　また，職域を変更されたスタッフも，業務責任が軽くなりミスをせず，そのまま円

滑に職場に定着する例もあります。一見厳しい対策も，真面目に頑張っているスタッフを守るためでもあり，実は人材確保対策に有効なのです。しっかりとした対応が組織としてできなければ，真面目に頑張っているスタッフは退職してしまいます。逆に然るべき対応がとれていれば，人材定着率は向上します。

> **まとめ** 反省しない場合は改善の余地なし。理解ができないスタッフは，業務内容や職域を変更することこそが唯一の人材定着策です。

仕事案内3　完璧主義のスタッフが現場を萎縮させる

●相談内容（介護士，30歳，男性）

　私の職場には，完璧主義の女性スタッフがおり，仕事は完璧にこなし能力も高く非常に優秀だと思うのですが，私を含め同僚にも完璧を求めてきて，少しでもミスをしようものなら逐一指導されます。現場の空気は次第に張りつめていき，細かいミスでも許されないような空気になっています。若手や経験の浅いスタッフは萎縮し，完璧主義のスタッフの顔色を見ながら仕事をしている状態です。残業などもなく福利厚生も充実していますが，正直過剰な緊張感のある職場の雰囲気に耐えられません。上司に相談しましたが，完璧主義のスタッフは仕事自体はきちんとこなしているため，指導は難しいとの回答でした。

●回答

　私も介護スタッフとして業務に入っていたころは，非常に不器用で諸先輩に多くの迷惑をかけてきました。その際に厳しく指導してくださったことは，後になってありがたいことであったと思ってます。しかしながらこの相談の場合，「常に完璧を求められる」ということですから，指導とはまた意味合いが異なります。

　私の経験上，あまりに細かいことばかりをチクチクと指導されると「監視」されているような気分になり，心理的なストレスが溜まっていくため，ご相談内容は非常に深刻だと感じます。彼女は仕事や業務は完璧にこなすため，一見何の問題もないように思われますが，彼女の価値観で絶対的に抜け落ちている部分が一つあります。それは，「現場の雰囲気を良くする」という視点です。

　生命にかかわるような重大なミスは厳しく指導されて然るべきですが，小さなミスを指摘することがエスカレートしていき現場の雰囲気が重苦しくなっては，利用者に悪影響を与えることになります。業務内容を完璧にこなすため，彼女を指導することは難しいかもしれませんが，例えば「人権研修」や「虐待防止研修」など実際の現場の具体的な業務とは離れた場所で，「人間の多様性」や「現場の雰囲気の重要性」などを不特定多数を対象として教えていくことは可能だと思います。すなわち，彼女に「職場の空気を良い雰囲気にさせることも仕事なんだよ」という価値観に気づかせる

ことが重要です。

　また，彼女が人一倍責任感が強く，すべての責任を一人で負おうとしている可能性もあります。この場合，一業務や一スタッフに過剰に責任がかからないように，施設として業務分担を考慮していく必要があります。直接指導ではなく，彼女に多様性に気づかせることや，業務負担の軽減や分散という「間接的な指導」が，当相談では有効でしょう。

　ただし，「現場の雰囲気を良くする」という大義名分で，何でもかんでも許容してしまう組織が良いというわけではありません。要は規律と許容のバランスではないでしょうか。彼女を悪いと決めつけず，貴重な戦力であるというとらえ方もまた，多様な価値観を認めるということにほかなりません。

> **まとめ** 人間の多様性や職場の雰囲気の重要性を気づかせることが大切です。一人で責任を背負っている可能性も否定できません。直接指導ではなく，間接的な指導や研修が有効です。

仕事案内4　新卒で理想の高いスタッフ

●相談内容（介護職主任，32歳，女性）

　この春に大学を卒業したスタッフAは，入職後半年が経過しましたが，理想が高く「学校で習ったケアがこの施設では全く実践できない」「時間に追われ利用者にかかわることができない」「理想と現実のギャップが激しく，この仕事を辞めてしまいたい」などと相当追い詰められている様子です。私は介護主任として，スタッフAの気持ちも分かりますし，一方では，業務の多忙さに追い詰められている現状も理解しています。現実と理想の間で揺れ動くスタッフはAだけではないのかもしれませんが，特に夢や希望を抱いてきたAに，どのような指導をすることが有効なのかご教示願います。

●回答

　ご相談のあったスタッフだけではなく，誰しも社会人経験がなく初めて社会に出る時は希望に満ち溢れており，理想や希望を胸に抱いています。しかし，希望を抱くことは悪いことでも何でもなく，むしろ素晴らしい若者の特権でもあります。ただ一方で，相談者が言われているとおり，実際の現場は人材不足や多忙な業務により，利用者のケアを満足いくまで実践することが難しいのも事実です。このギャップを埋めることは現実的には難しいかもしれませんが，新卒者Aの純粋な気持ちに応えたいという主任の気持ちも痛いほど分かります。

　そこで，このような考え方で指導してみてはいかがでしょう？　まずは，新人の入職前に，仕事をするということは楽しいことばかりではなく，つらいこともあることをしっかりと説明する。その対価として報酬をもらって皆生きていることを言う。ま

た，理想を追い求める場合は，それを実現させるために自分で環境を変えるしかない。現実世界で生きていくのか，理想郷を追い求めるかは自分次第。理想を追い求めることを決して否定しない。むしろ理想があり，あなたのような若い力があるから，業界や世の中が変わっていく。その気持ちを忘れてはならない。

　私ならこうアドバイスします。いや，それが現実なのでそれ以外は何も言えません。

> **まとめ**　入職時に，仕事をするということは楽しいことばかりではないという価値観を教えましょう。理想と現実の違いが許せないなら，自ら理想を実現するか，理想郷に行くしか方法はありません。ただし，理想を追い求めることは悪いことでは全くなく，むしろ業界の希望です。

仕事案内5　退職の際に不満を言いふらすスタッフ

●相談内容（施設長，55歳，女性）

　私の事業所では慢性的に人材不足が続いており，先日も当事業所を退職するスタッフが「退職時に有休をとりきりたい」と申し出てきましたが，人材不足のため有休を与えることができず，何とか頼み込んで退職日ぎりぎりまで勤務してもらいました。本人は周囲のスタッフに，退職する1週間前から「こんな職場は最低だ。万年人材不足で最後までスタッフを奴隷のように扱う」「皆も早くこの事業所を退職した方がよい」などと不満を言いふらしていたことを耳にしました。それを聞いたほかのスタッフが動揺して，当事業所のことを悪く思わないか，退職者が続かないか心配です。どうすれば今回のような退職時のトラブルを防げたのでしょうか。

●回答

　退職時は，一番スタッフがトラブルを起こしやすいと言っても過言ではありません。特に退職届を出した後，スタッフによっては「捨て身」になって事業所の不満を言う者もいます。このようなトラブルの防止策として，具体的に次の点が挙げられます。

　まず退職届を提出した際には，有休の取り扱いについて合意形成をとっておくことです。退職者としては有休をとりきって退職したいわけですが，退職日が近く有休がとりきれないと「損」した気持ちになり，日頃蓄積された不満が噴出するきっかけになってしまいます。自己都合退職の場合，事業所は有休を買い取る義務はありませんので，金銭では応じられないことはあらかじめ説明しておきます。あまりにも急に退職することで有休が取りきれない場合は，本人の自己責任ともとれます。できるとしても，退職日の延長を交渉するしかありません。

　しかし，本人が転職などで退職日を変更することが不可能で，退職時に有休取得を申し出た場合は，事業所は応じるしか手立てはなく，ご相談のケースですと，事業所が法を犯しており，不満を言ったスタッフの反発は当然のことでもあります。つまり，

不満を言ったスタッフが悪いのではなく，事業所が違法で間違った対応をしているわけです。トラブルが起こってしまったことを反省し，今後同様のトラブルを防止するために注力してください。慢性的に人材不足が続く介護業界では有休がとれない事業所も多くあると思われますので，退職時にまとめて有休取得するには，退職日を早く伝えてもらうか，もしくは退職日を延長することで有休取得に応じるしかないというのが回答になります。

　一点注意してもらいたいことは，退職するスタッフによって対応を変えないことが必要だという点です。あるスタッフは有休を全部取得して退職となったが，一方は退職日ぎりぎりまで働いたということになると，退職日ぎりぎりまで残って働いたスタッフはより大きな不満を抱きます。退職するスタッフだからどうでもよいという対応ではなく，退職するスタッフだからこそ細心の注意を払うべきだと言えるでしょう。

> **まとめ** 退職するスタッフは捨て身で最もトラブルになりやすい。このケースでは，事業所が不満を言われても仕方ないでしょう。有休取得の取り扱いについては特に留意し，合意形成をとっておくことが重要です。

仕事案内6　人材確保に理解のないトップ

●相談内容（管理部長，40代，女性）

　私の法人は昔から続く社会福祉法人です。先代の理事長が多額の寄付金で法人を開設した経緯もあり，現理事長においても，絶対的な権限があります。ほとんど現場のことには口を出さないのですが，こと人件費のことになると厳しく，「なぜ人件費がこれだけ高いのか」「長年働いているスタッフが人件費を圧迫している。代わりはいくらでもいるのだから，人の入れ替えをしろ」など，昨今の介護スタッフの人材不足に全く理解がなく，旧態依然とした考えが抜けきらないようです。私は現場を預かる身として，長年従事しているスタッフを辞めさせたり，人件費ありきの考え方には賛同できず，大変悩んでいます。今後私はどうすべきでしょうか。ワンマン経営者に対して何か良い知恵はありますか。

●回答

　地元の名士が法人開設に向け個人的な資金を提供されたという法人は多々ありますし，そのまま理事長となられワンマン経営をされている法人も一部存在することは承知しています。法人の私物化という問題にも直結する話ですね。ほとんどの法人，理事長は地域福祉に邁進，寄与されていると思いますが，一方でご相談の理事長の現場への理解のなさは，常識を逸しているところもあります。

　さて本題ですが，結論から言うと，ご相談の理事長の考え方を変えることは難しいでしょう。ですから，相談者さんが身の振り方を考えるか，もしくは理事長の意に沿

うように対応していくか，道は2つに1つしかありません。決めるのはもちろんあなたです。

　ですが，一つ私から助言させていただくとするなら，どちらにせよ，理事長の考え方を改められないなら，これからの厳しい少子高齢化をあなたの法人が乗り越えていくことは難しいでしょう。労働力人口の減少はもはや介護業界に留まらず，日本社会全体の問題です。いかに少ない労働力を現場に根づかせていくのかが事業経営に求められており，代わりがいくらでもいるという考え方は，相当に時流をつかんでいないナンセンスな考え方だと断言します。スタッフを確保できなければ事業継続に支障を来すことは言うまでもなく，経営責任者である理事長に，その責任が大きくのしかかってきます。つまり，理事長は考え方を「変えざるを得ない」のですが，そこに気づかないなら見切るしかないのではないでしょうか。

　一方で，人件費ありきの考え方には賛同できないとありますが，スタッフの代わりはいくらでもいるという考え方が一昔前の考え方であるのと同時に，人件費，つまり経営的な視点がない管理職も相当に問題があると私は考えます。日本が抱えている問題は労働力不足だけではなく，財源不足も見逃せません。財政が圧迫されていれば，当然介護報酬も下がることを意味します。つまり，経営的な視点がない管理職も相当に問題があり，理事長と同じぐらいの問題が相談者にもあると思います。

> **まとめ**
> 理事長の考え方を変えられないなら，あなたが辞めるか理事長の意に沿うかしかない。スタッフの代わりがいくらでもいるという考え方もナンセンスだが，経営的視点がないあなたも相当にナンセンスです。

仕事案内7　記録が時間内に終わらない

●相談内容（介護主任，20代，女性）

　私の施設では，リーダーが業務終了後，記録を入力しています。しかし，通常の業務をすべて終了してから記録を入力しており，退勤が定時よりも1時間以上遅れます。また，スタッフによって記録のボリュームが異なり，丁寧なスタッフほど記録を詳細に記入するため，遅くまで施設に残ることになります。逆に，記録をあまり細かく書かないスタッフもいます。記録に要する時間を考慮すると，残業をなくすということは至難の業です。どうすればよいでしょうか。

●回答

　記録に時間を要しており，時間内に業務が終了しないとの相談ですが，このケースでは物事を2つに分けて回答していきましょう。

　まず1つ目は，「長時間労働になるのは，記録についての時間だけなのか？」という部分です。質問では「通常の業務終了後」に「記録入力している」ということです

が，基本的には記録入力時間も通常の業務内に組み込まないと定時に仕事は終わらないことになります。常勤の労働時間が1日8時間の場合，記録入力作業におよそ1時間かかるとするならば，記録入力以外の業務を7時間に収めなければ，当然記録時間が押してくることになります。したがって，1つ目の回答としては，記録をどうこう言う前に，リーダー業務における記録以外の業務を7時間以内に収める業務改善が必要です。

　2つ目は，「記録のボリュームがスタッフによって異なる」という部分です。スタッフによって観察力が異なるのは仕方がない部分もありますが，記録内容やボリュームに差ができる一番の要因は，施設における規準がないことです。意外とどの施設でも，記録に関する取り決めがないということは多いものです。つまり，記録の仕方を各スタッフに委ねていることで，当然スタッフによってボリュームや内容に差が生じてくることになります。

　私自身も記録に関する取り決めがない時は，際限なく記録を記入することをよしとしていました。記録の本来の目的は，ケアに活用していくことです。膨大な記録を入力することで，ケアに生かされていればよいと思いますが，特段記録を見直すこともなく，ケアに活用できていないのなら，それは何のための記録なのかということになってきます。まずは「どの内容や範囲を記録に残すのか」というルールを施設で決めることが重要だと思います。それでも記録が長時間に及ぶなら，何か記録入力を阻む別の原因があるのかもしれません。案外，おしゃべりなスタッフが記録入力の際に話しかけてくるとか，別要因があることも多いので，記録に集中できる環境を整備することも，施設としては重要な視点ではないでしょうか。

> **まとめ**　長時間労働は記録だけの問題でしょうか。記録時間以外の業務改善を進めましょう。記録は取り決めがないと際限なく書いてしまいます。施設で内容や範囲を取り決めましょう。その他，記録に集中できる環境も大切です。

仕事案内8　介護職と看護職の対立

●相談内容（介護主任，29歳，男性）

　私の施設では，介護職と看護職の不仲が激しく，業務に支障を来すほどになってきました。具体的には，看護職が介護職のレベルが低いと批判する，介護職は看護職が楽をして現場に入らないから，介護職の仕事を手伝ってほしいと言う，また申し送りや連絡もうまく機能せず，互いが互いのせいにしていがみ合っています。ケアプランの作成でも，看護職はため息ばかりをつき態度も大きく，ケア以外の部分で介護職のできていないことを責め立てます。このような状況で介護職の主任である私は，看護職にどう協働を呼びかければよいでしょうか。

● **回答**

　どの施設にもありがちな相談ですが，なぜ本来協働すべき介護職と看護職が不仲になるのかには，明確な理由があります。その理由としては，「互いの職域が分からない（分かろうとしない）」ということが挙げられます。介護職と看護職はその資格の成り立ちも異なりますし，利用者を見る視点も異なります。また，特養では圧倒的に介護職が多い中で，医療を少数の看護職にのみ依存し負担がかかるという問題があります。介護職側からすれば，「看護職は介助に入らずに，楽をしている」というように見えるかもしれませんが，看護職としては「少ない人数で医療的な判断を迫られ，非常に神経をとがらせている」という思いを持っているかもしれません。これも前述した互いの職域への理解の乏しさが招く食い違いです。

　相互理解が大切なのですが，介護職であるあなたが，介護職の目線から看護職に理解を求めても，恐らく看護職には分かってもらえないでしょう。もともと関係性が成立していない中では，一方の主張をしたところで円滑なコミュニケーションを図ることは困難だと認識してください。ではどうするのか？　これは意外だと思われるかもしれませんが，あなたが交渉するのは看護職ではなく，事業所のトップです。そう，これはセクション間の争いではなく経営に関する問題なのです。できれば施設長クラスの方に相談し，組織として「介護職」「看護職」の業務分担を目に見える形で表すことがベストでしょう（P.79，**資料25**「THE NURSING WAY」参照）。しっかりと職域の分担を定めた上で，共通のルールに則ってそれぞれ業務を遂行すべきです。また，互いの職域を理解するためにも，一体互いがどのような職務を遂行しているのか「見える化」することが必要です。

　看護職の長と介護職の長の2人の上に，統括する「現場とは遠い共通の上司」を選任することがベストです。その際，共通の上司は看護・介護職以外の管理職に統括させることが望ましいと言えます（しがらみが少ないため）。何度も言いますが，あなたが相談すべきは看護職ではなく，管理職などの経営陣なのです。

> **まとめ**　現場レベルの問題ではなく，経営の問題としてステージを上げましょう。あなたが相談すべきは看護職ではなく経営陣です。

仕事案内9　残業することはいけないこと？

●相談内容（介護福祉士，40代，女性）

　私は，残業をしないという考え方にどうしてもついていけません。それは，利用者の満足度を高めようとイベントの準備をしたり，メッセージカードを書いたり，誕生会を企画したりするには，時間外で行うしか方法がないからです。別に施設から命令されているわけではないので，残業代もいりませんが，利用者を喜ばせたいので，時

間どおりピッタリに退勤することに抵抗があります。廣岡さんは残業することを否定されていますが，残業は本当にいけないことなのでしょうか。

● 回答

結論から言うと，あなたの考え方は完全には間違ってはいません。どういうことかと言うと，事業所によりけりだということです。あなたが私どもの施設で働いた場合，確実に時間どおりに帰宅するよう指導します。これは私たちが，「時間内に最高のパフォーマンスを！」という目標設定のもと労務管理を徹底しており，時間外での業務を一律禁止しているからというのもありますが，そのほかに「スタッフの体調管理がより良いサービスにつながる」という考えを持っているためです。

あなたのようなスタッフが利用者のために尽くしたいと思う気持ちは尊いものですが，誰しもあなたと同じ考え方ではありません。あなたが休日を惜しんで会議や研修に行くことに対して，あなたが良くても家庭の事情で出てこられないスタッフもたくさんいます。休日に会議に出席しなければならない場合，その日1日仕事のことが頭から離れないスタッフも，心底リラックスできないスタッフもいるでしょう。残業したいというスタッフがいる反面で，残業したくないというスタッフもいるということです。

あなたの施設のように残業をスタッフに任せているところでは，残業が美学として賛美され，定時に退勤するスタッフが冷遇されていきます。私の施設では，何を優先すべきかというライン設定を考えた時に残業禁止を掲げていますが，施設によっては，残業をしてでも利用者に尽くしなさいという方向性のところもあるでしょう。そういった施設では，あなたの考えはむしろ称賛されると思います。

もう一度言いますが，あなたの考えが指導対象になるか，称賛されるかは事業所の考え方次第だと言ってよいでしょう。ただし，私は残業＝美学という風潮に異議を唱えています。マラソンをペース配分なしで全力で走れば必ず早い時期でリタイヤします。その風潮は危険であり，超高齢社会を乗り切れないと警告しているだけで，残業が正しいかというとそれは分かりません。

> **まとめ**
> 残業が正しいかどうかは事業所の方向性によります。ただ私は，残業が美学であるという風潮，マラソンを全力で走ればたちまちリタイヤしてしまうことに警鐘を鳴らしているだけです。

仕事案内10 介護のやりがいや楽しさをもっとPRすべきでは？

● 相談内容（施設長，50代，男性）

介護職を目指す人材がどんどん減少してきています。もっと若者に対して介護職の魅力や楽しさを発信しないと人は集まらないと思うし，将来的にこの仕事に就く人間

がいなくなるのではないかと思います。介護というとネガティブな報道ばかりがなされますが、業界全体のことを考えた時、どのようにイメージアップを図っていくべきでしょうか。

●回答

　介護業界にはあまり良いイメージはないことは確かです。特に将来的に社会を背負っていく若年者には、3K職場の代表的な職場環境として悪いイメージが定着しています。「介護職の魅力や楽しさ」というメッセージを発信していくことは確かに大切なことですが、一方で魅力や楽しさといったあいまいなキーワードだけでは生活していけないこともまた事実です。

　恐らく今までもやりがいや楽しさをPRしていた事業所はたくさんあったと思います。しかし、介護人材が集まらない理由の一つとして、待遇面のPRが著しく不足していたからだと私は思っています。仕事を選ぶ時に、待遇のことを気にしない人は少ないのではないでしょうか。つまり、「楽しさ」とか「やりがい」というあいまいなメッセージではなく、具体的なPRをしていくことが必要なのだと思います。私は何も、介護のやりがいや魅力に対する発信が必要ないと言っているのではありません。ただあいまいなキーワードだけではPR・勝負にならないと言っているだけです。やはり、待遇面をもっと具体的に示すことも、これからの介護業界には必要になってくると思います。

　将来的に労働力不足はより多くの業界で発生していきますし、介護業界だけではなく他業界とも人材獲得を競合していくことは明らかです。そういう時代では、楽しさややりがいというあいまいなキーワードよりも、人はより好条件の仕事を求めていきます。もはややりがいだけで人が集まる時代は過ぎ去ったということですが、相変わらず介護職はやりがいがある職場というアナウンスが多く見られます。

　人材確保の裾野を広げていくには、「待遇」という部分を具体的にPRすることが絶対に必要です。そして、経営陣は待遇をより良くするために、あらゆる可能性を探り全力を尽くさなければなりません。これは、どの業界も同様で、介護業界だけが特別なのではありません。今後は間違いなく人材獲得を競合していく時代になります。いくらあいまいで耳障りのよいPRをしても、実際の待遇が低ければ人材は集まってきません。介護業界のイメージアップは処遇改善を抜きに語れません。

> **まとめ**
> やりがいや楽しさといったあいまいなメッセージだけで人が集まる時代ではありません。人材確保の裾野を広げていくには、待遇の明確化は絶対に必要です。業界のイメージアップは処遇改善を抜きには語れません。

仕事案内11 優秀な経営者がいなければ実施できない？

●相談内容（介護課長，30代，男性）

エーデル土山の人材確保対策の取り組みを聞かせてもらって大変勉強になったのですが，うちの施設では力不足で，エーデルのような取り組みを実行できるか不安です。一部の優秀な経営陣だけで，あるいは経営に秀でた知識がない者にでも，人材確保対策は実行できるものなのでしょうか。また，実行するならどのような部分にウエイトを置いて進めていけばよいでしょうか。

●回答

恥ずかしながら，私も経営の知識は全く持ち合わせていませんでした。また，誰かに何かを特別教えてもらったということもありません。では，自己学習をしてすごいねと思われるかもしれませんが，それも正確ではありません。私の場合は，本書の冒頭でも述べたとおり，10年前から深刻な人材不足が押し寄せてきたことにより，「やらざるを得なかった」というのが正しい言い方かもしれません。

本書で述べた内容はすべて本当に実践している内容なので，理論的にはどの施設においても実践不可能ということはないと思いますが，「アイデアを生む」作業と，その「アイデアを実践」していくこととは，物事の本質が異なります。本書に記載されているような手法を実際に行うには，組織体制が重要です。政治でもそうですが，優秀なトップが1人いても組織は動きません。組織を動かすのは，チームや体制の価値観の共有・合意形成だからです。本書に記載したさまざまな実践内容を貴御施設で取り入れてもらう場合には，まず最初に組織，チームを固めてください。チームを固めるとはすなわち，自分たちの価値観を共有し結束するということにほかなりません。優秀な経営者がいないから実践できないのではなく，チームとしてまとまっていないからできないのかもしれません。優秀な経営者よりも，組織の結束がさまざまな困難を乗り越える原動力になるでしょう。本書の具体的実践方法をチーム，組織として取り組んでもらえれば，結果は必ず出るはずです。

> **まとめ**
> 優秀な経営者がいないから実践できないのではなく，チームとしてまとまっていないからできないのかもしれません。**本書の具体的実践方法をチーム，組織として取り組んでもらえれば，必ず結果はついてきます。**

おわりに

　連日，介護職の人材不足が報道されています。しかし，具体的な手立てはなく，誰もがどうしてよいか分からないようです。自分の親に介護が必要で，退職を余儀なくされる介護離職も社会問題化しています。また，介護施設で一たび虐待が起これば，介護現場の労働環境が過酷であることと関連づけられ，一斉にネガティブな報道が繰り返されています。現実的な改善策は見当たらないですし，誰も論じません。まるで社会全体が少子高齢化を目の前に，茫然自失となっているように思います。

　これらの現実を目の前に，介護現場の最前線に立つ介護従事者は一体どうすればよいのでしょうか。今まで私は，職員が定着しない，育たない，獲得できないという状況を人事担当として嫌というぐらい目の当たりにしてきました。時には罵声を浴びせられ，時には憎まれるようなこともありました。人材不足が深刻で，本当に苦しい時に感じたことは，この現状を改善していくことに対して，誰も助けてくれないという一種の強烈な孤独感でした。

　基本的に職員の人材確保は，自施設で乗り切ることが大前提となります。行政や国の支援を待っている間に，人材不足の波は容赦なく押し寄せてきます。ここ10年で抜本的に介護職の待遇が良くなったということはありません。むしろ，介護報酬もどんどん下がっています。いくら施設を整備するといっても，労働力不足で空床が出ることは明らかです。今ですら，職員不足で空床が出ている施設が数多くあるのだから。

　約3年前に日総研出版より，介護職の育成や確保について執筆依頼をいただきました。正直に言うと，介護職の人材確保をテーマに執筆することには迷いがありました。それは，あまりにもテーマが難題で，本当に自分に書くことができるのかと「恐ろしく」なったからです。また，自分たちが行っている人材確保対策が本当に正しいのか確証がないという一抹の不安もありました。それでもこうやって一冊の書籍にまとめ上げられたのは，当施設の離職率が低下したという結果もさることながら，とにかく人材確保の手法を知りたいという多くの声があったからにほかなりません。

なぜ我々が独自の手法や考え方を構築できたのか。それは，本書でも再三述べているように，考えざるを得ない理由（もともと人口が少ないのに雇用先が多くあるという地域特性）があったからです。しかし，それだけではなく会議にしろ資料にしろ，とにかく「具体的なものしかつくらない」という確固たるポリシー，風土があったからでもあります。理想論や批判は誰にでも言えますが，こと現実的にどうしていくかという具体策を見つけ出すことは簡単ではありません。今までも多くの研修を受けましたが，「結局どうすればいいのか？」という内容は多々ありました。

　本書を執筆するに当たって，せっかく人材確保対策の手法を公開するなら，具体的で使えた方が絶対に役に立つという思いのもと，私が人材確保で窮地に立った時に感じた孤独感と闘っている経営者や施設関係者が実際に使える内容，少しでも実践できる内容にしたいという気持ちで本書を連日執筆しました。掲載している多くの資料やアイデアは，きっと人材確保で窮地に立っている施設の役に立てると確信しています。

　今回の企画をくださった日総研出版の菅敦氏には，本当に感謝しています。連載から書籍刊行に至るまで，お話をいただけなければ，具体的な実践論が世に出ることはありませんでした。また，私のことを信じ，同じベクトルで尽力してくれるスタッフにも改めて感謝したいと思います。本書の取り組みは君たちスタッフの力がなければ，到底実践することはできなかった。優秀なスタッフに恵まれていることは私の誇りです。

　そして，最後まで本書を読んでくださった皆様へ。介護職の人材確保は苦しい道のりですが，かつての私のようにあなたは決して孤独ではありません。私もあなたと同じように，日々現場の最前線で難題に立ち向かっている一人なのです。また，いつかどこかでお会いしましょう。

廣岡隆之

引用・参考文献

1）厚生労働省：介護サービス施設・事業所調査（介護職員数）
2）厚生労働省：介護保険事業状況調査（要介護〈要支援〉認定者数）
3）公益財団法人社会福祉振興・試験センター「平成24年度社会福祉士・介護福祉士就労状況調査」
4）厚生労働省：第119回社会保障審議会介護給付費分科会資料，資料1－2　平成27年度介護報酬改定の概要（案）骨子版
5）厚生労働省：第三次産業における労働災害発生状況の概要（平成26年度）
6）厚生労働省：平成25年賃金構造基本統計調査
　　http://www.mhlw.go.jp/toukei/itiran/roudou/chingin/kouzou/z2013/（2015年11月閲覧）
7）社会福祉振興・試験センター：平成24年度社会福祉士・介護福祉士就労状況調査結果
　　http://www.sssc.or.jp/touroku/results/index_sk.html（2015年11月閲覧）

　本書は，日総研情報誌『隔月刊 真・介護キャリア』で連載した「介護現場の『人材育成術』(Vol.10，No.6～Vol.11，No.5)，「入職者が絶えない施設に学ぶ！　人材確保・定着のためのノウハウ(Vol.11，No.6～Vol.12，No.5）および「無駄な残業を減らす意識改革とゆとりあるサービス実践に向けた勤務体制の工夫」(Vol.11，No.4)，「介護職の夜勤の心得」(Vol.11，No.6)を基に大幅に加筆修正し，再編集したものです。

著者略歴

廣岡隆之
社会福祉法人あいの土山福祉会
特別養護老人ホームエーデル土山
副施設長・事務局長

〈施設紹介〉介護老人福祉施設（定員65名），短期入所（5名），通所介護（定員32名），生活支援ハウス（定員5名），居宅介護支援事業所を展開。職員数は80名（正規職員45名，非常勤・パート職員35名）。滋賀県甲賀市に位置し，近隣には大型施設・病院・工場などがあり，10年以上ものあいだ深刻な人材不足にあった。当時は「超過勤務」「人間関係の悪化」「セクション間の対立」「募集しても集まらない」といった労働トラブルを抱え，一時は離職率が40％を超えていた。そのような中，職員が「働きやすい環境」を整え，自己成長感を感じてもらえる「働き甲斐」のある職場作りに従事。離職率は劇的に改善し，入職2年後の離職率はわずか2％（平成27年度現在）。その人材確保対策は各方面で注目されている。

介護施設・事業所の人材確保 定着・獲得・育成 具体策

2016年5月12日 発行　第1版第1刷

著者：廣岡隆之（ひろおかたかゆき）©

企　画：日総研グループ
代　表　岸田良平
発行所：日総研出版

本部 〒451-0051 名古屋市西区則武新町3-7-15（日総研ビル）☎ (052)569-5628　FAX (052)561-1218

日総研お客様センター　電話 0120-057671　FAX 0120-052690
名古屋市中村区則武本通1-38　日総研グループ縁ビル 〒453-0017

札幌	☎(011)272-1821　FAX (011)272-1822　〒060-0001 札幌市中央区北1条西3-2（井門札幌ビル）	広島	☎(082)227-5668　FAX (082)227-1691　〒730-0013 広島市中区八丁堀1-23-215
仙台	☎(022)261-7660　FAX (022)261-7661　〒984-0816 仙台市若林区河原町1-5-15-1502	福岡	☎(092)414-9311　FAX (092)414-9313　〒812-0011 福岡市博多区博多駅前2-20-15（第7岡部ビル）
東京	☎(03)5281-3721　FAX (03)5281-3675　〒101-0062 東京都千代田区神田駿河台2-1-47（廣瀬お茶の水ビル）	編集	☎(052)569-5665　FAX (052)569-5686　〒451-0051 名古屋市西区則武新町3-7-15（日総研ビル）
名古屋	☎(052)569-5628　FAX (052)561-1218　〒451-0051 名古屋市西区則武新町3-7-15（日総研ビル）	流通	☎(052)443-7368　FAX (052)443-7621　〒490-1112 愛知県あま市上萱津大門100
大阪	☎(06)6262-3215　FAX (06)6262-3218　〒541-8580 大阪市中央区安土町3-3-9（田村駒ビル）		この本に関するご意見は，ホームページまたはEメールでお寄せください。E-mail cs@nissoken.com

・乱丁・落丁はお取り替えいたします。本書の無断複写複製（コピー）やデータベース化は著作権・出版権の侵害となります。
・この本に関する訂正等はホームページをご覧ください。www.nissoken.com/sgh

研修会・出版の最新情報は
www.nissoken.com

スマホ・PCから　日総研　で検索！

利用者の「怖い」「痛い」「不快」を解消！

[監修] 中山幸代
移動・移乗技術研究会 代表
元・田園調布学園大学 教授

主な内容
・ペヤ・ハルヴォール・ルンデの技術の思想と理論
・ベッド上での上方移動の介助
・ベッド上での横移動の介助
・仰臥位から側臥位（寝返り）の介助
・仰臥位から端座位の介助
・褥瘡のある利用者への移動介助
・ベッドから車いすへの移乗介助
・ベッドからストレッチャーへの移乗介助
・リフトを使用した移乗介助

DVD教材 約70分
定価 6,482円＋税
（商品番号 601747）

変化する相談員・ケアマネ業務を手順で！

[監修・執筆] 水野敬生
社会福祉法人 一誠会 常務理事
特別養護老人ホーム 偕楽園ホーム 施設長

主な内容
・看取り介護における相談員・ケアマネジャーの役割
・入所から看取りまでの業務
・看取り介護における連携・調整業務
・死亡〜退所支援の業務
・事例で学ぶ！看取り介護実践業務
・看取り教育 ・看取り実践Q＆A

B5判 232頁 ＋CD-ROM
定価 3,500円＋税
（商品番号 601733）

初心者も、ベテランも習熟段階に応じた目標・指導のポイントがわかる！

BPSDの対応に失敗しないチームケアを実現！

認知症介護研究・研修大府センター
研修部／DCM推進室 研修指導主幹
山口喜樹 執筆
副センター長・研修部長／医学博士
加知輝彦 医学監修

B5判 120頁 ＋CD-ROM
定価 3,000円＋税
（商品番号 601681）

研修にすぐ使える本書の要点をまとめたスライドデータ。初めての指導者のためにスライド解説集も添付。

日本ホームヘルパー協会監修！

倫理・法令　個人情報
接遇・マナー　事故防止

実践的な4つの講義で職務を確認できる！

因 利恵　　青木文江
境野みね子　田中典子

主な内容
[DVD]・職業倫理と法令遵守
　　・接遇とマナー ほか
[冊子] 研修効果を高める問題集 全20テーマ

[DVD] 60分＋[冊子] A4判 88頁
定価 3,238円＋税
（商品番号 601676）

日常の身近な危機意識を高める！

裁判にならない・負けないリスクマネジメント教材

菅原好秀　東北福祉大学
総合マネジメント学部
准教授／社会福祉学博士

主な内容
・利用者の自発的行動に対してどこまで責任を負う？
・専門職として期待される「見守り」のレベルとは？
・利用者間のトラブルや拒絶に伴う事故の責任は？
・どこまで負うか？
　誤嚥事故の責任 ほか

[DVD] 約90分
[書籍] B5判 100頁
定価 6,000円＋税
（商品番号 601669）

研修担当の負担を大幅軽減！準備の手間要らず！

▶1回30分の勉強会がいつでもすぐできる。
▶問題を印刷して配るだけ！解説を見ながら実務の要点が指導できる。

監修 佐藤弥生
東北文化学園大学 准教授

主な内容
・介護接遇研修
・コミュニケーション研修
・認知症ケア研修
・疾患・救急対応・医療的行為研修
・感染対策研修
・終末期ケア・看取り研修 ほか

[問題用紙1枚＋解説1枚] ×115種類のPDFデータ
定価 5,714円＋税
（商品番号 601645）

詳しくはスマホ・PCから　日総研 601645 で検索！

電話 0120-054977
FAX 0120-052690

「利用者本位の視点」に転換し、適切なケア展開を！

認知症ケアの達人 スーパーバイザーが現場の悩みを解決！

石川　進
社会福祉法人由寿会
認知症相談支援・研修センター 結
センター長／大阪府認知症介護指導者

主な内容
・「パーソンセンタードケア」を実践する上で大切なこと
・「本人の視点」でケアの展開を考える
・代弁者となって「本人の思い」を理解する
・優先順位を考慮した利用者本位の認知症ケア　ほか

5月刊行
B5判 264頁予定
予価 3,241円+税
（商品番号 601789）

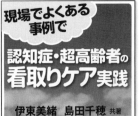

看取りケアを実践する介護職を適切にサポート！

職員・職種間の考えの違いが解消できる！

東京都健康長寿医療センター研究所
福祉と生活ケア研究チーム研究員
伊東美緒　島田千穂

主な内容
・終末期の認知症・超高齢者の特徴
・現場でよくある事例で学ぶ！認知症・超高齢者の看取りケア実践と教育
・より良い認知症・超高齢者の看取りケアを実践するために必要な考え方

5月刊行
B5判 120頁予定
予価 2,778円+税
（商品番号 601796）

誤嚥性肺炎を予防する安心安全な食事介助のコツ

アセスメントと食支援アプローチの具体策がわかる！

枝広あや子　歯科医師
東京都健康長寿医療センター研究所
自立促進と介護予防研究チーム 研究員

主な内容
・認知症の人の食支援を行うための基礎知識
・認知症の神経心理学的症状から読み解く"食べてくれない"
　"食べられない"場合のアプローチ方法
　"食べたくない"場合のアプローチ方法
　認知症の人への摂食嚥下を改善するアプローチ　ほか

6月刊行
B5判 一部カラー
160頁予定
予価 2,778円+税
（商品番号 601795）

新制度・新時代の追い風を活かした事業展開の具体策！
介護報酬に依存した経営から、

混合介護の新時代へ！

小濱道博　監修・執筆
小濱介護経営事務所 代表
介護経営研究会（C-MAS）最高顧問
一般社団法人介護経営研究会（C-SR）
専務理事　ほか

6月末刊行
B5判 180頁予定
予価 3,241円+税
（商品番号 601805）

主な内容
・キーワードは「混合介護」
・保険外サービス編
・障害福祉サービス編
・サービスの導入に役立つ資料編

退院支援ナースやソーシャルワーカーが理解できる制度活用法

モデルケースでわかる 在宅療養の個別支援

武蔵野大学 人間科学部 社会福祉学科
小松美智子　教授
小俣智子　准教授
府中恵仁会病院
地域連携室 医療福祉相談課
清田　敦　課長

主な内容
・退院支援と社会資源
・活用できる制度の基礎知識
・ストーリーで理解する困難事例の解決法

B5判 216頁
定価 2,778円+税
（商品番号 601762）

善意だと信じているそのケアがBPSDの原因かも？

本人の"言葉にならない声"を察するアセスメント力をつける！

下山久之
同朋大学 社会福祉学部 准教授
認知症ケアマッピングアドバンスマッパー

主な内容
・認知症ケアにかかわる人々の声を聞いてみよう！
・パーソン・センタード・ケアの考え方
・こじれた関係を紡ぎ直すパーソン・センタード・ケア事例集
・より良いケアを行うための+α
・効果的な研修・教育を行うために

B5判 168頁
定価 2,593円+税
（商品番号 601761）

詳しくはスマホ・PCから　日総研 601761　商品番号　で検索！

電話 0120-054977
FAX 0120-052690（無料）

管理職のためのチェックリストで
施設の運営効率、スタッフ育成、
利用者満足を!

新人の早期戦力化にも効く
「明確な内容」の
「単的な伝え方」!

榊原宏昌
天晴れ介護サービス
総合教育研究所 代表

主な内容
- 業務管理のチェックリストと
  活用の着眼点
  環境／接遇／生活の安定・安全
  喜び・感動／家族・地域との連携
  事業所の維持 ほか
- チェックリストを活用した
  業務管理・人材育成
  マネジメントの具体策
  チェックリストの作成方法 ほか

最新刊
B5判 128頁
+CD-ROM
定価2,963円+税
(商品番号601798)

マイナス改定を乗り切る!
加算算定で安定した経営基盤を!

正しい解釈による
加算の算定で
収入アップを!
実施指導も万全!

林 正
特別養護老人ホーム やすらぎの家
副施設長／主任介護支援専門員

主な内容
- 介護報酬請求事務の実態と
  リスクマネジメント
- 運営・算定基準(省令・通知)・
  Q&Aを正しく読み解くための
  用語解説とポイント
- CD-ROM書類・書式集
  全ての必要書類を収録!
  カスタマイズして使える! ほか

新刊
B5判 2色刷
640頁+CD-ROM
定価14,000円+税
(商品番号601773)

平成27年新制度対応!

見逃しがちな業務、
陥りやすいミスは
チェックリストで
点検!

本間清文
ソーシャルケア研究所 主宰

主な内容
- 受理〜アセスメント
- アセスメント
- 連絡調整
- 原案作成 サービス担当者会議
- モニタリング 実績把握
  随時対応
- 給付管理 ・その他

B5判 2色刷
168頁
定価 2,593円+税
(商品番号601770)

デイ大激変!生き残りをかけた
通所サービス運営の具体策!

制度改正の要点と
加算取得に向けた
現場実践の
手立てがわかる!

日総研グループ
『通所介護&リハ』企画チーム編

主な内容
- 通所介護編
  認知症および重度者対応機能の
  強化と体制づくり ほか
- 通所リハビリテーション編
  生活期リハマネジメントの見直しと
  実践方法 ほか
- 通所系サービス共通編
  送迎業務の見直しと
  その評価の進め方 ほか

B5判 224頁
定価 2,778円+税
(商品番号601763)

質の高い新人研修ができる!
プロの講師が使う教材一式を!

話す内容、強調するところ、
場のもりあげ方がわかる!

教え方・伝え方
上手になる!

榊原宏昌
天晴れ介護サービス
総合教育研究所 代表

主な内容
介護職の基本姿勢／食事のケア
排泄のケア／入浴のケア
姿勢・移動のケア／生活行為のケア
病気・医療／リハビリテーション
コミュニケーション／見守り介助
制度／記録／身体拘束・虐待 ほか

B5判
192頁+CD-ROM
定価 8,149円+税
(商品番号601754)

介護・福祉現場で悩む
リーダーのための
「業務改善」と
「意識改革」の教科書

介護・福祉人材育成の
スペシャリスト
久田則夫
日本女子大学 人間社会学部 教授

主な内容
・マンネリ職場の特徴から
  業務レベルアップのヒントを学ぶ
・どんなに素晴らしい
  新任職員育成プログラムも
  安易な気持ちで導入すれば失敗する
・職員のモチベーションを
  高めるためには
  どうすればいいか ほか

増刷出来
A5判 232頁
定価 2,381円+税
(商品番号601680)

 日総研　詳しくはスマホ・PCから　日総研 601680 で検索!　電話 0120-054977　FAX 0120-052690 (無料)